# politique européenne

# L'identité européenne, entre science politique et science fiction

Sous la direction de
Sophie Duchesne

n° 30, 2010

Revue publiée avec le concours
du laboratoire PACTE Grenoble
et de la Fondation nationale des sciences politiques

**Politique européenne**
Centre d'études européennes de Sciences Po
28, rue des Saints-Pères
F-75007 Paris
Tél. : (+ 33 1) 45 49 83 52
Fax : (+ 33 1) 45 49 83 60
politique.européenne@sciences-po.fr
http://www.portedeurope.org/

**L'Harmattan**

**5-7, rue de l'Ecole polytechnique, 75005 Paris**

http://www.librairieharmattan.com
diffusion.harmattan@wanadoo.fr
harmattan1@wanadoo.fr
ISSN : 1623-6297
ISBN : 978-2-296-12037-2
EAN : 9782296120372

# SOMMAIRE

## L'IDENTITÉ EUROPÉENNE, ENTRE SCIENCE POLITIQUE ET SCIENCE FICTION

**Chantiers de recherche**



**Lectures critiques**





***Erratum***

Sophie Duchesne

# L'identité européenne, entre science politique et science fiction. Introduction

L'usage scientifique de la notion d'« identité européenne » a rapidement progressé depuis le milieu des années 1990. On le mesure facilement dans le cas de la littérature de langue anglaise[1] (*cf.* schéma ci-dessous). Pourtant l'expression n'est pas sans poser problème. Une grande partie de la littérature sur le sujet s'attache à discuter, en termes plus ou moins historiques et/ou philosophiques, ce que sont ou seraient les valeurs et modes de vie communes à « l'Europe » – entendue tantôt comme un continent regroupant un ensemble de pays, tantôt comme une civilisation – qui la distinguent du reste du monde et légitiment en quelque sorte le processus d'intégration économique et politique[2]. Une autre partie de la littérature, celle qui nous intéresse ici, appréhende l'identité européenne comme un processus psycho-sociologique ou socio-politique d'attachement des citoyens à l'espace européen ou à la communauté politique dessinée par l'intégration. Ce volume de *Politique européenne*, comme son titre l'indique, met en question la validité, conceptuelle et empirique, de cette conception de l'identité européenne en sciences sociales.

[1] La recherche sur l'expression en français ne donne pas grand-chose, peut-être car elle est moins usitée dans les sciences sociales françaises, mais aussi et surtout du fait du grand retard dans la mise en ligne des revues francophones (quatre références sur *Persée*, 1993-1997, et sept sur CAIRN, 2001-2009).

[2] Pour une perspective critique sur cette acception de l'identité européenne, voir par exemple Delanty (1995) ou Stråth (2002).

***politique européenne***, n° 30, 2010, p. 7-16.

*Nombre d'articles publiés chaque année en sciences humaines et sociales dans les revues référencées par le ISI Web of science, et dont le titre contient « European Identity » (Restriction de la recherche aux catégories générales : social sciences or arts & humanities).*

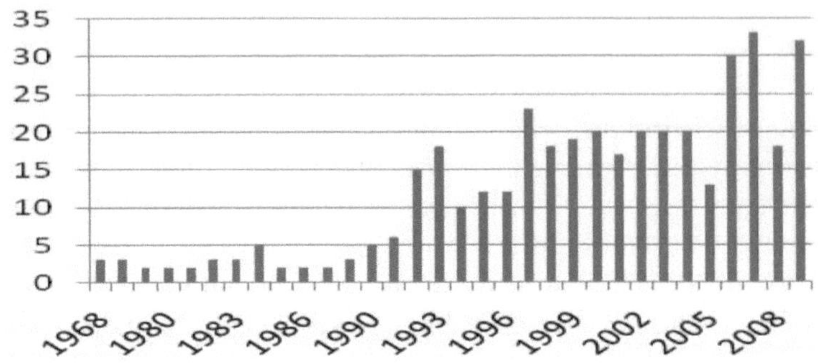


L'identité européenne embarque avec elle tous les débats portant sur la validité sociologique du concept d'identité. Rogers Brubaker et Frederic Cooper ont bien souligné les inconvénients d'un concept que les reformulations fréquentes, depuis son introduction en sciences sociales dans les années 1950 (Gleason, 1983), ont rendu peu opérationnel (Brubaker et Cooper, 2000). L'identité est prise dans une série de tensions : entre similitude et différence ; objectivité et subjectivité ; individuel et collectif ; permanence, contextualité et transformation. Suivant les approches choisies, elle tend à désigner des objets ou propriétés très différents. Pourtant, nombreux sont les auteurs qui ne veulent pas renoncer à un concept dont la difficulté ne fait jamais que refléter la complexité du phénomène dont il cherche à rendre compte, à savoir, l'imbrication du personnel et du social dans le développement de la personnalité et l'explication des comportements humains (Erikson, 1968). Dans un registre plus sociologique, Charles Tilly appréhende les identités (qu'il traite toujours au pluriel) à travers les réponses que les groupes et les individus donnent à la question « qui sommes-nous ? qui sont-ils ? ». Il justifie l'importance qu'il attache à cette notion en soulignant que ces réponses, aussi fallacieuses qu'elles puissent paraître, exercent une influence indéniable sur la capacité et la propension des acteurs sociaux à négocier et agir ensemble (Tilly, 2003, 608). Autrement dit, même si les histoires qu'ils se racontent pour dire qui ils sont sont toujours des artefacts, des inventions, des imaginations, elles n'en ont pas moins de conséquences sur les comportements effectifs de ceux qui s'y projettent. En ce sens, l'identité, ou plutôt les identités, définies par Ch. Tilly comme des « arrangements sociaux », constituent bien un concept sociologique. Ainsi la notion « d'identité nationale », aussi discutables que puissent être les Histoires nationales dont elle se nourrit, rend bien compte de la façon dont « l'imaginaire national » (Anderson, 1983) contraint les actions d'individus socialisés précocement et continument à lui. On peut vouloir dénoncer cette « idéologie universelle » (Billig, 1996) comme le font nombre d'historiens (Noiriel, 2007 ; Bertrand et Laurens, 2007), mais cela ne suffit pas à faire disparaître un phénomène dont les effets sont largement documentés.

Reste que, même pour ceux qui s'accordent sur la validité sociologique du concept d'identité – ou d'identités, puisque tout le monde s'accorde à considérer que l'identité recouvre des attachements multiples–, appliquer cette notion à l'Europe ne va pas de soi. Une identité suppose l'existence d'une forme d'histoire négociée par des groupes, relayée par des institutions, de sorte que les individus qui y sont exposés s'y reconnaissent. On notera au passage que cette histoire (sans majuscule) est toujours moins consensuelle et univoque que l'usage politique de l'identité le laisse entendre[3] : « l'imaginaire national » est, comme n'importe quelle représentation collective, toujours multiple et conflictuel, objet de négociation et de conflits permanents. L'Europe est-elle aujourd'hui porteuse d'une telle histoire ? Peut-on considérer qu'il existe aujourd'hui un « imaginaire européen », même controversé, même variable d'un pays à l'autre, suffisamment construit et présent pour qu'il exerce une influence sur la façon dont les Européens négocient, s'accordent, agissent les uns par rapport aux autres, et par rapport au reste du monde ? Cela demande à être démontré. Les articles de ce volume, pour l'essentiel, en cherchent la trace du côté des représentations des citoyens européens. Seul l'article de Géraldine Bozec (art. 6) regarde aussi du côté de la construction collective d'un récit européen porteur d'identité, en l'occurrence du côté de l'institution scolaire.

---

[3] L'histoire dont il s'agit là n'est pas celle que tendent à fixer les manuels d'histoire, elle ne suppose aucun consensus sur de soi-disant « valeurs nationales », au contraire.

L'introduction de la notion d'identité dans les études européennes a été le fait des études par sondages, et plus précisément, comme le souligne Céline Belot dans le premier article de ce volume, des analystes des Eurobaromètres qui l'ont utilisée pour rendre compte de la multidimensionnalité des indicateurs de soutien à l'intégration. Elle a servi à qualifier la dimension non évaluative des réponses aux questions portant sur leur appréciation de la construction européenne, celle que les concepteurs des Eurobaromètres considéraient comme plus émotionnelle, plus affective. Mais cela s'est fait sans que la notion ait été proprement théorisée : pour l'essentiel, le cadre d'analyse a été importé de la psychologie sociale sans que beaucoup d'attention ait été portée à la nature du « groupe » impliqué (Duchesne, 2008). De plus, comme le montre Juan Diez Medrano (art. 2) dans sa contribution à ce volume, cette (re)qualification en marqueur identitaire des indicateurs de soutien à l'UE apparemment les moins directement évaluatifs a été faite sans que soit vérifié le sens que les interviewés pouvaient donner à leurs réponses. C. Belot souligne par ailleurs que si les analyses quantitatives dédiées à l'identité européenne ont permis de consolider certains résultats portant à la fois sur la diversité de ces attitudes, la persistance du poids des variables sociales et nationales dans le processus d'adhésion des citoyens au projet d'intégration et l'influence des attachements préalables aux nations européennes, elles ont également montré leurs limites pour saisir un phénomène considéré, comme tout processus d'identification, comme très largement dépendant du contexte d'interrogation

Or dans le même temps, les études européennes ont connu un tournant méthodologique important : les années 2000 ont vu se multiplier les recherches qualitatives portant sur les attitudes à l'égard de l'intégration européenne (voir notamment Belot, 2000 ; Diez Medrano, 2003 ; Meinhof, 2004 ; Bruter, 2005 ; EURONAT, 2005 ; Robyn, 2005 ; White, 2006, 2010 ; Jamieson et Grundy, 2007 ; Gaxie et Hubé, 2007 ; Favell, 2008 ; Duchesne et Van Ingelgom, 2008). Par-delà des méthodes différentes, ces recherches, souvent comparatives, ont toutes cherché à approfondir la nature des relations que les citoyens de l'Europe entretiennent avec le projet européen[4]. Les articles contenus dans ce dossier

---

[4] Certains de leurs auteurs, comme Michael Bruter, Richard Robyn ou Lynn Jamieson, ont d'ailleurs directement tenté d'établir le développement d'une identité européenne. Seul M. Bruter argumente fortement en faveur de son développement, comme l'indique le sous titre de son livre « Citizens of Europe ? The emergence of a mass European identity ».

font donc état des résultats obtenus par des recherches qualitatives, menées entre le milieu des années 1990 et celui des années 2000, avec des méthodes et portant sur des publics différents, même si tous appartiennent à l'Europe des Douze. Toutes ces recherches interrogent, directement ou indirectement, l'existence d'un processus d'identification des interviewés en direction de l'Europe, voire de l'Union européenne – autrement dit, de l'influence naissante/croissante d'une histoire ou d'histoires européenne(s) sur les opinions et comportements de ses citoyens. Si chacun de ces textes met l'accent sur des aspects différents des relations qui s'établissent (ou non) entre l'Europe et les Européens, les convergences sont nombreuses qui toutes, soulignent le caractère problématique de la notion d'identité européenne.

Le point de convergence le plus net entre toutes ces recherches est la faible saillance de l'intégration européenne dans les discours recueillis. Qu'il s'agisse des Allemands, des Britanniques ou des Espagnols interviewés individuellement par Juan Diez-Medrano (art. 2), des Anglais, des Belges (francophones) ou des Français que l'équipe du projet CITAE[5] a fait discuter ensemble (art. 3), des jeunes de milieux populaires issus de l'immigration interrogés par Pierre-Edouard Weill (art. 4), des enseignants avec lesquels s'est entretenue G. Bozec (art. 6), des enfants qu'a rencontrés Katharine Throssell (art. 5) ou des Eurostars étudiés par Adrian Favell (art. 7) : ceux pour qui l'intégration ou l'Union européennes constituent des sujets importants, auxquels ils font référence spontanément et avec conviction, sont l'exception. C'est particulièrement vrai quand on le compare aux évocations dont fait objet la nation, nombreuses et apparemment faciles pour la très grande majorité des interviewés – à l'exception cependant des « Eurostars », plus partagés sur le rapport à la nation. Certes, tous les interviewés de ces enquêtes peuvent parler de l'Europe quand on les y invite, et répondraient aux questions de sondage si on le leur demandait. Mais l'approche qualitative, en permettant d'évaluer la qualité des propos tenus, montre bien le caractère secondaire, voire superficiel du sujet pour la plupart d'entre eux.

Seuls les plus politisés des interviewés, qu'il s'agisse des instituteurs dont les propos sont analysés par G. Bozec (art. 6) ou des participants

---

5 CITAE est l'acronyme du projet « Citizens Talking About Europe ». L'équipe était composée de Sophie Duchesne, Elizabeth Frazer, André-Paul Frognier, Guillaume Garcia, Florence Haegel et Virginie Van Ingelgom.

des groupes de discussion sur l'Europe (art. 3), sont enclins à prendre sur le sujet des positions tranchées. Pour les autres, et tout particulièrement les jeunes d'origine immigrés de milieu populaire interviewés par P. E. Weill (art. 4), on cherche en vain les traces de l'Euroscepticisme tellement redouté par les milieux européistes : l'Europe est peu saillante à la fois parce qu'elle est peu visible mais aussi parce que l'intégration fait peu débat, en tout cas chez ceux que la politique intéresse peu. L'acceptation « à distance » du processus en cours caractérise assez largement les propos recueillis dans ces différentes recherches, questionnant ainsi le rejet populaire mesuré par nombre d'utilisateurs de sondages, et notamment Lisbeth Hooghe et Gary Marks (2008) ou Neil Fligstein (2008).

Difficile donc, quand les interviewés apparaissent si peu enclins à discuter le processus d'intégration européenne, d'analyser leurs propos à partir de la notion d'identité. J. Diez Medrano (art. 2) et K. Throssell (art.5) essayent cependant de préciser ce qui, à partir d'un cadre d'analyse emprunté à la psychologie sociale, permettrait de comprendre la faiblesse de l'identité européenne dans le cas des adultes mais aussi des enfants, nés et socialisés dans l'Europe unie. Tous deux observent de la même façon que la notion d'identification « avec » l'Europe, avec une communauté définie par l'Union européenne, aux contours vagues et fluctuants, ne fait pas sens. Au mieux observe-t-on, dans certains cas pour les adultes espagnols, allemands et britanniques, dans la plupart de cas pour les enfants français interviewés dans ces enquêtes, une capacité à s'identifier soi-même « comme » européen(ne). La composante identitaire véhiculée par l'Europe n'est alors pas collective mais individuelle ; elle n'est, à première vue, porteuse ni de solidarité, ni de mobilisation à l'échelle européenne.

Par contre, cette identification de soi « comme » européen(ne) se nourrit directement du sentiment d'appartenance nationale. Ici, tous les travaux publiés dans ce volume convergent : l'identité nationale n'est pas contradictoire avec le sentiment d'appartenance à l'Union européenne, au contraire. Le peu que l'on puisse observer dans toutes ces enquêtes de relation positive, consciente au projet européen se construit dans le rapport à la nation, soit par extension – « je suis européen parce que je suis français, belge, allemand... » – ou par compensation – « je suis européen parce que je ne me sens pas espagnol ou britannique » ; mais jamais ou presque « je ne me sens pas européen parce que je me sens (très) national ». L'absence d'antagonisme entre appartenance nationale et européenne, dont C. Belot (art. 1) rappelle que l'hypothèse a été posée dès les années 1970, a longtemps rencontré les *a priori* des études européennes et des travaux par sondages. Cela ne veut pas dire, comme le remarquent donc J. Diez Medrano et K. Throssell (art. 2 et 5), que ce qu'on serait tenté de qualifier d'identité européenne se développe de la même façon, sur le même modèle que l'identité nationale. En ce sens, rien ne permet encore d'affirmer que les théoriciens de l'Europe post-nationale se trompent, sinon que le modèle vers lequel on s'oriente à moyen terme semble plus complexe, dès lors qu'il articulerait la persistance des identités nationales avec le développement d'une autre forme d'attachement, plus individualisé, à l'Europe.

Dans le dernier article du volume, A. Favell adopte une position plus radicale à l'égard des difficultés que tous rencontrent à vouloir opérationnaliser, avec des méthodes qualitatives, la notion d'identité européenne (art. 7). De fait, les « Eurostars » qu'il étudie, ces citoyens européens qui ont choisi de s'installer dans un autre pays de l'Union et qui en tant que tels font pleinement usage des nouvelles possibilités offertes par l'intégration, sont loin de manifester plus d'intérêt et d'attachement à la construction d'une communauté politique à l'échelle européenne que les autres Européens. Il suggère donc de cesser de s'acharner à attendre du développement d'une identité européenne la légitimation du projet européen : c'est par leurs comportements, par la façon dont les Européens s'empare(ro)nt des droits et capacités que leur confère l'intégration, qu'ils consolident l'Union.

Comme le montre bien G. Bozec dans le cas de l'enseignement de l'Europe à l'école (art. 6), et comme cela apparaît dans les discussions des Français, des Belges francophones et des Britanniques organisées dans le cadre du projet CITAE (art. 3), l'intégration européenne n'est pas seulement tributaire des identités nationales qui lui préexistent : elle est concomitante à la globalisation. En ce sens, l'intégration est un changement qui se mêle à d'autres et dont les Européens interrogés dans ces enquêtes, pas plus que les scientifiques, ne savent démêler la part qu'il prend aux changements dont ils font l'expérience quotidienne. Comprendre comment l'intégration européenne est vécue par les citoyens suppose donc de cesser de focaliser l'interrogation sur le niveau européen et de regarder plus largement comment ils interprètent les transformations du monde qui les entoure.

Ce volume de *Politique européenne* montre donc qu'il ne suffit pas d'aller voir de plus près ce que ressentent les citoyens européens pour trouver de l'identité européenne, même avec des méthodes *a priori* plus propres à saisir les émotions. Le processus d'intégration européenne et l'Union qu'il produit apparaissent comme des objets extrêmement flous au regard des Européens. Il ne semble pas (encore?) avoir donné lieu à la production d'histoires ou d'imaginaires suffisamment prégnants pour exercer une influence directe sur les attitudes sociales et politiques des citoyens. La notion d'identité européenne semble donc avoir été introduite trop précocement dans les études européennes. La légitimation que des chercheurs, souvent fermement engagés aux côtés de leur objet, peuvent en attendre est claire. Les convergences entre les textes de volume attestent que la validité scientifique aussi bien théorique qu'empirique de ce concept n'est pas démontrée. Comprendre les effets indubitables de l'intégration européenne sur les attitudes des citoyens de l'Union exige une approche moins réductrice et moins prédictive, capable d'appréhender dans leur ensemble les changements que connaissent aujourd'hui les rapports des citoyens européens à leur(s) communauté(s) politique(s)[6].

## *Références bibliographiques*


Anderson B. (1983), *Imagined Communities; Reflections on the Origin and Spread of Nationalism*, London, Verso

Belot C. (2000), *L'Europe en citoyenneté. Jeunes Français et Britanniques dans le processus de légitimation de l'Union européenne*, Grenoble, Thèse doctorale de science politique.

Bertrand R. et Laurens S. (dir.) (2007), « Identité(s) nationale(s) : le retour des politiques de l'identité ? », *Savoir/agir*, n° 2.

Billig M. (1996), « Nationalism as an International Ideology: Imagining the Nation, Others and the World of Nations », *in* G. M. Breakwell and E. S. Lyons (eds), *Changing European Identities: Social Psychological Analysis of Social Change*, Butterworth and Heinemann, p. 181-194.


---

[6] Je tiens à remercier la rédaction de *Politique européenne*, et plus particulièrement Céline Belot et Julien Weisbein, pour leur soutien et leur implication dans le montage de ce numéro. Merci aussi à mes collègues Olivier Rozenberg et Pierre Muller pour leurs lectures et commentaires de cette introduction.

Brubaker R. et Cooper F. (2000), « Beyond "Identity" », *Theory and Society*, vol. 29, p. 1-47.

Diez Medrano J. (2003), *Framing Europe. Attitudes to European Integration in Germany, Spain and the United Kingdom,* Princeton/Oxford, Princeton University Press.

Bruter M. (2005), *Citizens of Europe? The Emergence of a Mass European Identity,* Londres, Palgrave-McMillan.

Delanty G. (1995), *Inventing Europe: Idea, Identity, reality*, Londres, Macmillan.

Duchesne S. (2008), « Waiting for European identity… Preliminary thoughts about the Identification Process with Europe », *Perspectives on European Society and Politics,* vol. 9, n° 4, decembre, p. 397-410.

Duchesne S. et Van Ingelgom V. (2008), « Recherche en cours : "Comment les discussions deviennent politiques, lorsque des Français, des Anglais ou des Belges francophones parlent de l'Europe" », *Politique européenne,* n° 24, autome, p. 145-149.

Erikson E. H. (1968), *Identity : Youth and Crisis,* New-York, W. W. Norton & cie.

EURONAT Project 2005, Final report « Representations of Europe and the Nation in Current and Prospective Member States », Medias, Elites and Civil Society. http://www.iue.it/RSCAS/Research/EURONAT/Index.shtml.

Favell A. (2008), *Eurostars and Eurocities : Free Movement and Mobility in an Integrating Europe*, Oxford, Blackwell.

Fligstein N. (2008), *Euroclash. The EU, European Identity and the Future of Europe*, Oxford, Oxford University Press.

Gaxie D. et Hubé N. (2007), « Projet Concorde. Les conceptions ordinaires de l'Europe. Une approche de sociologie politique compréhensive », *Politique européenne,* n° 23, p. 179-182.

Gleason P. (1983), « Identifying Identity: A Semantic History », *Journal of American History*, vol. 69, n° 4, p. 910-931.

Jamieson L. et Grundy S. (2007), « European Identities: from Absent Minded Citizens to Passionate Europeans », *Sociology*, vol. 41, n° 4, août, p. 663-680.

Meinhof U. (2004), « Europe Viewed from Below. Agents, Victims and the Threat of the Other », *in* R. Hermann, T. Risse et M. Brewer, *Transnational Identities. Becoming European in The EU,* Oxford, Rowman & Littlefield publishers, p. 214-244.

Noiriel G. (1987), *À quoi sert « l'identité nationale » ?,* Marseille, Agone.

Robyn R. (dir.) (2005), *The Changing Face of European Identity*, Londres, Routledge.

Tilly C. (2003) « Political Identities in Changing Polities », *Social Research*, vol. 70, n° 2, été, p. 605-620.

Stråth B (2002), « A European Identity: to the Historical Limits of a Concept », *European Journal of Social theory*, vol. 5, n° 4, p. 387-401.

White J. (2006), « The Political Bond in Europe », Paper prepared for the 3rd Pan-European Conference on EU Politics, ECPR Standing Group on the European Union, Istanbul, 21-23 September (Section 1 « Theories of European Integration », Panel 347: Towards a "Practice Turn" in EU studies? »). http://www.jhubc.it/ecpr-istanbul/virtualpaperroom/051.pdf

White J. (2010), « Europe and the Common », *Political Studies*, vol. 58, p. 104-122.

Céline **Belot**

# Le tournant identitaire des études consacrées aux attitudes à l'égard de l'Europe. Genèse, apports, limites.[1]

*Malgré l'ancienneté des déclarations politiques relatives à l'identité européenne, l'analyse sociologique du processus d'identification des citoyens européens à l'entité politique européenne n'a vraiment pris corps qu'au tournant des années 2000. Les analyses quantitatives ont alors produit nombre de travaux visant à mieux prendre en compte la dimension affective - par opposition au soutien fondé sur l'évaluation et l'utilité - des attitudes à l'égard de l'intégration. L'article montre comment ces travaux convergent à la fois dans leurs résultats (la multi-dimensionnalité de ces attitudes, la persistance des variables sociales et l'importance du contexte national, l'identification à l'Europe entretenant des liens forts mais complexes avec l'identification à la nation) et dans leurs limites. Il permet de pointer le caractère lacunaire et limitatif des données quantitatives disponibles et rend compte de la difficulté d'analyser un phénomène aussi contextuel que l'identification à l'Europe.*

***The identity shift in studies dealing with attitudes towards Europe. Origins, contributions, limitations.***

*Despite the early appearance of political declarations concerning European identity, the sociological analysis of the identification processes of citizens towards their new Union only started to take shape in the first years of the 21st century. Quantitative analysis thus led to many studies aiming to take into account the affective or emotional dimension of attitudes to integration - in opposition to support based on evaluation and utility. This article shows how these studies converge both in their results (the multidimensionality of these attitudes, the persistence of social variables and the importance of the national context, identifications with Europe maintaining strong but complex relations to the nations) and in their limitations.*

[1] Je tiens à remercier chaleureusement Sophie Duchesne et Julien Weisbein pour leurs lectures attentives des versions intermédiaires de cet article.

*They draw attention to the lacunae and the limitations in the quantitative data available and reflect the difficulty in analyzing a phenomenon that is as context-dependant as identification to Europe*

Ces dix dernières années, tous les rapports de la Commission européenne consacrés aux opinions des citoyens à l'égard de l'Europe (rapports Eurobaromètres), incluent une sous-partie intitulée « l'identité européenne », qui rend compte du pourcentage de citoyens de l'Union qui s'auto-qualifient d'« Européen »[2]. Cet affichage participe de la part de la Commission d'une politique identitaire plus globale qui transparaît notamment dans le financement dès la décennie précédente de nombreux programmes dont l'objectif est d'affirmer l'existence d'une identité européenne et d'en définir les contours[3]. Au-delà de leur usage interne, les questions de sondages relatives à ce que la Commission qualifie d'identité européenne sont désormais au cœur du développement de tout un corpus de recherches consacré au phénomène d'auto-identification à l'Europe, c'est-à-dire au processus à travers lequel un individu se reconnaît comme sujet d'un système politique européen et/ou membre d'une communauté politique européenne[4]. À travers l'étude de ce phénomène, il s'agit de s'interroger sur la capacité du système politique européen à se faire reconnaître comme légitime, sur

---

[2] Cette rubrique porte parfois la dénomination « attachement à l'Europe ».

[3] *Cf.* notre article pour un recensement des programmes et ouvrages qui y sont consacrés notamment par des historiens, mais également par des géographes, des philosophes, des sociologues, des politistes dans les années 1990 (Belot et Smith, 1998)

[4] Si dans la littérature, les termes d'« identité » et d'« identification » sont parfois utilisés sans distinction, il nous semble important, comme nous y invitent notamment Brubaker et Cooper (2000) de distinguer les deux. Les termes « identité européenne » apparaissent en effet comme une catégorie de pratique des acteurs et peuvent en ce sens recouvrir des significations très variées. Ainsi dans les années 1990, ils ont par exemple été à la fois accolés à ceux de « défense » pour désigner le repositionnement des membres de l'UE au sein de l'OTAN, et usités pour définir l'appartenance des citoyens à l'Europe. Cette confusion due aux multiples usages des termes apparaît également présente dans certains travaux de recherches consacrés à « l'identité européenne » comme catégorie d'analyse (Bruter, 2005). Aussi importe-t-il de souligner que dans la réflexion sur le processus de légitimation de l'Union européenne, l'interrogation ne porte pas sur l'identité mais sur l'identification à l'Europe, et plus précisément sur l'auto-identification. Pour une réflexion plus poussée sur l'usage scientifique des termes « identité européenne », voir notamment Sophie Duchesne (2008).

les instruments et les phénomènes qui participent de sa légitimation. Le présent article se propose de s'arrêter sur la genèse de ces études (1) pour ensuite établir un état des lieux des apports (2) et limites (3).

## *Genèse de l'intérêt pour l'identification au système politique européen*

Dans la réflexion sur le développement par les citoyens d'attitudes à l'égard du processus d'intégration européenne, l'idée que la formation d'un système politique européen serait liée à un moment où à un autre au développement d'un sentiment d'appartenance à l'Europe, apparaît dès les origines. L'un des premiers travaux de Ronald Inglehart est en effet intitulé « Cognitive Mobilization and European Identity » (1970). Reprenant les travaux de Karl Deutsch, qui s'intéresse au processus à travers lequel les individus abandonnent leur « esprit de clocher » pour tendre vers un « cosmopolitisme »[5] (1961), R. Inglehart y prédit que les Européens vont développer un sentiment d'identification à l'Europe, *via* ce qu'il appelle le développement de leur « mobilisation cognitive », c'est-à-dire leur capacité à donner du sens à des objets politiques éloignés tel que l'État nation ou les Communautés européennes et à s'y identifier[6]. Pendant vingt-cinq ans cependant, la question de l'identification des citoyens à l'Europe ou plus précisément celle du développement d'un sentiment d'appartenance à l'entité politique européenne n'est plus posée, ni par les chercheurs en sciences sociales, ni même par les acteurs communautaires.

Pourtant dès 1973 la déclaration de Copenhague introduit les termes « identité européenne » dans le vocable communautaire. Certes, l'objectif de cette déclaration n'est pas de provoquer un sentiment d'identification

---

[5] K. Deutsch le nomme « processus de mobilisation sociale » (1961, 493).

[6] R. Inglehart justifie ses prédictions en insistant sur l'augmentation du nombre d'Européens poursuivant des études supérieures dans les décennies de l'après-guerre. Or, selon lui, un haut niveau d'étude favorise la mobilisation cognitive (1970). Dans un article ultérieur, il insiste également sur l'importance du processus de socialisation à l'Europe, en particulier pour les plus diplômés, comme facteur participant au développement d'une identité européenne (1977). Pour davantage de précisions sur le rôle central joué par Inglehart dans les études et la production de données relatives aux opinions des citoyens à l'égard de l'intégration européenne, voir le chapitre écrit en collaboration avec Bruno Cautres (Belot et Cautres, 2008).

à la Communauté européenne. Il s'agit avant tout pour les États membres de « mieux définir leurs relations avec les autres pays du monde ainsi que les responsabilités qu'ils assument et la place qu'ils occupent dans les affaires mondiales »[7]. Pour autant, le texte met en avant, notamment dans son chapitre relatif à « la cohésion des neufs pays membres de la Communauté », une définition de l'identité européenne à travers des normes – le respect de la diversité des cultures, « la volonté de bâtir une société conçue et réalisée au service des hommes, les principes de la démocratie représentative, du règne de la loi, de la justice sociale [...] et du respect des droits de l'homme » – dont il est précisé qu'elles correspondent « aux aspirations profondes de leurs peuples »[8]. Autrement dit, si les élites nationales et communautaires ne s'interrogent pas sur la capacité des citoyens à s'identifier à la Communauté européenne, ils leur proposent un cadre de référence dans lequel ancrer leur identification au niveau européen. Le développement à partir des années 1970 d'une politique symbolique – drapeau, hymne, passeport, journée de l'Europe – relève également de la même logique (Forêt, 2008). L'instauration par le traité de Maastricht d'une citoyenneté européenne participe également, au-delà des droits qu'elle confère, de cette politique identitaire. En qualifiant les citoyens des États membres d'« Européens », elle introduit l'idée de l'existence d'une communauté politique, d'un Demos européen. Pour autant, si ces politiques paraissent bien indiquer la volonté des acteurs communautaires de voir les citoyens affirmer une identité européenne, force est de constater que pendant longtemps la question de savoir si les Européens s'identifient ou non à l'Europe ou à l'Union européenne n'apparaît pas essentielle[9]. Plusieurs raisons peuvent être invoquées pour expliquer le peu d'intérêt la fois des acteurs communautaires et des observateurs pour le processus d'identification des citoyens à l'entité politique européenne.

Sur le plan théorique et normatif, tant que la Communauté européenne apparaît avant tout comme reflétant la somme des intérêts de ses

---

7 « Déclaration sur l'identité européenne - Copenhague 1973 », *Bulletin des Communautés européennes*, n° 12, 1973, p. 126.

8 *Ibid.*, p. 127.

9 Dans les Eurobaromètres la question de savoir si les citoyens se pensent ou non comme citoyens de l'Europe apparaît pourtant dès le numéro 17 du printemps 1982. Elle n'est cependant pas systématiquement répétée et ne suscite que peu l'attention des utilisateurs de ces données.

États membres, la question de sa légitimité, de la croyance des citoyens à la domination qu'elle exerce sur eux, n'apparaît pas comme une question majeure pour comprendre le processus d'intégration européenne. En outre, tant que la thèse du *spill-over* définie par les néofunctionnalistes paraît fonctionner (Haas, 1958), que les citoyens en particulier semblent adopter une posture de suivisme à l'égard des élites et en même temps faire preuve d'un « consensus permissif » relatif au processus d'intégration européenne (Lindberg et Scheingold, 1970), leur identification au projet européen est pensée comme devant s'effectuer de manière quasi-automatique[10]. La perspective change au tout début des années 1990. Dans le contexte de la réflexion autour du futur Traité sur l'Union européenne, dont la plupart des observateurs s'accordent à reconnaître qu'il donne naissance à un système politique européen[11], les auteurs affirment qu'au-delà de la question de sa légitimité formelle, de l'adéquation de son système politique aux normes à travers lesquelles elle se définit, celle de la démocratie et des droits de l'homme notamment, l'Union européenne doit aussi susciter un soutien de la part des citoyens[12]. Or, si pour certains le système politique européen peut se contenter d'un soutien par les *outputs*, c'est-à-dire d'une reconnaissance par les citoyens de ses performances politiques, la plupart soulignent également l'importance d'un soutien par les *inputs*. Autrement dit, il faut non seulement que les citoyens accordent leur soutien aux autorités qui décident au niveau communautaire, mais également qu'ils se reconnaissent dans les valeurs et principes portées par son régime, qu'ils s'y identifient, et enfin qu'ils se définissent comme partie prenante de la communauté politique sur laquelle ce système politique repose, c'est-à-

---

10 Pour davantage de précisions sur ces deux points, *cf.* notamment Belot (2000, chapitre 1).

11 En particulier à travers l'adoption de décisions à la majorité qualifiée pour lesquelles l'Union européenne ne peut plus se prévaloir de la légitimité de ses États membres puisque certains gouvernements peuvent se voir imposer une décision par les autres, et à travers la création de la citoyenneté européenne. *Cf.* par exemple Quermonne (1993).

12 Soulignons cependant que cette réflexion n'était pas totalement nouvelle. Dès les années 1960 Stanley Hoffman affirmait que si l'émergence d'une Europe fédérale n'impliquait pas préalablement l'existence parmi les citoyens d'un sentiment d'identification à l'Europe, l'existence d'un tel sentiment était par contre nécessaire à la stabilité d'un tel système politique sur le long terme (1966, 909-910). Pour autant, ce n'est qu'à la toute fin des années 1980 que s'ouvre véritablement un débat autour de cette problématique, les travaux de Norbert Elias apparaissant comme précurseurs. *Cf.* Delmotte (2002) ; également Weiler (1991) ; Obradovic (1996).

dire qu'ils se reconnaissent comme membres d'un *Demos* européen (Chryssochoou, 1996; Weiler, 1997)[13]. Ce sont à ces deux dernières formes de soutien que se rapportent, dans la littérature sur l'adhésion des citoyens au processus d'intégration, les références à « l'identité européenne ». Si tous ces auteurs considèrent que l'identification à l'Europe est très faible ou n'existe pas encore (Weiler *et al.*, 1995), certains émettent même des doutes quant à la possibilité de sa fortune à venir (Smith, 1992; Habermas, 1996). D'autres auteurs soulignent cependant le caractère construit de toute identité sociale et laissent ainsi la porte ouverte au développement possible de l'affirmation par les citoyens d'une identification à l'Europe (Scharpf, 1997).

Du point de vue empirique, la question de l'existence ou non d'un sentiment d'appartenance à l'Europe reste assez longtemps inexplorée. De fait jusqu'à la fin des années 1980, rares sont les études qui s'intéressent aux attitudes des citoyens à l'égard de l'intégration européenne[14]. L'existence du consensus permissif paraît établie et n'est pas questionnée. À partir du début des années 1990 par contre ces études se développent de façon exponentielle, le consensus permissif apparaissant mis à mal par l'émergence de différentes formes d'euroscepticisme (Hooghe, 2007) et plus généralement par une plus forte polarisation des opinions à l'égard de l'intégration européenne que par le passé[15]. Pourtant, si quelques

---

[13] Ces réflexions s'appuient largement sur la définition par Easton des différentes formes de soutien relatives à tout système politique (Easton, 1965). De fait, le cadre eastonien apparaît comme le cadre d'analyse dominant des attitudes des citoyens à l'égard de l'Union européenne (pour quelques développements sur ce point, *cf.* Belot et Cautrès, 2008).

[14] Pour un développement plus détaillé sur ce point, *cf.* Belot et Cautrès (2008).

[15] La thèse d'une plus forte polarisation des opinions à l'égard de l'intégration européenne depuis le traité de Maastricht est défendue par certains auteurs (Hix, 2005) mais remise en questions par d'autres (Van Ingelgom, 2009). Cette polarisation me semble cependant transparaître dans le fait que le nombre de sans réponse aux questions portant sur l'Europe a diminué ces vingt dernières années et que dans le même temps on observe une hausse des attitudes défavorables à l'Europe (avec en parallèle il est vrai une hausse du nombre d'individus qui se disent indifférents). En outre dans un contexte où des attitudes défavorables s'expriment, sont portés par des forces politiques, bref ou de telles attitudes ont droit de cité, affirmer son soutien à l'Europe a une signification plus forte que par le passé, ce qui renforce la thèse de la polarisation. Dès lors, s'il existe bien un certain consensus des attitudes en faveur de l'Europe (le soutien à l'Europe restant la position majoritaire), ce consensus n'est plus désormais permissif mais construit autour d'une perception plus exigeante de l'UE alors que dans le même temps l'euroscepticisme paraît s'affirmer.

textes précurseurs abordent alors la question de l'identification des citoyens à l'Europe (Hedetoft, 1994; Duchesne et Frognier, 1995; Cinnirella, 1997 ; Belot et Smith, 1998), il faut attendre le début des années 2000 pour que se développe un véritable corpus de recherche tentant empiriquement d'y répondre. En effet, l'essentiel de la littérature consacrée aux attitudes à l'égard de l'intégration européenne se développe d'abord autour d'une perspective « utilitariste » qui définit ces attitudes comme étant le fruit des bénéfices perçus par les citoyens de leur appartenance à l'UE, soit au niveau individuel, soit au niveau collectif[16]. S'y adjoignent un certain nombre de travaux qui soulignent l'importance en parallèle de facteurs politiques, soit parce que l'UE apparaît comme une solution aux citoyens qui jugent négativement les performances de leur État (Sanchez-Cuenca, 2000), soit parce que les faibles connaissances d'une majorité de citoyens concernant l'Union européenne les empêchent de se forger des attitudes à son égard et les poussent au final à utiliser les raccourcis cognitifs employés au niveau national, et notamment leur confiance dans leur gouvernement, pour donner du sens au processus d'intégration européenne (Anderson, 1998). Cependant, l'incapacité persistante de ces travaux à expliquer les attitudes des citoyens dans toutes leurs variations, et notamment leurs variations nationales, conduit au début des années 2000 au développement des approches en termes identitaires.

Au final, le développement d'études empiriques portant sur le processus d'identification à l'Europe et sur la reconnaissance de l'appartenance à une communauté de citoyens européens trouve donc ses origines à la fois dans les réflexions conceptuelles relatives à la légitimité du système politique européen comme entité politique supranationale, à la suite des changements institutionnels induits par la ratification du Traité sur l'Union européenne et dans l'émergence, au sein des *European Studies*, d'un corpus de travaux consacrés aux opinions et attitudes des citoyens à l'égard de l'Europe, consécutif à l'émergence de l'euroscepticisme. Au sein de ce corpus de travaux, il faut cependant attendre que les hypothèses principales, hypothèse utilitariste et hypothèse « politique », semblent épuiser leurs capacités à expliquer les variations des

---

[16] L'ouvrage le plus significatif de cette approche est celui de Matthew Gabel (1998).

attitudes des citoyens à l'égard de l'Europe, et notamment les variations d'un pays à l'autre, pour que l'hypothèse identitaire gagne ses lettres de noblesse.

### *Apports des approches identitaires*

Le corpus de travaux qui abordent la question des attitudes des citoyens à l'égard de l'intégration européenne à travers un questionnement identitaire est aujourd'hui assez conséquent. Il s'est en particulier développé à partir de l'analyse de données quantitatives, les données Eurobaromètres essentiellement, mais également à l'occasion à partir d'autres types de données (EES et ISSP notamment)[17]. Ces travaux s'articulent principalement autour de trois questions : premièrement, le facteur identitaire permet-il d'expliquer les attitudes à l'égard de l'intégration européenne et si oui, quelle est son importance eut égard à d'autres types d'explications ? ; deuxièmement existe-t-il une identité européenne, ou plus précisément un sentiment d'identification à l'Europe parmi les citoyens ? ; et enfin quelle relation l'identification à l'Europe entretient-elle avec l'identification à la nation ? Soulignons tout de suite que si les réflexions théoriques sur l'identification à l'Europe sont liées à la question de la création au niveau européen d'une communauté de citoyens, en particulier de la reconnaissance par les citoyens d'un « nous, Européens » spécifique, les recherches empiriques sur ce point sont quasiment absentes de la littérature développée ces dernières années[18].

---

17 Les Eurobaromètres sont des données d'opinions recueillies à la demande de la Commission européenne dans l'ensemble des états membres deux fois par an depuis 1973 (échantillon de 1000 individus par pays). Les données EES (European Elections Studies) et ISSP (International Social Survey Program) sont des données produites chaque année par la communauté scientifique. Pour davantage d'information, se reporter à leurs sites : http://ec.europa.eu/public_opinion/ pour l'Eurobaromètre, http://www.ees-homepage.net/ pour EES et http://www.pacte.cnrs.fr/spip.php?rubrique136 pour l'ISSP.

18 Ronald Inglehart et Jacques-René Rabier s'y étaient pourtant intéressés dès le début des années 1980 (1984) mais depuis il n'existe à notre connaissance que très peu de travaux qui aient été développés autour de ce questionnement [voir néanmoins : Niedermayer (1995) ; Delhey (2007) ; Scheuer et Schmitt (2007) et Cautres (2008) ; et pour des travaux plus qualitatifs l'ensemble des articles du n° 26 de Politique européenne, Belot et Bouillaud (2008)].

*Identité* vs. *Rationalité économique ?*

Depuis le début des années 2000, un corpus assez important de travaux propose de mettre en doute l'explication utilitaire dominante dans la réflexion sur la formation des attitudes à l'égard de l'UE en intégrant la variable « identité » à l'analyse. Ainsi, Lauren Mc Laren soutient que la perception d'une menace pour leur identité et leur culture nationale est un raccourci heuristique essentiel dans la définition par les individus de leur soutien à l'UE (2002). Si dans un premier temps elle affirme la primauté de l'explication en termes identitaires sur les autres, et notamment sur l'évaluation en termes de coûts/bénéfices, elle adopte cependant par la suite une position plus nuancée : les facteurs identitaires participent autant à la définition des attitudes à l'égard de l'Europe que les facteurs utilitaires (2004). Sean Carey aboutit également aux mêmes conclusions et souligne en outre que le facteur identitaire semble beaucoup plus prégnant dans certains pays que dans d'autres comme l'Irlande (2002)[19].

D'autres auteurs réaffirment cependant la primauté du facteur identitaire pour comprendre les attitudes à l'égard de l'intégration européenne. Adam Luedtke note ainsi que la force du sentiment d'appartenance nationale est le facteur le plus explicatif pour comprendre les attentes des individus à l'égard de la politique européenne de contrôle de l'immigration (2005)[20]. À partir du cas des pays baltes, et en particulier de l'Estonie, Raivo Vetik, Gerli Nimmerfelft et Marti Taru testent simultanément trois types d'explications : utilitaire, politique (ceux qui soutiennent un gouvernement favorable à l'Europe sont pro-européens), et identitaire (lorsque l'Europe est vue comme hégémonique, réaction du « *us* » national contre un « *them* » européen). Ils concluent que c'est cette troisième explication qui est la plus valable pour expliquer le soutien des citoyens à l'UE, en Estonie en particulier et pour les autres ex-pays de l'Est en général (2006). Liesbet Hooghe et Gary Marks

---

19 On peut s'interroger sur ce que mesure exactement l'indicateur relatif à la perception d'une menace pour l'identité nationale et la culture. S'agit-il d'un indicateur « identitaire », tel que le perçoit Lauren Mc Laren, ou s'agit-il plutôt d'un indicateur de résistance à l'innovation quelle qu'elle soit ? Le fait que cet indicateur entretienne de fortes relations avec d'autres indicateurs de craintes à l'égard de l'Europe invite à creuser davantage cette question.

20 Ce facteur est notamment plus explicatif que l'appartenance sociale, l'évaluation des performances économiques de l'UE, l'auto-positionnement sur l'échelle gauche-droite ou l'âge.

affirment également que le sentiment d'appartenance nationale compte plus que la rationalité économique pour expliquer les différences de soutien à l'UE. Selon eux, les variations nationales du soutien découleraient en particulier du niveau d'affirmation de la fierté nationale dans chacun des pays et de la manière dont cette fierté est mise en scène. Ils défendent notamment l'idée que lorsqu'une conception exclusive de la nation participe fortement du cadrage de l'espace politique, notamment en raison de la présence de forces politiques d'extrême droite, le facteur identitaire participe plus fortement de la définition des attitudes à l'égard de l'intégration européenne (2004). Ils soulignent cependant l'importance d'une analyse conjointe des trois types d'explications, utilitaire, politique et identitaire (2005).

Dans un article plus récent, John Garry et James Tilley affirment la nécessité de sortir de l'antagonisme entre facteurs utilitaires et facteurs identitaires. Ils soutiennent que rationalité économique et force de l'appartenance nationale ont des effets conjugués dans la formation des attitudes des citoyens à l'égard de l'Union européenne. Ils notent en particulier que les effets de la rationalité économique s'expriment au travers de l'identification à la nation. Ils constatent en effet que le fait d'être citoyen d'un pays bénéficiaire du budget communautaire tend à faire taire le sentiment d'appartenance territoriale exclusive, qui détermine un faible soutien à l'UE (2009)[21]. Au-delà de leurs résultats, ces travaux invitent à examiner comment les aspects identitaires participent de la formation des attitudes à l'égard de l'UE en les considérant dans leurs interactions avec d'autres éléments. Elles invitent également à questionner ce que recouvrent les notions d'identité nationale, de fierté nationale ou de sentiment d'appartenance nationale pour mieux comprendre les attitudes des citoyens à l'égard de l'Europe.

*Mesures et déterminants de « l'identité européenne »*

*"Are there any Europeans' in Europe?" The short answer to the question is yes. But a better and more nuanced response would be that it depends both on how European identity is defined, and on the form in which the question is posed* » (Green, 2007, 52). La réponse de David Green offre un parfait

---

21 Soulignons que leurs résultats posent un certain nombre d'interrogations notamment relatives à la manière dont ils mesurent le sentiment d'appartenance nationale exclusif.

résumé des résultats des analyses consacrées à l'identification à l'Europe. Un certain nombre de citoyens des États membres s'auto-qualifient d'« Européen ». Les travaux qualitatifs montrent d'ailleurs que certains individus se désignent spontanément ainsi (Belot, 2000 ; Diez Medrano, 2003). Les résultats des enquêtes quantitatives mettent cependant en évidence que leur nombre varie largement selon la question posée. Ainsi lorsqu'on leur demande à quelle unité géographique ils ont le sentiment d'appartenir avant tout, un très faible nombre d'entre eux citent l'Europe en premier (4 %) ou second choix (12 %)[22]. Par contre si on les interroge sur leur attachement à l'Europe, plus de 60 % s'y disent au même moment très ou assez attachés[23].

Il paraît dès lors difficile non seulement de mesurer l'ampleur de ce phénomène, les réponses variant énormément selon la formulation de la question, mais surtout d'en appréhender les ressorts. Que disent les individus lorsqu'ils s'auto-qualifient d'« Européen » ? Qu'ils se reconnaissent dans les normes et valeurs portées par le système politique européen, qu'ils se reconnaissent comme membre d'un demos européen, c'est-à-dire d'une communauté d'individus dans laquelle chacun reconnaît aux autres les mêmes prérogatives que soi au sein d'une entité politique commune, ou bien plus prosaïquement qu'ils savent que l'État dont ils sont les ressortissants est membre de l'Union européenne ? Si dans les premier et deuxième cas se reconnaître comme « Européen » engage l'individu et relève bien d'un phénomène de légitimation par les inputs au sens d'Easton, dans le dernier ce sont avant tout les compétences de l'individu et éventuellement son caractère légitimiste qui s'expriment dans son appropriation du qualificatif « Européen ».

Pour tenter de comprendre un peu mieux ce que les individus disent lorsqu'ils s'affirment « Européen », certains auteurs ont proposé de décomposer les différentes dimensions de l'identification à l'Europe. En se calquant sur les travaux relatifs à l'identification à la nation, Sophie

---

22 Données World Values Surveys (1999-2001) relatives aux pays membres de l'UE. Le libellé exact de la question est le suivant : « Parmi les unités géographiques suivantes, à laquelle avez-vous le sentiment d'appartenir avant tout : la ville, la localité, le canton où vous habitez ; la région, la province, le département ; le pays tout entier ; l'Europe ; le Monde ? »

23 Il s'agit des données de l'Eurobaromètre 54.1, qui date de 2000. Le libellé exact de la question est le suivant : « *People may feel different degrees of attachment to their town or village, to their region, to their country or to Europe. Please tell me how attached you feel to your town (village), your region, your country, Europe?* »

Duchesne et André-Paul Frognier affirment que l'identification à l'Europe combine au moins deux dimensions « une dimension sociologique, qui manifeste la disposition de l'acteur, produit de la socialisation, à s'identifier à des collectifs, à se sentir « faire partie » des groupes qui sont objectivement les siens ; et une dimension politique, résultat des rapports de force et des stratégies des acteurs politiques, qui le pousse à arbitrer entre les différents groupes objets de ses identifications » (2002, 366). La mesure de ces différentes dimensions s'avère cependant malaisée avec les données disponibles. De façon similaire, Michael Bruter pose l'hypothèse que l'identité européenne comporte au moins deux dimensions : une dimension civique, c'est-à-dire l'attachement aux institutions européennes, et une dimension culturelle, c'est-à-dire le sentiment d'appartenance à une communauté, à un « nous » européen basé sur le sentiment d'avoir un héritage commun (religieux, politique, moral, etc.) (2005). Au-delà de ces quelques travaux, la question des dimensions de l'identité européenne reste cependant largement posée et il apparaît fort difficile de les saisir en l'état actuel des questionnaires dont nous disposons.

Par contre, les enquêtes quantitatives offrent un certain nombre d'éléments quant à la distribution du phénomène d'auto-qualification comme « Européen ». Tous les travaux montrent en effet qu'un haut niveau de mobilisation cognitive (mesuré à travers la fréquence des discussions politiques et l'implication des individus dans ces discussions) et qu'un haut niveau de diplôme favorisent l'identification à l'Europe, les deux effets se renforçant. La possession de revenus élevés et le fait d'habiter dans un environnement urbain ont des effets moins forts mais significatifs cependant. L'appartenance gauche-droite ou la proximité partisane apparaissent moins importantes, même si les individus qui se déclarent de gauche s'identifient plus à l'Europe que ceux du centre ou de la droite. Les différences entre les hommes et les femmes sont quant à elles très faibles et les effets d'âge sont inexistants une fois contrôlés les effets de diplôme (Duchesne et Frognier, 1995 ; Schild, 2001 ; Citrin et Sides, 2004 ; Green, 2007).

L'importance de l'effet diplôme, conjugué au fait que les générations les plus jeunes sont aussi les plus diplômées, conduit certains auteurs à prédire le développement du phénomène d'identification à l'Europe sur le long terme : « *On the whole, then, these results underscore the potential for the growth of a stronger and more pervasive European identity, since a pro-Europe outlook is particularly strong among those most attentive to politics and since cohort replacement will diminish the ranks of the most nationalistic segment of the population.* » (Citrin et Sides, 2004, 172-173)[24]. De fait, leurs données paraissent corroborer ces prédictions. Ils montrent en effet que si le nombre d'individus plus attachés à l'Europe qu'à la nation reste stable entre 1991 et 2000, le nombre de ceux qui se disent autant attachés à l'une qu'à l'autre augmente par contre fortement durant cette période (+18 %) pour l'ensemble de l'Europe, alors que dans le même temps, les Européens sont moins nombreux à être plus attachés à leur nation qu'à l'Europe.

Plus généralement la question du développement possible de l'identification à l'Europe et des facteurs favorables à ce développement traverse bon nombre de travaux, certains pouvant apparaître comme contribuant à une évaluation des politiques « identitaires » de l'UE[25]. Plusieurs auteurs proposent d'apprécier l'effet des politiques symboliques de l'UE sur le développement d'un sentiment d'identification à l'Europe. Thomas Risse affirme notamment que les effets de l'Euro varient fortement selon les pays (2003). Michael Bruter note que l'exposition aux symboles mais surtout l'exposition à des informations positives sur l'intégration européenne, en particulier sur le moyen terme (plus de deux ans dans son enquête), favorisent fortement l'identification à l'Europe (2003, 2009). Constatant l'existence d'une relation, toutes choses égales par ailleurs, entre le fait de parler des langues étrangères, le fait de voyager et l'identification à l'Europe, Neil Fligstein insiste quant à lui sur l'importance non seulement des facteurs *top-down*, tels que les symboles et les messages médiatiques, mais également des facteurs *bottom-up*, l'accroissement des interactions entre Européens comme facteur du développement sur le long terme de l'identification à l'Europe (2008).

---

24 Leurs conclusions apparaissent comme un miroir fidèle de celles d'Inglehart qui affirmait dans les années 1970 pouvoir compter sur une hausse du soutien à l'intégration européenne sur le long terme du au replacement des générations (1971).

25 Ces auteurs s'attribuent ainsi le rôle de prescripteurs dans l'élaboration des politiques « identitaires » européennes. Il est toujours piquant d'observer comment l'Union européenne, entité politique sans cesse en mouvement, perpétuellement projetée dans un ailleurs non encore clairement définie, suscite chez les universitaires ce basculement des rôles.

Observant de fortes relations entre le jugement favorable porté sur des politiques européennes dans le domaine des *high-politics* et l'identification à l'Europe, Sylvia Kritzinger affirme que lorsque les citoyens reconnaissent l'efficacité de l'action de l'Union européenne dans des domaines relevant traditionnellement de la souveraineté des États, ils développent un sentiment d'appartenance à l'Europe. S'appuyant sur les travaux d'Ernest Gellner, selon lesquels la nation a été créée pour répondre aux besoins fonctionnels de la modernité, elle envisage que l'identité européenne se développera lorsque les citoyens considèreront l'UE comme répondant désormais à ces besoins (2005). Il me semble cependant qu'en l'état actuel de nos connaissances relatives aux opinions des citoyens à l'égard des politiques européennes, l'interprétation du sens de la relation entre les deux variables reste sujette à caution. J'ai en effet montré dans des travaux antérieurs que lorsque les citoyens sont appelés à évaluer les politiques européennes, leurs réponses reflètent avant tout leurs attentes à l'égard de l'Union européenne dans tel ou tel domaine en raison de leur incapacité à proprement estimer l'effet de ses politiques (Belot, 2000). Il paraît dès lors probable que la relation observée fonctionne plutôt dans le sens inverse, le fait de se sentir appartenir à l'Europe favorise un jugement positif à l'égard des politiques de l'Union car elles sont investies d'attentes, ou du moins que la relation entre ces différents éléments soit cyclique, les attentes pouvant générer en retour une plus forte identification à condition que l'individu croit en la capacité de l'Union européenne à y répondre. En outre, le constat même d'un développement de l'identification à l'Europe sur le long terme reste cependant sujet à caution (Scheuer et Schmitt, 2007 ; Green, 2007 ; Caporaso et Kim, 2009), en particulier en Allemagne où les quelques données existantes tendent à montrer une baisse du nombre de ceux qui se reconnaissent comme « Européen » dans les années 1990 et dans une moindre mesure déjà dans les années 1980 (Schild, 2001).

Au-delà des différences socio-démographiques, socio-politiques et aux variations dans le temps, les études insistent sur le fait que, comme pour toutes les autres mesures du soutien à l'égard de l'intégration européenne, la variable nationalité est la variable la plus déterminante pour appréhender l'identification à l'Europe, l'Europe étant toujours perçu « au prisme » de la nation. Les différences dans le niveau d'identification à l'Europe d'un pays à l'autre sont d'ailleurs remarquables. Ainsi en 2000, 42 % des Britanniques se déclarent assez ou très attachés à l'Europe, contre 80 % des Luxembourgeois (Citrin et Sides, 2004). Il importe alors de comprendre quelles sont les variables qui s'expriment à travers la nationalité, ce qui invite notamment à s'interroger sur les relations entre identification à l'Europe et identification à la nation.

*Identification à l'Europe* vs. *identification à la nation ?*

Dès 1995, S. Duchesne et A.-P. Frognier montrent qu'il n'y a pas de relation claire entre le fait de se déclarer fier de sa nationalité et l'identification à l'Europe (1995, 202). Leurs données mettent en évidence que dans certains pays[26] être fier de sa nationalité est un facteur favorable au développement d'une identité européenne alors que dans d'autres la fierté nationale est négativement corrélée à l'identification à l'Europe[27]. Reprenant leurs analyses quelques années plus tard en utilisant différents indicateurs d'identification à l'Europe, ils observent d'assez grandes variations quant à l'existence ou non d'une relation entre fierté nationale et identification à l'Europe à la fois entre pays et dans le temps, en même temps qu'une grande stabilité des indicateurs (2002 ; 2008). Ils invitent alors à considérer cette complexité de la relation comme le résultat d'un double processus d'identification, à la fois cumulatif et exclusif. La relation entre identification à la nation et identification à l'Europe apparaît positive lorsque les individus privilégient une forme cumulative d'identification. Elle est négative lorsque le processus d'identification privilégié par les individus met avant tout l'accent sur la nécessité de borner la communauté d'appartenance en affirmant l'existence d'autres (« *others* ») significatifs. L'Union européenne peut alors apparaître comme un autre menaçant dans le processus d'identification à la nation (2008).

Le constat de l'absence d'une relation claire entre identification à la nation et identification à l'Europe a de fait été réitéré à maintes reprises depuis (Schild, 2001 ; Hooghe et Marks, 2004) et a donné lieu à une réflexion sur la manière dont les individus déclinent leurs multiples identités. Comme le résume Thomas Risse, ces identités peuvent être nichées les unes dans les autres à la manière des poupées russes, imbriquées, c'est-à-dire que certains des membres d'un groupe identitaire, mais pas tous, sont également membre d'un autre groupe, ou former

26 La France, la Belgique, l'Italie, le Danemark et la Grèce.
27 Le Royaume-Uni et les Pays-Bas.

une sorte de « cake marbré » (2003). Dans cette troisième configuration, les différentes composantes de l'identité d'un individu ne peuvent être clairement séparées comme dans les deux premiers cas mais sont mélangées (la définition de l'appartenance à la nation peut par exemple contenir des éléments de l'appartenance à l'Europe). Juan Diez-Medrano et Paula Gutiérrez soulignent notamment que les mêmes individus peuvent développer différentes formes d'identification selon le groupe territorial de référence en fonction du rôle qu'ils attribuent à leurs identifications. Par exemple certaines permettent la mise en œuvre de mécanismes de différentiation (les identités locales), alors que d'autres lui offrent un sentiment d'inclusion (l'identité européenne), un même individu peut donc développer ces deux différentes formes d'identification de concert (2001).

Plusieurs travaux se sont ainsi intéressés aux déclinaisons des configurations de la relation identification à la nation/identification à l'Europe dans différents contextes nationaux. Richard Haesly montre que le rapport à l'identité britannique est un facteur clef pour comprendre les attitudes des Ecossais et des Gallois à l'égard de l'intégration européenne. Lorsque ces individus se définissent avant tout comme Britanniques, alors ils ne s'identifient pas à l'Europe qui apparaît principalement comme une menace pour leur souveraineté nationale. Par contre lorsque ces individus se définissent soit prioritairement comme Ecossais ou Gallois, soit à la fois comme Ecossais ou Gallois et Britannique, l'Europe apparaît comme pouvant générer une identification (2001). J. Diez Medrano et P. Gutiérrez soulignent qu'en Espagne, l'intégration européenne a été décrite en termes positifs au point que l'identification à l'Europe apparaît comme une dimension constitutive de l'identité nationale espagnole. De fait, leurs données montrent que plus les Espagnols s'identifient à leur nation ou à leurs communautés autonomes, plus ils s'identifient à l'Europe (2001). Joachim Schild souligne qu'en France le discours dominant présente l'Europe comme une « extension » de la nation, identification à la nation et identification à l'Europe n'apparaissent dès lors pas nécessairement comme concurrentes (2001, 343). Analysant les différentes dimensions de l'identité nationale en France et au Royaume-Uni, Sophie Duchesne et Anthony Heath constatent la force du référentiel national en France, très intégré et politisé, par rapport au Royaume-Uni. Ces différences pourraient expliquer pourquoi l'identification à la nation et l'identification à l'Europe ne se conjuguent pas de la même façon dans les deux pays (Duchesne et Heath, 2003). S'intéressant également à la France et au Royaume-Uni, Michael Bruter observe enfin que l'identité européenne fait bien sens pour les enquêtés à travers les deux dimensions qu'il a définies comme constitutives de « l'identité européenne », la dimension civique et la dimension culturelle, mais que l'importance accordée à une dimension plutôt qu'à l'autre varie notamment selon le contexte national. La dimension culturelle de l'identité européenne apparaît ainsi particulièrement présente chez les Français, elle est à l'inverse quasiment absente chez les Britanniques (2003, 2005).

Si tous ces travaux insistent sur différentes configurations nationales de la relation entre identification à la nation et identification à l'Europe, certains soulignent également le fait qu'au sein d'un même pays, différentes configurations des liens entre les deux coexistent. Il s'agit alors d'identifier les facteurs qui permettent d'expliquer ces différentes configurations et leur distribution respective dans chaque pays. La présence de forces politiques ou d'autres groupes sociaux qui mettent sur le devant de la scène la défense de la nation est un critère parmi d'autres qui, en rendant l'identification à la nation plus saillante, concoure à modifier la relation entre identification à la nation et identification à l'Europe (Hooghe et Marks, 2003 ; Fligstein 2008), mais il ne saurait être le seul. Ces dernières années, plusieurs travaux ont mis en évidence que si la relation entre identification à la nation et identification à l'Europe n'est pas très claire, les individus affirmant se sentir peu ou pas fier du tout de leur nationalité ne se montrant pas plus prompts à se déclarer « Européen » que ceux affirmant leur fierté nationale, le fait par contre de s'identifier exclusivement à la nation est associé à une posture très critique vis-à-vis de l'intégration européenne (Carey, 2002 ; Hooghe et Marks, 2003 ; Citrin et Sides, 2004 ; McLaren, 2007). Dès lors, pour comprendre les différences d'un pays à l'autre à la fois dans le niveau de soutien à l'UE et dans le niveau d'identification à l'Europe il importe de se questionner sur les éléments qui activent au niveau individuel, la perception de l'appartenance nationale comme exclusive. Y répondre paraît d'autant plus important pour le système politique européen qu'en vingt ans, la distance entre d'un côté ceux qui conçoivent leur appartenance nationale comme exclusive et ceux qui se réclament d'appartenances multiples (nationale et européenne) s'est accrue sociologiquement (Schild, 2001), ce qui pourrait tendre à renforcer encore le caractère élitaire de l'UE. (Fligstein, 2008).

### *Problèmes et limites des approches quantitatives de l'identification à l'Europe*

Au final, ce rapide état des lieux des approches quantitatives du processus d'identification à l'Europe met en évidence que malgré la mise en place de débats fructueux, en particulier sur la relation entre identification à la nation et identification à l'Europe et sur l'importance des facteurs identitaires dans la formation des attitudes à l'égard de l'Europe, de très nombreuses questions relatives à la force de l'identification à l'Europe, à ses dimensions, à la manière dont se décline identification à la nation et identification à l'Europe selon les pays, restent en suspens. L'incapacité de ces approches à y répondre relève de deux types d'explications différentes : l'existence d'outils mal adaptés ou lacunaires mais aussi le caractère particulier de la question posée, celle de l'identification, qu'il est malaisé de saisir avec ce type d'outils.

#### *Une boîte à outils lacunaire*

Comme l'ont souligné plusieurs auteurs (Duchesne et Frognier, 1995, 2002, 2008 ; Schild, 2001 ; Bruter, 2003) mesurer la distribution parmi les citoyens de l'identification à l'Europe est difficile tant la réponse varie selon l'indicateur utilisé. De fait, tout praticien des données d'opinions sait que pour répondre à une question de mesure, il doit pouvoir construire un indice à partir de plusieurs indicateurs se rapportant au même objet. Or, du fait de la dispersion des questions relatives à l'identification à l'Europe dans différents Eurobaromètres, la construction d'un tel indice est malaisée. La formulation même des questions n'est pas sans soulever un certain nombre de problèmes, certaines d'entre elles paraissant notamment impliquer l'idée d'une opposition entre identité nationale et identité européenne, d'autres, ou parfois les mêmes, reposant sur une formulation prospective (« *in the near future…* ») qui rend l'interprétation difficile. En outre, alors que l'un des apports classiques de l'approche quantitative est de pouvoir offrir des données longitudinales, ce qui permet d'observer l'évolution de phénomènes, les changements fréquents dans la formulation des questions relatives à l'identification à l'Europe rendent délicate l'étude de l'évolution de ce processus d'identification sur le long terme[28].

---

[28] Si la première question relative à l'identification à l'Europe apparaît dans les années

Au-delà des critiques portées sur les indicateurs existants, le chercheur ne peut que regretter l'absence d'autres types d'indicateurs. Pour n'en prendre qu'un exemple, les travaux qualitatifs ont notamment montré que se dire Européen ne veut pas forcément dire la même chose pour tous les individus (Belot, 2000 ; Diez Medrano, 2004). Pour certains, il s'agit seulement de signifier qu'on reconnaît son pays comme membre de l'Union européenne, « je suis (national), mon pays fait partie de l'Europe, donc je suis Européen », alors que pour d'autres, se dire Européen c'est se reconnaître dans les normes et valeurs qu'ils considèrent portées par ce système politique, voire se reconnaître membre de la communauté des citoyens européens, le terme se trouve alors chargé affectivement. Or, aucune question dans toutes les enquêtes utilisées (Eurobaromètres, ISSP, EES, EVS et WVS ainsi que certaines enquêtes nationales) ne permet de questionner les individus sur ce qu'ils veulent dire lorsqu'ils s'affirment « Européen »[29]. Ainsi, la question de la connaissance de l'appartenance de son pays à l'Union européenne n'est bien entendu pas posée dans les enquêtes Eurobaromètres, or elle offrirait probablement une clef d'analyse essentielle dans la compréhension de la très faible identification des Britanniques à l'Europe.

À travers l'ensemble de ces critiques portées aux outils jusqu'à présent utilisés, il ne s'agit pas de considérer que les analyses quantitatives n'ont rien, ou plus rien, à apporter à la compréhension du phénomène d'identification à l'Europe, mais plutôt de plaider pour que les outils soient à la hauteur des questions de recherche. Sans nul doute, l'accessibilité des enquêtes Eurobaromètres les rend attrayants dans un contexte où, la publication apparaissant désormais comme l'étalon de mesure de l'activité du chercheur, la nécessité de publier vite invite à un moindre engagement dans la production de données de recherche. Force est cependant de constater que les objectifs de la Commission européenne n'étant pas ceux des chercheurs, les questions posées dans les Eurobaromètres reflètent avant tous les présupposés de ses membres

---

1980, aucun indicateur n'est présent de façon régulière et sur le long terme dans les enquêtes Eurobaromètres. Certaines questions apparaissent puis s'éclipsent (la question « *As well as your current citizenship, do you also think of yourself as a citizen of the European Union? Often, Sometimes, Never* » est par exemple posée régulièrement de 1987 à 1992 puis disparaît).

29 Seules les données ISSP permettent de se poser ces questions du point de vue de l'identification à la nation.

quant à la manière dont « devrait » émerger parmi les citoyens une « identité européenne »[30]. Quant aux autres données produites, elles, par des chercheurs, elles n'ont toutes abordé jusqu'ici la question de l'identification à l'Europe que de façon périphérique. Il est en particulier dommage qu'une enquête telle que celle de l'International Society of Political Psychology (ISPP) sur l'identité nationale (1995 et 2003), qui permet de creuser différentes dimensions de l'identification à la nation, ne contienne pas également dans les pays européens un module sur l'identification à l'Europe qui permette de distinguer différentes dimensions de cette identification. Dès la fin des années 1990, Marco Cinnirella (1997) avait en effet affirmé que si les relations entre identification à la nation et identification à l'Europe n'étaient pas les mêmes d'un pays à l'autre, c'est que les dimensions de l'identification à l'Europe entraient parfois en concurrence avec celles de l'identification à la nation alors qu'elles pouvaient être complémentaires dans d'autres cas. À travers une approche de psychologie sociale portant sur deux pays, l'Italie et le Royaume-Uni, il soutenait notamment que la faible identification à l'Europe au Royaume-Uni reposait sur le fait que les référents identitaires principaux de l'Europe (performances économiques et politiques) étaient très proches de ceux mis en avant au niveau national (parlementarisme et puissance industrielle). En Italie au contraire, l'identification à l'Europe n'apparaissait pas directement en concurrence avec l'identification à la nation, celle-ci s'appuyant avant tout sur des références à la culture et aux paysages. Creuser cette relation entre dimensions de l'identification à l'Europe et dimensions de l'identification à la nation paraît tout à fait à la portée d'une approche quantitative, pour peu qu'elle s'en donne les moyens.

### *L'identification, un processus dynamique et contextualisé*

Si certains questionnements relatifs à l'identification à l'Europe paraissent bien pouvoir être abordés à travers des données quantitatives produites notamment dans le cadre de dispositifs de recherche, d'autres paraissent plus difficiles à appréhender avec de tels outils. Le fait que le discours identitaire d'un individu varie selon le contexte dans lequel il

---

30 Sur les objectifs poursuivis par la Commission au travers des Eurobaromètres, *cf.* Smith (1998) et Aldrin (2009).

est amené à l'exprimer engage ainsi à observer les résultats des études quantitatives relatives à « l'identité européenne » avec beaucoup de prudence. En effet, comme le rappelle d'une manière peu académique mais très imagée Alfred Grosser, être tour à tour piétons, cyclistes et automobiliste, nous conduit à chaque fois à redéfinir notre appartenance sociale à un groupe plutôt qu'à un autre et à adopter les comportements et opinions propres à ce groupe (Grosser, 2007). Le même phénomène joue au niveau des appartenances territoriales. Utilisant une approche de psychologie sociale, et notamment la théorie de l'identité sociale de Henry Tajfel et John Turner, des chercheurs ont mis en évidence à travers une étude portant sur des Gallois que leur identification à l'Europe est beaucoup plus forte dans un contexte d'activation de leur appartenance régionale, l'affirmation de l'appartenance à l'Europe apparaissant alors comme un moyen de se démarquer de l'identité britannique (Mols *et al.*, 2009). D'autres auteurs ont également montré que l'identification à des groupes élargis tels que la nation où l'Europe, est différente selon l'intensité de la référence à ce groupe dans l'espace public à un moment « t » du temps, du fait d'une élection, d'une compétition sportive, d'un engagement de soldats dans un pays tiers, etc. (Duchesne et Frognier, 2002, 2008). Dès lors, il ne s'agit pas uniquement de souligner que se dire « Européen » ne veut pas dire la même chose pour tout le monde, mais également de pointer qu'une même personne peut s'affirmer « Européen » de différentes manières, selon le contexte dans lequel il est amené à définir cette « identité ».

Insister sur le fait que l'identification est un processus sans cesse redéfini est d'autant plus important dans le contexte de l'intégration européenne qu'il s'agit alors d'étudier l'identification à un système politique lui aussi en mouvement. Comment étudier l'identification à l'Europe sur le long terme alors que l'Europe à laquelle les citoyens sont supposés s'identifier n'est plus la même que celle d'hier ? Comme le souligne David Green, nous pourrions supposer que les Européens se reconnaissent davantage comme « Européens » que les Africains comme « Africains » du fait de l'existence du processus d'intégration européenne (Green, 2007). Mais dans un contexte où les politiques de l'UE apparaissent décriées, refuser l'identification à l'Europe peut apparaître à un moment « t » du temps comme un moyen de refuser ces politiques, lors même que l'on peut se reconnaître « Européen », en référence à certaines normes ou certains modes de vies. L'UE constituant un objet politique en mouvement, se proclamer « Européen » en référence à cet objet invite à un processus permanent de redéfinition de ses référents identitaires. Au final, comme l'affirment Jack Citrin et John Sides : « *What it means to be a European is a variable, not a constant* » (2004, 183), d'où la nécessité d'approcher cette question avec une multiplicité d'outils, certains plus adaptés pour mesurer et rendre compte de l'évolution des phénomènes, d'autres offrant la possibilité d'appréhender cette labilité de l'objet et en particulier des processus qualitatifs expérimentaux permettant l'activation à différents moments de dimensions distinctes de l'identification à l'Europe.

## *Conclusion*

La déclaration de Copenhague sur l'identité européenne apparaît en 1973 à ses rédacteurs comme un premier pas vers un essai de définition des fondamentaux du projet européen. Ils affirment alors que ce texte allait être amené à évoluer. Près de quarante ans après, la définition de l'identité européenne reste cependant celle de 1973. La polémique autour de la référence à l'héritage chrétien au sein de la convention européenne lors de la rédaction du projet de traité établissant une constitution pour l'Europe a bien montré la difficulté actuelle à définir de manière *top-down* une « identité européenne ». Si cette question est devenue aussi sensible, c'est non seulement la conséquence de la chute du bloc de l'Europe de l'Est et des différents élargissements de l'Union européenne qui lui ont succédé, mais également en raison de la rupture du consensus permissif des citoyens à l'égard de l'intégration européenne dans un contexte où l'Union européenne s'affirmant comme un système politique, elle doit disposer d'une légitimité propre pour survivre en tant que tel sur le long terme. Or, dans le même temps où la question de l'identification des citoyens à l'Europe est apparue comme une question majeure pour l'avenir de l'Union européenne, les élites communautaires ont exprimé un plus grand embarras dans la définition de leurs politiques « identitaires ». Dans les années 1980, l'identification à l'Europe pouvait être perçue comme susceptible de se développer sur le modèle de l'identification à la nation, d'où le développement d'une politique symbolique sur le modèle de la politique identitaire nationale. Dans les années 2000, la rupture du consensus permissif a remis en cause la pertinence de ce modèle en mettant en évidence le fait que l'Union européenne pouvait être perçue comme une concurrente pour l'État nation. Le financement au début du XXIe siècle de plusieurs programmes de recherches s'interrogeant sur la manière dont l'Europe fait sens pour les individus nous renseigne sur le fait que désormais, les élites communautaires perçoivent cette question comme problématique, ce qui n'était pas le cas dans les années 1980. De fait, pour être en mesure de développer des politiques identitaires « *top-down* », encore importe-t-il de comprendre par quels processus les individus s'identifient à l'Europe, quelles sont les références qu'ils mobilisent lorsqu'ils se reconnaissent « Européen ». Or de ce point de vue, les recherches restent encore largement embryonnaires. Les approches quantitatives ont en particulier permis de mettre en évidence la grande complexité d'un processus d'identification à un système politique expérimental tel que celui de l'Union européenne et la nécessité de penser ce processus d'identification non pas seulement en lui-même mais également au travers des bouleversements qu'il induit sur le processus d'identification à la nation, processus lui-même différencié selon les pays mais aussi selon l'appartenance sociale des individus. Les apports des approches quantitatives sont a priori loin d'être épuisés, à condition de développer les outils adaptés, notamment pour mesurer les différentes dimensions de l'identification à l'Europe et à la nation. Dans cet objectif, les approches quantitatives se doivent de mieux redéfinir le modèle conceptuel à travers lequel est pensé le lien entre soutien à l'Union européenne, identification à l'Europe et formation d'un demos européen. Elles doivent surtout s'appuyer sur la richesse des approches qualitatives dont les autres articles du présent numéro donnent un aperçu.

## *RÉFÉRENCES BIBLIOGRAPHIQUES*


Aldrin Philippe (2009), « L'invention de "l'opinion publique européenne". Une genèse politique et intellectuelle du programme Eurobaromètre », papier présenté dans la section thématique « L'académie européenne : experts, savoirs et savants dans le gouvernement de l'Union européenne », 10ème Congrès de l'AFSP, Grenoble, 7-9 septembre.

Anderson Christopher (1998), « When in Doubt, use Proxies. Attitudes towards Domestic Politics and Support for European Integration », *Comparative Political Studies*, vol. 31 n° 5, p. 569-601.

Belot Céline (2000), *L'Europe en citoyenneté. Jeunes Français et Britanniques dans le processus de légitimation de l'Union européenne*, Thèse de doctorat de l'IEP de Grenoble.

Belot Céline et Bouillaud Christophe (dir.) (2008), « Amours et désamours entre Européens. Vers une communauté politique de citoyens? », *Politique européenne*, n° 26.

Belot Céline et Cautrès Bruno (2008), « Opinion publique », *in* Céline Belot, Paul Magnette et Sabine Saurugger (dir.), *Science politique de l'Union européenne*, Paris, Economica, p. 153-174.

Belot Céline et Smith Andy (1998), « Europe and Identity: a Challenge for the Social Sciences », *in* Ulf Hedetoft (dir.), *Political Symbols, Symbolic Politics. European identities in transformation*, Aldershot, Ashgate, p. 83-104.

Brubaker Rogers et Cooper Frederick (2000), « Beyond "identity" », *Theory and Society*, vol. 29, n° 1, p. 1-47.

Bruter Michael (2003), « Winning Hearts and Minds for Europe: the Impact of News and Symbols on Civic and Cultural European identity », *Comparative Political Studies*, vol. 36 n° 10, p. 1148-1179.

Bruter Michael (2005), *Citizens of Europe? The Emergence of a Mass European Identity*, Basingstoke, Palgrave Macmillan.

Bruter Michael (2009), « Time Bomb? The Dynamic Effect of News and Symbols on the Political Identity of European Citizens », *Comparative Political Studies*, vol. 42, n° 12, p. 1498-1536.

Caporaso James A., Min-hyung Kim (2009), « The Dual Nature of European Identity: Subjective Awareness and Coherence », *Journal of European Public Policy*, vol.16, n° 1, p. 19-42.

Cautrès Bruno (2008), « Plus on se connaît, plus on s'aime », *Politique européenne*, n° 26, p. 165-190.

Chryssochoou Dimitris (1996), « Europe's Could-Be Demos: Recasting the Debate », *West European Politics*, vol. 19, n° 4, p. 787-801.

Cinnirella Marco (1997), « Towards a European identity? Interactions between the national and European social identities manifested by university students in Britain and Italy », *British Journal of Social Psychology*, vol. 36, p. 19-31.

Citrin Jack et Sides John (2004), « Can there be Europe without Europeans? Problems of identity in a Multinational Community », *in* Richard Herrmann, Thomas Risse et Marilynn Brewer (dir.), *Transnational Identities: Becoming European in the EU*, Lanham, Rowman & Littlefield, p. 161-185.

Diez Medrano Juan (2004), *Framing Europe. Attitudes to European integration in Germany, Spain and the United Kingdom*, Oxford, Oxford University Press.

Diez Medrano Juan et Guttiérez Paula (2001), « Nested Identities: National and European Identity in Spain », *Ethnic and Racial Studies*, vol. 24, p. 753-778.

Delhey Jan (2007), « Do Enlargements Make the European Union Less Cohesive? An Analysis of Trust between EU Nationalities », *Journal of Common Market Studies*, vol. 45, n° 2, p. 253-279.

Delmotte Florence (2002), « Norbert Elias et l'intégration postnationale », *Revue suisse de science politique*, vol. 8, n° 1, p. 3-26.

Deutsch Karl (1961), « Social Mobilization and Political Development », *American Political Science Review*, vol. 55, n° 2, p. 493-514.

Duchesne Sophie (2008), « Waiting for a European Identity... Reflections on the Process of Identification with Europe », *Perspectives on European Politics and Society*, vol. 9, n° 4, p. 397-410.

Duchesne Sophie et Frognier André-Paul (1995), « Is there a European Identity? », *in* Oskar Niedermayer et Richard Sinnott (dir.), *Public Opinion and Internationalized Governance*, Oxford, Oxford University Press, p. 196-226.

Duchesne Sophie et Frognier André-Paul (2002), « Sur les dynamiques sociologiques et politiques de l'identification à l'Europe », *Revue française de science politique*, vol. 52, n °4, p. 355-373.

Duchesne Sophie et Frognier André-Paul (2008), « National and European Identifications: A Dual Relationship », *Comparative European Politics*, vol. 6, n° 2, p. 143-168.

Duchesne Sophie et Heath Anthony (2003), « Patterns of Identity: An Empirical Comparison of French and British Conceptions of Nationality », paper presented to the Workshop « National identities and Euroscepticism in France and the UK », Maison Française d'Oxford, 13 mai, 15 p.

Easton David (1965), *A Systems Analysis of Political Life*, New York, John Wiley & Sons.

Fligstein Neil (2008), *Euro-clash. The EU, European Identity and the future of Europe*, Oxford, Oxford University Press.

Forêt François (2008), *Légitimer l'Europe. Pouvoir et symbolique à l'heure de la gouvernance*, Paris, Presses de Science Po.

Gabel Matthew (1998), *Interests and Integration - Market Liberalization, Public Opinion and European Union*, Ann Arbor, University of Michigan Press.

Garry John et Tilley James (2009), « The Macroeconomic Factors Conditioning the Impact of Identity on Attitudes towards the EU », *European Union Politics*, vol.10, n°3, p. 361-379.

Green David Michael (2007), *The Europeans: Political Identity in an Emerging Polity*, Boulder, CO, Lynne Rienner Publishers.

Grosser Alfred (2007), *Les Identités difficiles*, Paris, Presses de Sciences Po.

Haas Ernst (1958), *The Uniting of Europe: Political, Social and Economic Forces-* 1950-1957, Stanford, Stanford University Press.

Habermas Jürgen (1996), « National Unification and Popular Sovereignty », *New Left Review*, n° 219, p. 3-13.

Haesley Richard (2001), « Euroskeptics, Europhiles and Instrumental European: European Attachment in Scotland and Wales », *European Union Politics*, vol. 2, p. 81-102.

Hedetoft Ulf (1994), « National identities and European integration "from below": Bringing People Back in », *Journal of European Integration*, vol. 18, n° 1, p. 1-28.

Hix Simon (2005) [2e éd.], *The Political System of the European Union*, Londres, Palgrave .

Hoffman Stanley (1966), « Obstinate or Obsolete? The Fate of the Nation State and the Case of Western Europe », *Daedalus*, n° 95, p. 862-915.

Hooghe Liesbet (dir.) (2007), « Special Issue: What Drives Euroscepticism? », *European Union Politics*, vol. 8, n° 1, p. 5-150.

Hooghe Liesbet et Marks Gary (2004), « Does Identity or Economic Rationality Drive Public Opinion on European Integration? », *PS: Political Science and Politics*, vol. 37, n° 3, p. 415-420.

Hooghe Liesbet et Marks Gary (2005), « Calculation, community and cues », *European Union Politics*, vol. 6, n° 4, p. 419-443.

Inglehart Ronald (1970), « Cognitive Mobilization and European Identity », *Comparative Politics*, vol.3, n° 1, p. 45-70.

Inglehart Ronald (1977), « Long Term Trends in Mass Support for European Unification », *Government and Opposition*, vol. 12, n° 2, p. 150-177.

Inglehart Ronald et Rabier Jacques-René (1984), « La confiance entre les peuples : déterminants et conséquences » *Revue française de science politique*, vol. 34, n° 1, p. 5-46.

Lindberg Leon et Scheingold Stuart (1970), *Europe's Would Be Polity. Patterns of Change in the European Community*, New Jersey, Prentice Hall.

Luedtke Adam (2005), « European Integration, Public Opinion and Immigration Policy. Testing the Impact of National Identity », *European Union Politics*, vol. 6, n°1, p. 83-112.

Mc Laren Lauren (2002), « Public Support for the European Union: Cost/Benefit Analysis or Perceived Cultural Threat », *The Journal of Politics*, vol. 64, n° 2, p. 551-566.

McLaren Lauren (2004) « Opposition to European integration and fear of loss of national identity: debunking a basic assomption regarding hostility to the integration project », *European Journal of Political Research*, vol. 43, n° 6, p. 895-911.

Mols Frank, Jetten Jolanda et Haslam Alexander (2009), « EU Identification and Endorsement in Context: The Importance of Regional Identity Salience », *Journal of Common Market Studies*, vol. 47, n° 3, p. 601-623.

Niedermayer Oscar (1995), « Trust and Sense of Community », *in* Oscar Niedermayer et Richard Sinnott (dir.), *Public Opinion and Internationalized Governance*, Oxford, Oxford University Press, p. 227-245.

Obradovic Daniela (1996), « Policy Legitimacy and the European Union », *Journal of Common Market Studies*, vol. 34, n° 2, p. 191-222.

Quermonne Jean-Louis (2005)[6e éd.], *Le Système politique de l'Union européenne*, Paris, Montchrétien.

Risse Thomas (2003) « The Euro between National and European Identity », *Journal of European Public Policy*, vol. 10, n° 4, p. 487-505.

Sanchez-Cuenca Ignacio (2000), « The Political Basis of Support for European Integration », *European Union Politics*, vol. 1, n° 2, p. 147-171.

Scharpf Fritz (1997) « Economic Integration, Democracy and the Wellfare State », *European Journal of Public Policy*, vol. 4, n° 1, p. 18-36.

Scheuer Angelika et Schmitt Hermann (2007), « Dynamics in European Political Identity », *in* Michael Marsh, Slava Mishaylov et Hermann Schmitt (dir.), *European Elections after Eastern Enlargement*, Mannheim ,The Connex Report Series, n° 1, p. 507-526.

Schild Joachim (2001), « National *v.* European Identities? French and Germans in the European Multi-Level System », *Journal of Common Market Studies*, vol. 39, n° 2, p. 331-351.

Smith Andy (1998), « La commission et le "peuple". L'exemple d'usages politiques des Eurobaromètres », *in* Pierre Bréchon et Bruno Cautrès (dir.), *Les Enquêtes eurobaromètres. Analyse comparée des données socio-politiques*, Paris, L'Harmattan, p. 53-69.

Smith Anthony (1992), « National Identity and the Idea of European Unity », *International Affairs*, vol. 68, n° 1, p. 55-76.

Van Ingelgom Virginie (2009), « Euroapathy, another Type of Resistance to European Integration? Empirical and Theoretical Contributions to the Study of European Legitimacy Deficits », EUSA conference, Los Angeles, 23-26 avril.

Vetik Raivo, Nimmerfelft Gerli et Taru Marti (2006) « Reactive Identity versus EU Integration », *Journal of Common Market Studies*, vol. 44, n° 5, p. 1079-1102.

Weiler Joseph (1991), « Problems of Legitimacy in Post 1992 Europe », *Aussenwirtschaft*, vol. 46.

Weiler Joseph (1997), « To be a European citizen - Eros and civilization », *Journal of European Public Policy*, vol. 4, n° 4, p. 495-519.

Weiler Joseph, Haltern Ulrich et Mayer, Franz (1995), « European Democracy and Its Critique », *West European Politics*, vol. 18, n° 3, p. 4-39.
Wessels Bernard (2007), « Discontent and European Identity: Three Types of Euroscepticism », *Acta Politica*, vol. 42, n° 2-3, p. 287-306.

Juan Diez Medrano

# Unpacking European identity[1]

*The literature has discussed European Identity without much attention to what individuals mean when they use this term. This article focuses on the identification processes behind this expression. Data on the level of identification among European people show that it is both stable and low. Yet the reality is grimmer. This article draws on qualitative research conducted in Germany, Spain, and the United Kingdom in the late 1990s. The data from this qualitative research shows that Europeans mean many different things when they say that they identify as Europeans. Very seldom do these meanings agree with the researchers' expectations of what it means to identify as European.*

***Déconstruire l'identité européenne***

*La littérature a traité l'identité européenne sans prêter beaucoup d'attention au sens que les gens donnent à cette expression lorsqu'ils l'utilisent. Cet article est centré sur les processus d'identification. Les données de sondage sur l'identification des Européens tendent à montrer qu'elle est stable et faible. Or la réalité est plus décevante. Cet article repose sur des données qualitatives recueillies en Allemagne, en Espagne et au Royaume-Uni vers la fin des années 1990. Elles montrent que les Européens, lorsqu' ils déclarent s'identifier en tant que tels, veulent dire des choses très différentes. Les significations qu'ils attribuent à cette identification ressemblent rarement à celle que postulent les chercheurs.*

The creation of the European single market, the Euro, the enlargement of the European Union from twelve members in 1986 to twenty-seven members in 2007, and the "deepening" of the institutional, legislative, and policy frameworks of the European Union in the past twenty years have run parallel to an increase in the role of citizens in the integration process. For various reasons, political elites in different

[1] I would like to thank Sophie Duchesne especially and the researchers at Sciences Po's European Study Centre for their constructive comments to an earlier version of this article. I would also like to thank the reviewers for *Politique européenne* for their very constructive comments and criticisms.

EU countries have sometimes decided to consult the citizens about the Treaties that embodied and made possible the transformation of the European Union into a multi-level governance polity. Concern about the democratic credentials of the European Union, negative outcomes in many of the consultation processes referred to above, and relatively low levels of support for European integration since the early 1990s have motivated scholarly interest in the study of support for European integration and European identity (e.g. Díez Medrano, 2003; Hooghe and Marks, 2004, 2005; Garry and Tilley, 2009). This interest has not always been matched, however, by conceptual clarity as to what was being investigated, realistic assumptions about the social and cognitive processes shaping the citizens'approach, and systematic empirical tests of theoretically informed hypotheses. This article focuses on what people mean when they claim to identify as Europeans. It builds on a previous project, entitled *Framing Europe*, which examined how British, German, and Spanish citizens conceptualize the European Union and European integration, in order to find clues as to the socio-historical processes that explain lasting country-level contrasts in support for membership in the European Union (2003). The project rested on 160 in-depth interviews with a stratified random sample of ordinary citizens (i.e. by age and education) and with leading members of local political, economic, and cultural institutions in Germany, Spain, and the United Kingdom and in a total of six cities (two per country, in order to reflect the country's cultural diversity. Each city was selected so as to be representative of the socio-economic and demographic conditions prevailing in the culturally-distinct regions in which they were located)[2]. The questionnaire was semi-structured and included general questions on people's attitudes to European integration (e.g. "Would you say that membership in the EU is a good thing, a bad thing, or neither a good nor a bad thing? Can you tell me why?" ; "Generally speaking are you satisfied or dissatisfied with the functioning of the European Union? Can you explain why?")[3]. My strategy was to let people speak and record

---

[2] To maintain the respondents'anonymity, the actual names of the cities were not used in the text.

[3] I interviewed representatives from local institutions in addition to ordinary citizens for two reasons : 1) their presumed role in shaping people's views of the European Union and the process of European integration and 2) the expectation that they would provide more articulated versions of the ordinary citizens' views. As it turned out, their views

the arguments they used when justifying their answers to these general questions. Although my goal was not to study European identity, I included three questions pertaining to the respondents' regional, national, and European identities at the end of the questionnaire.

This article begins with a puzzle: while support for European integration and membership in the European Union was and remains solid, the citizens'level of identification as Europeans tends to be low and stable over time, despite the Europeanization of people's economic and political behaviour and experiences in the last twenty years. This puzzle has not been addressed in the literature, more attentive to the explanation of attitudes to European integration (e.g. Eichenberg and Dalton, 1993, 2007; Gabel 1998, Hooghe and Marks, 2004, 2005; McLaren, 2006). To begin to address it, I go back to the respondents' comments on identity in order to examine what identification with Europe means to citizens.

### *The problem*

The literature on European integration has often 1) conflated behaviour in referenda on reform treaties of the European Union, support for European integration, and identification with Europe, 2) conflated different dimensions of European identity, and 3) failed to unpack the various meanings that citizens attach to the idea of identification with Europe.

The first problem mainly concerns public commentary and discussions related to European integration. The best kind of research on public opinion and European integration certainly differentiates between different dimensions of how citizens position themselves with respect to Europe (see Gabel, 1998). Once we move away, however, from systematic empirical research, where great weight is placed on the rigor with which different concepts are defined and measured, the discussion on citizens and Europe becomes murkier. Nothing exemplifies this better than some commentary published after the No votes in the French and Dutch referenda. The *Daily Mail*, for instance,

---

and arguments did not differ from those of the educated segment of the population. For further details on the methodology and on the questionnaire, see Appendix in my book Framing Europe.

concluded that "there is still no such thing as a common European identity. The sense of national interest that Europeans have always had has not been eliminated: and it exploded in France on Sunday" (Simon Heffer, "Why can't the arrogant elite see... enough is enough", May 31, 2005). The *Daily Mail* was not alone in bringing identity into the explanation for the referendum outcomes. William Pfaff, writing for the prestigious *New York Review of Books* hastily wrote, "The rejection surely demonstrated the current gap of comprehension between European political elites and the European public, but was mainly evidence of the consistently underestimated forces of national identity and ambition in each of the twenty-five nations. The French were enthusiastically seconded by another highly nationalistic and individualistic European society, the Netherlands – also one of the founding Fathers of the European Union" (*What's left of the Union*, July 14, 2005). More sober reactions certainly stressed that the referendum results did not mean that French or Dutch voters do not support European integration and that they said little about the extent to which French and Dutch citizens identify with Europe, but the impact of these on the public at large were probably less than that of the more sweeping and simplistic generalizations drawn by journalists working for major newspapers and magazines.

Of course, journalists do not always conflate concepts such as support for the EU, identification with Europe, and behavior in referenda. Furthermore, those who do are not alone: Scholars often fall into the same trap. The closest example I have of this tendency is how *Framing Europe* has been understood or referred to in the literature. Thought of as an investigation of how ordinary citizens understand the European Union, grounded on the simple idea that attitudes to the EU reflect in part the combined effect of how people frame the European Union and their values and expectations, many readers have interpreted it as a study of European identity. In fact, since one third of the book is devoted to demonstrate that people's frames about the European Union are anchored/resonate with their national political culture, *Framing Europe* is, if anything, a study of national political cultures in three countries.

One can speculate that part of the explanation for the frequent conflation of concepts and the misreading of publications on European integration reflect the enduring strength of the nation-state model. This model says that a polity's legitimacy rests on its encompassing one and only one community of identification and that a polity's degree of legitimacy depends on the citizens' degree of emotional investment in the community upon which this polity has been built (for historical overviews see for instance, Hobsbawm, 1989; Balakrishnan, 1996). This model, however, has been strongly disputed on moral, political, and empirical grounds (e.g. Habermas, 1992; Weiler, 1997; Shaw, 1999; Koslowski, 1999). It is indeed perfectly conceivable, and for many even desirable, to ground a polity on "cold" principles of efficacy and democratic participation and accountability. *Eurobarometer* survey data show, in fact, that European citizens are perfectly capable of supporting European integration while remaining primarily attached to national or local communities.

Brubaker and Cooper, in their well-known piece "Beyond identity" (2000), have brilliantly discussed the second problem listed above, that is, the lack of precision in the use of the concept of European identity. Brubaker and Cooper criticize in this piece the social scientists' lack of conceptual rigor in using the term identity, distinguish three different uses of the term, and propose to substitute the term "identity" with alternative ones that unambiguously concern each of these three uses. Brubaker and Cooper differentiate between identity as membership in a group category, identity as the attributes attached to a group category, and identity as degree of identification with a group category. The distinction between the first and the third usages is important because individuals can be aware that society places them officially or informally in a given category (e.g. "I am a Spaniard because this is what my passport says») but still dispute this categorization or have only a small emotional investment in this category of membership (e.g. "Although my passport says that I am a Spaniard, I think of myself as German"; "Although my passport says that I am a Spaniard, being Spanish means very little to me".)

The third problem listed at the beginning of this section is the one that concerns me in this article, which is the assumption that the notion of "identification with Europe" is unambiguously understood by scholars who use the term and even more importantly, by citizens who answer questions about their degree of identification with Europe. These assumptions, however, have not been tested empirically. This is troublesome, for if one wants to explain the low and stable levels of identification with Europe that one observes survey after survey, it would be useful to know what it means for people and to check whether it means the same for scholars who provide the explanations and for respondents who provide the answers to variously formulated questions (e.g. "How often do think of yourself as European?" "How attached you feel to Europe?" "How strongly do you identify as European?" "How would you define yourself: Only European, More European than National, As European as National, More National than European, or Only National?"). However they define the concept of identification with Europe, it is a safe assumption that European Union officials eager to promote a sense of belonging to Europe and scholars concerned with the lack of identification with Europe among citizens are mostly interested in the emotional dimension of identification. What they want is citizens for whom the category "European" is a salient aspect of their sense of who they are and whose emotional well-being is tied to the collective well-being of members in this category and the fate of the collective represented by this category.

When I started asking German, Spanish, and British citizens about the extent to which they identify as Europeans, I assumed that their understanding of the concept of identification with Europe would be close to the politicians'and scholars'. It was thus with surprise that I soon realized that this is not the case. Ordinary citizens are still at the stage where they are trying to see whether the category of identification "European" "suits" them, that is, whether it is a suit that they can "wear "comfortably because it does not contradict their self-image of who they are. Very seldom does one find citizens who have internalized the sense of being European and who invest emotion in this identity, akin to the one placed on regional or national identities. Therefore, when we measure identification with Europe we are still mainly dealing with the first dimension of identity discussed by Brubaker and Cooper. In the remaining of the article, I sketch out how respondents justify or rationalize feeling or not feeling European. These justifications contribute to clarifying both the low levels of identification with Europe one finds in surveys and the lack of change over time in these levels.

### *Who feels European?*

The literature on identification with Europe has already examined the explanatory role of a selected number of variables. For instance, in an article that I co-authored with Gutiérrez (2001), we apply insights from social identity theory to empirically analyze the impact of images of Europe on people's degree of identification with Europe. Social identity theory states that, given a choice, individuals choose those identities that provide them with a better self-image. We verify the validity of this hypothesis by showing that in Spain the propensity to identify with Europe is greater, the more positive images of Europe are. In the article we also validate Inglehart's and Deutsch's cognitive mobilization hypothesis, according to which more educated individuals are more capable to identify with imagined communities such as Europe than are less educated ones because of the former's greater capacity for abstraction (Inglehart, 1970).

The ethnographic work I conducted in Britain, Germany, and Spain, allowed me to uncover other factors that underlie the extent to which individuals identify as Europeans. I asked open-ended questions on the respondents'attitudes toward European integration. Through their answers, respondents had ample opportunity to freely refer to and express their notions of identity. My primary goal, however, was not to learn about people's identities, but rather about their representations of the European Union. Nonetheless, at the end of the interview, I asked respondents directly about their degree of identification with their region, their country, and Europe. Their answers were generally concise – e.g. strongly, not at all – and were rarely followed by clarification. Since this was the end of a long interview, I generally did not inquire further on the justification for their answers, especially if the tenor of the interview more or less conveyed what they felt. This means that out of the 160 interviews, only about half contain comments that would help us interpret the meaning of identification with Europe for individuals. Of this half, another half originates in Britain, where concern about identity was higher – a finding that I further corroborated with Eurobarometer nationally representative survey data and which, as I argue in *Framing Europe*, reflects that more than in other countries Britons conceptualize the European Union in identity terms. When reading what follows one should thus bear in mind that my goal is to simply provide a meaningful interpretation of a non-representative number of statements about identity, contextualized by the content of interviews about European integration that lasted between forty-five and ninety minutes. Also, the small number of interviews and of statements makes it impossible to draw conclusions on contrasts between groups of respondents classified along socio-demographic characteristics. Although surveys tell us that more educated citizens identify more as European than do less educated ones, the text below does not comment on these differences and refrains from speculating about how socio-demographic characteristics impact on the justifications that respondents offer for their answers. Finally, a note of precision is needed: some readers may argue that asking about "identification with Europe" rather than "identification as European" impacts on the type of comments I heard. Semantically speaking, the two statements can be treated as different things. In the context in which the question on European identification was asked, however, preceded by similarly worded questions referring to "region" and "country", respondents generally understood the question as one about their identity "as" European. This sometimes became obvious when respondents voluntarily explained their answers: they never referred to characteristics of the country, region, or Europe that led them to identify little, a lot, or not at all with the geopolitical unit in question and, instead, they said things like "I like to be known as Scottish "(30-50 years old, < High School) (or "I would consider myself to be British, but with a strong Scottish identity") (Over 50; > High School).

Three of the factors underlying expressions of European identification below relate to how people perceive the category of identification "Europe". They can be labelled "salience", "structural position", and "heterogeneity". "Salience" refers to how relevant the category of identification "European" is to people; "Structural position" refers to whether people see the category of identification "European" as situated on a horizontal plane relative to national or subnational categories of identification or, instead, as one in which national and subnational categories of identification are nested; "heterogeneity" refers to how heterogeneous Europe 's culture appears to individuals. These factors complement the factor "image", that is, the positive or negative images people have of Europe or the European Union, implied from the argumentative logic of social identity theory (Tajfel, 1982). The fourth factor, like Deutsch's and Inglehart's cognitive mobilization skills, refers to the extent to which individuals have lost touch with their national community through travel and residence abroad. It can be labelled as "up-rooting".

*"Salience"*

To identify with something, to feel that one is part of a category of identification, one has to be aware of the category and of the possibility of identifying as member of this category (see Tajfel, 1981; Davis, 1991). In other words, the category must be meaningful. An anecdote may suffice to illustrate this point. A few years ago, as I summarized the argument of my book *Framing Europe* to a well-known political scientist, he interrupted me to ask me whether I was a "constructionist". The question threw me off-balance: coming from sociology and having worked almost exclusively with the literature on public opinion attitudes to European integration, I was oblivious to some of the theoretical debates that have dominated scholarly discussion in the IR and comparative politics fields in recent times. Concerned, however, about not being perceived as an ignorant, I hastily told him that "yes" I was a constructionist. The point is that while the category "constructionist" applied to my research topic was meaningful to him, at the time it had no meaning whatsoever to me. (Fortunately, he did not ask me, as survey researchers like to do, to answer "how strongly" I identified as a constructionist!). This anecdote warns us about the need not to take much for granted about the meaning that ordinary citizens attach to the categories we use in our research, simple as these categories may seem. This warning applies particularly to the category "European". Researchers often assume that this category is meaningful to individuals and rush into asking them for their level or degree of identification. The fact is that many respondents are surprised when one asks them the question because they have never thought of themselves in terms of the category of identification "European". They thus behave very much the way I behaved with the political scientist referred to above; that is, they define themselves in these terms based on whatever information they can hurriedly summon in their head at the moment in which the question is raised. Some of their answers, improvised as they are, reveal, however, that the extent to which Europe is perceived to exist as an object, in this case, as a concrete political object, matters in guiding their answers. One respondent, for instance, told me that she did not identify much with Europe because it does not exist yet ("I suppose I am a pro-Europe, but I don't greatly identify myself as a European because it doesn't exist as of yet" ; England, 30-50 years old, > High School). By this, she meant that the political construction of Europe had not advanced as much as to become a meaningful category of identification. Another respondent, on the other hand, responded as if the answer were self-evident, saying that she is European because this is what her passport says. Similar answers and justifications were offered by other respondents in the German, British, and Spanish cities where I conducted my interviews. One may argue that respondents focused on political dimensions because the interview had been about the European Union and because the question on identification with Europe followed a similar one referred to national identification. Had the interview centered on culture, for instance, respondents might have provided different answers. Still, answers such as the ones referred to above, suggest that for individuals to identify as members of a polity, they must first think of this polity as "real". Citizens for whom the European Union has achieved a sufficient level of political reality thus find it easier and even self-evident to identify as Europeans whereas respondents for whom the European Union is not yet a reality react in ways that reveal that they find the question absurd. In a nutshell, one can conclude that individuals identify as members of a category to the extent that they perceive that they can be and are classified as such. This perception in turn depends on the concreteness, or even tangibility, of the category of identification.

To illustrate the power of socially constructed classifications, one can refer to the religious category "Catholic". Spain has been traditionally classified as a "Catholic" country. Álvarez-Junco provides a brilliant historical account of efforts undertaken by conservative groups to make "Catholicism" one of the defining characteristics of Spanish national identity (2001). Further, the majority of Spanish citizens still abide by Catholic rites of passage, whatever the meaning they may assign to these rights. The category Catholic thus has an objective character for Spaniards that transcends the emotional and behavioral dimensions of religiosity. Not surprisingly, when Spaniards are asked whether they are Catholic, they often find it difficult to answer, simply because they are confronted to objective facts as those listed above (a power often reinforced by how one is classified by others). They may thus ask themselves: "Does the fact that Spain is depicted as a Catholic country make me a Catholic?" "My parents baptised me; does this make me a Catholic?". Overwhelmed by the power of classifications, many individuals may in the end answer, “Yes, I am a Catholic” irrespective of their actual religious feelings or practices. The same happens with identification with one’s region or with one’s country, and certainly with Europe, except that in this case the political category “European” is much less established in European citizens’ minds. The role of socialization into an identity is displayed in the following quotes by an East-German male respondent and by a young Scottish woman:

> “Yes, we were somehow molded in this way, and therefore I have this East-German [‘Ossie’] identity, and I will always retain it.” (East Germany, 30-50 years old, > High School)
> “As a child, one becomes attached to the culture… you become nationalistic, patriotic.”
> In contrast, the absence of this socialization when it comes to a European identity and its role in the explanation for the low prevalence of identification with Europe emerges in the following quote by a female respondent from Girona:
> “I don’t know; I do not feel very European. I don’t know, as a child you are told that you are Spanish; you are not told that you are European. This is not something that one changes so easily.” (Catalonia, 30-50 years old, > High School).

*“Structural position”*

Another influence on people’s identification as members of a category is the structural position of this category with respect to other meaningful categories. It is important to distinguish between identities that have been constructed so that they stand in a horizontal and exclusive relationship to other identities and identities that stand in a hierarchical or nested relationship to other identities. The literature suggests that nested identities are easy to integrate. Brewer, for instance, points out that higher level identities meet the individuals’ need for inclusion in a larger community whereas the lower-level ones meet the individuals’ need to differentiate themselves from other individuals (1993). Identities that stand in a horizontal exclusive relationship to one another, however, are by definition incompatible. The problem, however, is that both categories of identification and their structural status of categories of identification are largely social constructions. This is especially true when we consider the structural relationship between European and national identities. Taking our cues from geography, many people might take it as self-evident that in the European geographical space, national identities are nested in the European one. This is how we scholars tend to position these identities. Travel to Britain, however, and it becomes quite clear that European identity has been socially constructed as standing on a horizontal plane with British identity. Thus, a woman in Scotland offered the following answer to my question on identification with Europe: "Stronger with Britain than with Europe, 'cause (sic.) It's two different countries, two different communities altogether" (30-50 yrs. old, < High school education). When one asks Britons whether they identify as European, it sometimes feel like as asking a person who appears to be a man whether he identifies as a woman. Some will say yes, but by doing this, they are also saying that they are not members of the alternative category. When they say that they are European they are simultaneously saying that they are not British, and it is basically impossible to distinguish between those for which identifying as "European" is a consequence of feeling "non-British" and those for which it is an alternative expression of "non-British" identity. Lest one reads this argument about structural position as tautological, let me clarify that I am differentiating between society's classifications and how individuals position themselves in these pre-existing and transmitted classifications. Britons, Germans, Spaniards, become socialized in societies where categories of classification are already structurally organized. In Britain, the categories British and European, as I learned through my interviews and through analysis of cultural products such as novels or history textbooks, stand as exclusive categories, whereas in Germany and Spain, these categories generally stand as nested categories[4] (this idea was first conveyed in Duchesne and Frognier, 1995). This is one reason why many Britons experience Europe as a threat to their national identity whereas Germans and Spaniards generally do not and why in some countries the correlation between the levels of national and European identification is negative whereas in other countries it is positive (see Díez Medrano and Gutiérrez, 2001). The trauma of adopting a European identity is therefore greater in a place like the UK than in a place like Germany. In some cases, it is equivalent to giving up the national identity; in others,

---

[4] There are exceptions in Britain, of course, such as the one middle-aged, university-educated respondent who, criticizing other Britons, eagerly told me: "I don't see why you can't be British within Europe".

it means to actively challenge the dominant classification structure in which one has been socialized. Needless to say, although the explanation I propose for why citizens of certain countries find it more difficult to see themselves as members of the category of identification "Europe" is not tautological it still begs the question of what historical processes determine how are classifications constructed and how they change. In *Framing Europe* I argue that the fact that the United Kingdom successfully acquired and maintained an Empire during the 19$^{th}$ and early 20$^{th}$ centuries, just as national identities were being forged, whereas Spain and Germany failed in doing so and thus saw their mental horizons circumscribed to Europe, largely contributed to how the category "Europe" stands with respect to these countries' national identities.

Marilynn Brewer's theory about the double function of identification – inclusion and differentiation – can also be used to interpret another process underlying identification with Europe, which is the tendency among some people to substitute a European identity for a national identity that they reject. In culturally homogeneous states, national identity probably functions as the identity of differentiation whereas European identity functions as the identity of inclusion. In some plurinational states, however, regional identities already fulfill a strong differentiating function. National and the European identities could possibly function as identities of inclusion. The choice of one or another, or both, will depend on many factors, individual and social, including the ones already invoked above, i.e. the salience and horizontal or nested structural position of these identities. What one finds in culturally distinct regions (e.g. Scotland, Catalonia) is that regional nationalists proclaim their identification with Europe in order to signify their rejection of the national identity. It is not a simple choice between two independent categories of identification that these individuals make; their choice for Europe is a choice against the state identity, another form of assertion of the regional identity that is central to this people.

One should not extrapolate, however, and expect that individuals who identify with sub-national communities identify more frequently with Europe than do those who identify with the state national community: Empirical research shows in fact that in Spain at least, and controlling for individual variables, the positive relationship between identification with Spain and identification with Europe is stronger than is the relationship between identification with a sub-national group and identification with Europe. Many of those who identify strongly with their region do so out of fear that national and supranational forces will destroy their culture and they therefore reject both national and European identities. There are some, however, for whom adopting a European identity is another way of expressing their rejection of the national identity. In Catalonia and in Scotland, identification with Europe can work this way because for segments of the national society in which these regions are embedded Europe has historically symbolized the "anti-nation" (e.g. Anti-Britain, Anti-Spain). In Britain, this social construction can be described as hegemonic, with Britain and Europe being horizontally related as two exclusive identities, whereas in Spain, this understanding was historically proposed by some conservative intellectual currents and later on constructed by the Left and peripheral nationalists as characterizing the Right's entire national identity project. In Scotland, to say that one identifies as European is a way of buttressing one's distance vis à vis British identity. Meanwhile, in Catalonia, to say that one identifies as European is a way of stressing the modernity, progressive character of Catalonia and its people compared to the parochialism and isolationism of the rest of Spain. Since modernity and a forward-looking spirit are in fact uniformly valued in Spain, the simultaneous rejection of identification with Spain and the embrace of identification with Europe works as a symbolic strategy through which some Catalans attempt to question the rest of Spain's claim to modernity. This interpretation receives some support from the empirical finding that Catalans who categorize themselves as European often like to add that other Spaniards generally do not identify as Europeans and *are* in fact less European than are Catalans. In sum, whereas for many Scots identification with Europe is another way of saying "We are not British", for many Catalans identification with Europe is another way of saying "We are not Spanish and we are better, because more modern, than they are".

*"Heterogeneity"*

So far, the factors determining ascription to a particular category of identification that I have mentioned concern concreteness and structural position with respect to other categories of identification. A third dimension of categories of identification that individuals consider when deciding whether they identify with them is the degree to which they consider themselves similar to the category's other members. The importance that people assign to in-group similarity when choosing identities means that, generally speaking, categories of identification that are constructed as heterogeneous will necessarily attract few people. This is clearly the case in connection with European identity. A good number of respondents in my ethnographic sample justified their reluctance to identify as Europeans based on the strong cultural diversity that exists in Europe: "I don't think anybody is really European. Very few people… I mean Germans are still Germans. They are Germans and then they are Europeans. And the French, they are the same. We live in Europe, and we are British, and European, British first. And Germans are Germans first…" (England). This justification amounts in fact to denying the existence of Europe itself as a category of identification. Of course there is no objective basis for this assertion. Perceptions of homogeneity or heterogeneity are social constructions. This is demonstrated by the fact that I heard these comments much more often in Britain than in Germany and in Spain. In *Framing Europe* I further substantiate the socially constructed nature of these perceptions with primary and secondary sources related to dominant political cultures in the three countries. The cultural singularity of Britain and the perception of the world as comprising countless cultures, even in Europe, are central themes in Britain's dominant political culture.

The perceptions that one's national culture is distinct and that Europe's cultures are highly diverse are related to the construction of identities as situated on a horizontal plane, as described above. There is a theoretical explanation for this, which is that, as social identity theory tells us, members of horizontally related groups tend to simultaneously exaggerate the similarity between themselves and the differences with out-group members. The analytical connection between the conceptualizations of identities as horizontally or vertically situated and the conception of cultures within a category of classification as diverse or homogeneous finds empirical backing in Britain, where the notion that European cultures are too different coexists with the notion that British and European identities exclude one another and demand a choice (see again *Framing Europe*).

The discussion above leads one to wonder whether there is wisdom in characterizing the European Union's identity as one "Union in diversity", as does the European Commission. Although it is a commendable idea, which may reassure citizens as to the persistence of their national identities, it may not contribute to instil solidarity feelings towards Europeans of different nationalities. The experimental literature has indeed demonstrated that feelings of membership in a category are associated with viewing the category as homogeneous (Hogg and Abrams, 1990). Furthermore, the concept of "Unity in diversity" gives fixity to the constructed notion of Europe as diverse and thus makes it even more unlikely that a widespread sense of belonging in Europe will develop among the citizenry. Against the European Commission's emphasis of Europe as diverse, one could argue that there are many ways in which contemporary European cultures can be constructed as strikingly similar, especially when compared to other non-European cultures. One just needs to consider values. Inglehart's work shows very clearly that, despite some regional contrasts, most European value-systems tend to cluster together and distinguish themselves from those in other parts of the world. The similarity and convergence between Europe's political cultures (see my work with Rother, 2007) is in this sense particularly significant, for consensus on the political values that sustain a polity is the foundation for a republican rather than a culture-based political community.

### *"Up-rooting"*

Ironically, the social construction of Europe's countries as culturally heterogeneous, with language at the center of this heterogeneity, explains the impact of one last factor on identification with Europe. This fourth factor is the extent to which individuals feel alienated from their national identity and/or see themselves as mastering Europe's perceived diversity. That is, those who feel that the category of identification "Europe" suits them are often not individuals who think that Europe is culturally homogeneous but, rather, individuals who have acquired the resources to move more or less comfortably amidst this perceived diversity. These are generally people who, as Fligstein convincingly shows (2008), speak foreign languages and have travelled to or lived in other countries. Travel abroad, especially, seems to be a source of disengagement from one's national identity (Favell, 2008). Suddenly, people no longer feel at home in their own country, as a Labor party Councillor in England told me:

> "You know, I'm a Scot, but it's thirty years, forty years, since I left Scotland! I'm Scot by birth, that's all; I share some cultural values but I've lived in England most of my life. I don't feel particularly English. I don't feel particularly [reference to city of residence] ; I've lived here for nearly 25 to 30 years I guess. I like the town but it could be any town, I have no great... I love it because I've been living here, I've got a lot of friends here, I've got a network of friends but I could have lots of friends, I think, in any town, anywhere I would go; and I came to England for economic, among other, reasons. I mean, England happened to be where my wife was born, so we came here. But I, but I don't hold myself to be a local patriot, I don't think. I mean, it's a good town and as a local politician you argue for your town against all others, but I would do that I think for any town I've lived in and put my roots down in, but my roots wouldn't have to be in England, or Scotland, or Wales, or Ireland, or France or Germany. I think it's a question of identity. You see, hmm, I, I sometimes, I would say I'm a European more often now actually; I say 'I'm a European'. When I have to define myself-'cause I find it very narrow to say 'I come from Britain'. I find it even narrower to say 'I come from England'; I may come from it, but I don't feel of it, in any particular sense."

For people like the respondent above, European identity functions as a substitute identity for when they come to feel that they no longer fit in their community of origin and that they do not fit in their community of residence either. Travel contributes to the disenchantment of the culture of origin and those having travelled suddenly find it difficult to communicate with those at home. At the same time, however, as Favell shows (2008), those who travel rarely come to feel a part of their host community. These people thus often define themselves as Europeans by default, as in the example above. (Others may of course simply do away with a territorialized understanding of identity and identify "Home" with being where family and friends are.)

The adoption of a European identity instead of another identity or no alternative identity by uprooted individuals is at the same time made possible by a combination of facts: First of all, most people's cultural understanding of communities of identification, revealed time and again in my interviews; secondly, the widespread conceptualization of Europe as culturally diverse; finally, people's mastery of this perceived cultural diversity, because of their knowledge of various languages and their travel or residence experiences in different countries. On top of this, one observes a variant of the process that leads individuals with foreign languages and experiences abroad to define themselves as Europeans in countries like Spain, where Europe, as a cultural category, has a definite positive meaning. As the twentieth century advanced, both the Spanish Right and by the Spanish Left came to construct Europe as Spain's mirror. For the Right, it represented prosperity; for the Left it represented political and cultural modernity. Therefore, the accreditation of Spain as a country like other European countries became an obsession that conditioned and still conditions Spain's internal and foreign affairs policies. At the microlevel, the implication of Europe's mythical status is that the identity "European" has entered the struggle for the accumulation of symbolic capital. One thus finds individuals who display their identification with Europe as a claim for superior status and individuals who in subtle ways treat European identity as a status to which only those in possession of rare qualities – e.g. mastery of foreign languages, travel experience, residence in other countries – are entitled. This connection between European identity and claims for distinction appears quite clearly in the following excerpt of an interview with a young, educated, respondent from Girona: "I identify with Europe quite a bit, because I'm fortunate to speak three additional languages, and I have lived in Germany for three months, with a scholarship, and also in England, and so on. I'm a person who rapidly gets used to live in another place. But it's certainly fortunate when one is fluent in three languages; one does not feel so foreign." Europe's mythical status in Spanish culture allows these individuals to use their self-proclaimed European identity to further dignify their rare skills and experiences at the same time as they transform European identity from an object of choice into an honor. This finding is relevant because it helps to put in perspective much of the literature on identification with Europe and this article's discussion. Both treat politico-territorial identifications in isolation with respect to other identifications. Yet we know from survey studies (i.e. ISSP, 2003 on national identity) that politico-territorial identifications are generally much less salient than family, occupation, and gender identifications (France is a notable exception, where national and occupational identifications are equally salient). One would thus expect that national and European identifications be seen and used by citizens from the perspective of those identifications that matter more or, as in the example above, from the perspective of the struggle for the accumulation of symbolic capital (i.e. the struggle for status in society).

### *Conclusion*

European identity has been at the center of discussion in recent intellectual debates on European integration. While some think that Europe does not need an identity or an intense feeling of membership in a European community by its citizens, others think it does both. This article remains agnostic on this debate. Instead, it contributes to better understanding what individuals mean when they say that they identify with Europe (or as Europeans) and why they do so. This exercise is theoretically important because it will allow for a more precise explanation of the relationship between state-building processes and the emergence and transformation of identities. The results of this exploratory qualitative analysis should be received as good news by those who oppose European integration by claiming that the citizens do not identify with Europe. They show indeed that the low percentage of self-proclaimed Europeans obtained in public opinion surveys in fact overestimates the percentage of the population with an emotional investment in the idea of membership in a community of Europeans. To some extent, the percentage of people who identify as Europeans merely speaks to the degree to which the category "European" has diffused among the population as a meaningful political category of membership. This is important; because *Social Identity Theory* tells us that in-group bias and positive emotions follow from categorization. If most people do not yet see that they are part of the category "Europe", it is difficult to see how they could develop positive emotions toward Europe. Furthermore, the analysis above shows that some citizens claim to identify as Europeans when, in fact, what they want to say is that they do not identify as members of their national state, either because they identify with a nation within the state in which they live or because they have travelled so much, literally or figuratively, that they do not feel at home anywhere. The shallow character of many expressions of European identification and the ambiguity implicit in many of these is perfectly consistent with the existence of strong correlations between identification with Europe or as European and support of European integration, as shown in quantitative survey analysis. This is because for many people these two analytically separate issues, to identify with Europe and to support European integration, are in fact just one single issue. One should not therefore uncritically reify observed correlations between these variables in statistical regression models into causal relations.

The discussion above provides clues as to the factors that prevent the development of a European identity among the population. One of these factors is the misperception among the population of the European Union's actual political significance. Although it is far from becoming a state, the European Union plays a much greater role in its citizens'lives than these are able to recognise. Explanations for why this is so go from the lack of visibility of the European Union institutions and actors in the public sphere to the fact that states retain still many of the competences that are most responsible for the citizens'feelings of material and physical security (e.g. social security, armed forces, welfare institutions and policies). Another factor that contributes to why many citizens do not see the category "European" as applying to them is that they perceive too much cultural diversity. The European Union's adoption of the slogan "Union in diversity" will simply reinforce this tendency and gives fixity to national identities in a context of political culture homogeneity that could otherwise be seized upon to promote a more widespread identification with Europe. This article has also shown that another factor preventing the development of a European sense of identification is the empirically low rates of temporary or permanent mobility in Europe and of second and third language mastery in a multi-lingual Europe. As survey data analysis and this qualitative analysis show, residence abroad and mastery of European languages other than one's own are important correlates of European identification. Finally, the article shows that whether individuals see Europe as an identity at a level above national identity or as an alternative to their national identity results from processes of social construction. Whether one or another construction prevails is consequential for the compatibility between European and national identities, as the contrast between Spain and England illustrate.

Historically, successful state building and consolidation have to some extent hinged on the possibility of fusing state and nation. This does not mean that states where the fusion has not occurred have necessarily disintegrated. Unless an overlapping sense of membership has developed, like in Switzerland, however, nationalist politics have been at the center of politics and the political stability of such states has required constant negotiation and re-negotiation of the contractual terms that make union possible. The historical record shows that the European Union faces many of the same problems that afflict plurinational states, with the peculiarity that the component states have much greater resources at their disposal to prevent the development of a culturally based feeling of belonging to Europe among the citizens. European integration thus requires a new foundation. The above discussion suggests that the development of a feeling of commonality among Europeans requires that the European Union increase its profile to the level of its competences rather than remain invisible so that nobody accuses it of being or becoming a superstate. Furthermore, it needs to abandon the idea of unity in diversity and decisively stress all that unites Europeans. More than anything, Europe's new foundation requires that its proponents underplay identity and instead combine the old idea of a common project, developed by intellectuals like Ortega y Gasset in the 1930s, with a Republican conception of the nation, understood as willed community.

## *References*


Álvarez-Junco, Francisco (2001). *Mater Dolorosa. La idea de España en el siglo XIX*. Madrid: Taurus.

Balakrishnan, Gopal (1996). *Mapping the Nation*. London: Verso.

Brewer, Marilynn (1993). "Social Identity, Distinctiveness, and In-Group Homogeneity", *Social Cognition,* 11, 1: 150-164.

Brubaker, Rogers and Frederick Cooper (2000). "Beyond Identity", *Theory and Society*, 29, 1: 1-47.

Davis, James (1991). *Who is Black?* University Park: Pennsylvania State University Press.

Díez Medrano, Juan and Gutiérrez, Paula (2001). "Nested Identities: National and European Identity in Spain, *Ethnic and Racial Studies*, 24, 5: 753-778.

Díez Medrano, Juan (2003). *Framing Europe: Attitudes to European Integration in Germany, Spain and the United Kingdom*. Princeton: Princeton University Press.

Díez Medrano, Juan and Rother, Nina (2006). "Is the West Becoming more Tolerant », in Peter Ester, Peter Mohler and Michael Braun (eds), Chapter 6 *Globalization, Value Change, and Generations*. Leiden/Boston: Brill.

Duchesne, Sophie and Frognier, André-Paul (1995). "Is there a European Identity? », in Oskar Niedermayer and Richard Sinnott (eds.), *Public Opinion and Internationalized Governance*. Oxford: Oxford University Press: 193-226.

Eichenberg, Richard and Russell, Dalton (1993). "Europeans and the European Community: The Dynamics of Public Support for European Integration", *International Organization,* 47, 4: 507-534.

Eichenberg, Richard and Russell, Dalton (2007). "Post-Maastricht Blues: The Transformation of Citizen Support for European Integration, 1973-2004", *Acta Politica,* 42, 2-3: 128-152.

Favell, Adrian (2008). *Eurostars and Eurocities*. London: Blackwell.

Fligstein, Neil (2008). *Euroclash*. Oxford: Oxford University Press.

Garry, John and Tilley, James (2009). "The Macroeconomic Factors Conditioning the Impact of Identity on Attitudes toward the EU", *European Union Politics,* 10, 3: 361-379.

Habermas, Jürgen (1992). "Citizenship and National Identity: Some Reflections on the Future of Europe", *Praxis International,* 12, 1.

Hobsbawm, Eric (1989). *Nations and Nationalism since 1789*. Cambridge: Harvard University Press.

Hogg, Michael and Abrams, Dominic (1990). *Social Identifications: A Social Psychology of Intergroup Relations and Social Processes*. London: Routledge.

Hooghe, Lisbet and Gary, Marks. 2004. "Does Identity or Economic Rationality drive Public Opinion on European Integration. *PS: Political Science and Politics* 37, 3: 415-420.

Hooghe, Lisbet and Marks, Gary (2005). "Calculation, Community, and Cues: Public Opinion on European Integration", *European Union Politics,* 6, 4: 419-443.

Inglehart, Ronald (1970). "Cognitive Mobilization and European Identity", *Comparative Politics,* 3, 1: 45-70.

Koslowski, Rey (2006). "A Constructivist Approach to Understanding the European Union as a Federal Polity", *Journal of European Public Policy,* 6, 4: 561-578.

McLaren, Lauren (2006). *Identity, Interests, and Attitudes to European Integration*. New York: Palgrave.

Ortega y Gasset, José (1988 [1937]). *La rebelión de las Masas*. Madrid: Castalia.

Shaw, Jo (1999). "Postnational Constitutionalism in the European Union", *Journal of European Public Policy,* 6, 4: 579-597.

Tajfel, Henry (1982). *Social Identity and Intergroup Relations*. Cambridge: Cambridge University Press.

Tajfel, Henry (1981). *Human Groups and Social Categories: Studies in Social Psychology*. Cambridge: Cambridge University Press.

Weiler, Joseph (1997). "To be a European Citizen-Eros and Civilization", *Journal of European Public Policy,* 4, 4: 495-519.

Sophie **Duchesne**, Florence **Haegel**, Elizabeth **Frazer**, Virginie **Van Ingelgom**, Guillaume **Garcia** and André-Paul **Frognier**

# Europe between integration and globalisation Social differences and national frames in the analysis of focus groups conducted in France, Francophone Belgium and the United Kingdom

*European studies experienced a qualitative turn at the end of the 1990s. This was intended to facilitate the deeper investigation into the nature of the relationship that European citizens have with their Union and more particularly it was supposed to better account for the emotional and identity dimensions of this relationship. The comparative research presented in this article, based on focus groups, show on the contrary the clear indifference towards European integration that characterizes working class people in the three countries studied. We explain this indifference notably by the fact that national framing of the integration process tends to drown it in globalization. The "constraining dissensus" dreaded by European Studies scholars concerns only the more educated and above all the more politicized of the participants. The magnifying glass that this qualitative approach provides us thus does not allow us to better observe the emergence of European identity. On the contrary, it leads us to emphasize the diversity of the appropriation or reaction processes to European integration as well as the lack of autonomy of the European level in relation to the national and global levels in the representations of citizens.*

## *L'Europe entre intégration et globalisation. Différences sociales et cadres nationaux dans l'analyse d'entretiens collectifs organisés en France, en Belgique francophone et en Angleterre*

*Le tournant qualitatif qu'ont connu les études européennes à la fin des années 1990 devait permettre d'approfondir la nature des relations que les citoyens de l'Europe entretiennent avec leur Union, et notamment de mieux prendre en compte les dimensions émotionnelle et identitaire. L'enquête comparative par entretiens collectifs dont nous rendons compte dans cet article met au contraire en évidence la forte indifférence à l'égard de l'intégration européenne qui caractérise les groupes populaires et ce, dans les trois pays de l'enquête. Cette indifférence s'explique notamment par le fait que les cadres nationaux de compréhension du processus d'intégration tendent à le noyer dans la globalisation. Le « dissensus contraignant » redouté par les spécialistes des études européennes ne concerne que les groupes les plus éduqués et surtout les plus politisés. Le miroir grossissant de cette approche très qualitative ne permet donc pas de mieux observer l'émergence d'une identité européenne, au contraire. Il conduit à souligner la diversité des processus d'appropriation ou de réaction à l'intégration et l'absence d'autonomie du niveau européen par rapport aux niveaux national et mondial dans les représentations des citoyens.*

## *Introduction*

Specialists in European Studies have long been pulled between fascination and perplexity with regards to the political system developing before them. Frequently animated by the wish to contribute to its consolidation (Favell, 2000; Leca, 2009), since the early 1990s they have discussed the so-called "democratic deficit" in the EU. Political sociology in this field was long dominated by survey research and analysis of the Eurobaromoter surveys in particular.

Survey findings show the persistence of social and national differences in attitudes toward European integration (Belot, 2002; Citrin and Sides, 2004; Cautrès and Grunberg, 2007) as well as the limits of utilitarian explanation of these differences (Hooghe and Marks, 2004; McLaren, 2006). But it proves singularly difficult to open the black box and discover the mechanisms of perception and comprehension of the phenomenon of Europe by citizens with survey research. The relabeling, in the 1990s, of classical attitude analysis variables (known as "trend questions" in the jargon of Eurobarometer) into measures of "European identity" are certainly interpretable as moves in a project of legitimation of integration processes (Duchesne, 2008). However, survey research can hardly account for the diversity of perceptions of the processes in train nor, more significantly, the ambiguities or ambivalences in those perceptions.

In the 2000s there has, accordingly, been a "qualitative turn" in the study of citizens' attitudes to European integration (Belot, 2000; Diez Medrano, 2003; Meinhof, 2004; Bruter, 2005; White, 2006, 2010, forthcoming; Gaxie and Hubé, 2007; Favell, 2008).This paper, and the project from which it proceeds, like most of the work published in this issue of *Politique européenne,* participates in that turn[1]. This body of work exhibits both some notable changes over time, notable differences between cases, and also more strikingly an impressive degree of convergence – convergence that, for qualitative research, is considered the best basis for results generalisation. Bruter's work excepted, these studies overwhelmingly find, negatively, that European identity, understood as a generalised and growing identification of Europeans with their young political community, is not an appropriate topic for study because the concept is aspirational and refers to no (yet) observable reality. Positively, on top of providing a cumulative understanding of national frames regarding Europe, following Belot and Diez-Medrano, we will argue in line with White that changes are indeed under way. Citizens' identifications are focussed at a level between continuing identification with nation, and a clear apprehension that globalisation is rendering the nations, and indeed a barely visible European integration, powerless.

In our project we set out to gather and record discussions between citizens in Paris, Brussels and Oxford, on the subject of Europe. In analysing what makes sense for the participants in our discussions, we aim to interpret the manifest lack of interest in the process of integration – a process that promises to be so fateful for European citizens' daily lives. The initial results presented here afford us a deeper understanding of the effects of national and social differences on the ways our respondents apprehend Europe. First, analysis of the dynamics of the group discussions leads to a reconsideration of the impact of social differences. Contrary to recent analyses of mounting euroscepticism on the part of working people, we find above all a form of "euroindifference".

---

[1] This text forms the first synthesis of results from an enquiry conducted since 2005 by a team from Sciences Po Paris, the Department of Politics and International Relations at the University of Oxford, and the Centre for Comparative Politics at the Catholic University of Louvain, coordinated by S. Duchesne. The project has had a number of financial supporters: French ACI Internationalisation des Sciences Sociales, Belgian Fond National de la recherche scientifique, the Leverhulme Foundation UK, Nuffield College Oxford, French and Belgian programme "Tournesol" under the auspices of the Centre d'études européennes at Sciences Po, the Department of Politics and International Relations University of Oxford, and Cevipof, Sciences Po. The present article, signed by all the members of the team, brings together a range of previous contributions to seminars and conferences. All of these papers are available from the project website: http://oxpo.politics.ox.ac.uk/projects/current_projects.asp#Citizens.

Our participants, in particular those from working class groups, are only weakly implicated by and in European questions. European integration was not debated, except by the more politicised participants. The others manifested a kind of indifferent acceptance of the processes in train, tied to their impression that important issues are determined elsewhere. Second, we turn to national differences in the ways citizens apprehend Europe, and both reaffirm and relativise national frames in this connection. Certainly, the patterns of interpretation of the processes of European integration depend largely on national framing. However, the matters most discussed by our participants are problems developing on the global level. Taking together the two axes of comparison – social and national – underlines how, for French, francophone Belgian and British citizens, processes of European integration seem to be diluted in a more engulfing process of global change.

### *The Research Project*

We convened twenty four focus groups, each consisting of four to eight participants. Focus groups are particularly useful for studying topics that are considered either "sensitive" to or difficult for people, as the dynamic of group discussion help individual participants to get access to more ideas or to express things that would otherwise be too painful, complex or ambivalent[2]. Groups were constituted according to a two-fold criterion of social homogeneity and political heterogeneity. The social homogeneity pursues both a methodological and a theoretical objective. For our purposes, it was essential to ensure a minimum of shared comprehension, linguistic rapport, and relatively easily communicable social experiences between the participants in a group. At the same time, it was important to avoid striking social differences

---

[2] The method of moderation employed, and the kind of analysis produced, have their origins in techniques of focus group research developed for commercial purposes, and reintroduced into social science at the beginning of the 1980s. The initial training of two of the researchers in a non-directive method of moderation has had a significant effect on the data constructed. For a presentation of the method, and its various methodological origins, see in particular Morgan,1988; Barbour and Kitzinger,1999; Duchesne and Haegel, 2004a and Barbour, 2008. Moderation for the French and Belgian groups was conducted by the research directors, S. Duchesne and F. Haegel, and by E. Frazer for the British groups.

of the kind that generate domination effects. Further, our sampling strategy builds on survey research which shows the profound effects of national as well as social differences on attitudes to integration. So the groups were constituted in such a way as to differentiate social and national characteristics. Three social categories according to occupation –workers (and/or unemployed, or casually employed), employees, and managers – were distinguished[3]. We added also a fourth category, party activists, with the idea of gathering competing partisan views of the subject. We convened two of each category of groups, in order to control the effects of group dynamics. This paper deals only with half of the groups – the most comparable ones[4]. ***Table One*** presents the main sociological characteristics of the participants analysed in this paper.

Work on political discussion has established that reluctance to talk about politics follows from the reluctance of interlocutors to enter into any conflict (Conover *et al,* 2002; Mutz, 2006). However, one of our objectives was to observe which issues would generate conflict between the participants, as we consider, following former research, that conflict reveals the relative importance of opinions, providing that different opinions are indeed represented in the group[5]. We thus selected participants whom we knew, on the evidence of preliminary telephone questionnaires, to have divergent declared political opinions – contrasting auto-positions on a left-right scale, diverse partisan identifications, and divergent evaluations of European integration. These differences were

---

[3] For detailed analysis of the process of recruitment, and the ways in which we dealt with the difficulties inherent in this double system of comparison, see Garcia and Van Ingelgom, 2009, and for more detail regarding the research design see Duchesne and Van Ingelgom, 2008a. Let us just mention here that we advertised for participants, and that participation was rewarded (E50/£40). Participants were selected on the basis of a short telephone questionnaire; those who participated then completed, prior to the group meeting, a longer and more detailed individual questionnaire.

[4] We divided the 24 groups, after transcription, into two "families": Family One brings together the more directly comparable groups from the three countries; Family Two brings together groups which are less directly comparable either because of differences in the "social geography" of the three cities, or because the group dynamics were strongly influenced by particular participants who were less typical of the group category. This paper focuses primarily on Family One.

[5] This project is the continuation of a former one, conducted by S. Duchesne and F. Haegel, focussed on politicisation and based on French focus groups on delinquency, which showed how conflictualisation happens only on certain issues related to main cleavages, and when successful alliances are made among participants (Duchesne and Haegel, 2004b, 2007, forthcoming).

**TABLE 1. Main characteristics of Family ONE participants**

| | Country | Size | Gender (M/W) | Age | Visible ethnic minority participants | Political orientation Left/right scale in 5 categories (EL/L/C/R/ER)* | Pro or anti European Position (For/Against/ DK or abstention)** |
|---|---|---|---|---|---|---|---|
| **Working Class and Unemployed** | French | 6 | 3/3 | 42/26/33/42/35/41 | 3 | 1/0/0/1/0/4 | 0/1/5 |
| | Belgians | 6 | 4/2 | 43/27/38/32/23/27 | 6 | 1/1/1/1/1/1 | 1/1/4 |
| | British | 5 | 2/3 | 48/32/31/54/37 | 2 | 0/0/1/3/0/1 | 2/1/2 |
| **White Collar Employees** | French | 6 | 2/4 | 21/28/30/33/36/24 | 2 | 1/1/2/0/0/2 | 0/1/5 |
| | Belgians | 4 | 4/0 | 24/27/28/26 | 1 | 0/1/1/1/0/1 | 3/0/1 |
| | British | 6 | 3/3 | 51/51/31/45/24/37 | 2 | 0/2/3/1/0/0 | 2/2/2 |
| **Executives** | French | 7 | 4/3 | 35/31/59/24/39/42/26 | 1 | 0/4/1/2/0/0 | 2/4/1 |
| | Belgians | 6 | 4/2 | 59/29/40/28/51/45 | 0 | 0/2/0/3/1/0 | 3/2/1 |
| | British | 5 | 4/1 | 37/42/39/38/36 | 2 | 0/1/1/2/1/0 | 1/3/1 |
| **Activists** | French | 7 | 6/1 | 23/28/28/40/59/38/30 | 2 | 1/2/1/2/1/0 | 4/2/1 |
| | Belgians | 6 | 6/0 | 28/30/33/25/30/20 | 2 | 3/0/0/2/1/0 | 4/2/0 |
| | British | 6 | 3/3 | 26/61/71/79/57/70 | 0 | 1/2/1/1/1/0 | 3/3/0 |
| **Total** | | **70** | **46/24** | | **23** | **8/16/12/19/6/9** | **25/22/23** |

* Ten values scale recoded in five categories: Extreme left (EL), Left (L), Centre (C), Right (R) and Extreme-right (ER). We also added a "Don't know" category (DK). We also used a second indicator of political orientation, namely the vote intention at the next general elections.

** As referendum took place only in France, the question was asked hypothetically in Brussels and Oxford: "Would you have voted for or against the Constitutional Treaty?".

then meant to record a variety of opinions about Europe that would allow alliances and "coalitions" between participants to be made.

The moderation method also included other techniques to encourage conflict. Points made and subjects raised in the discussion were recorded in writing by the moderator, on cards, which were then fixed to a board which faced the group. Group members thus had a supplementary medium which showed the range and diversity of opinions. ***Figure One*** gives an example of a board. The rules of the discussion, explained at the outset and repeated by the moderators in the course of the session, included the use of a "flash" which any participant could at any moment ask for, to indicate any item which she or he did not understand or did not agree with. Each flash was then the object of specific discussion, at the end of the period assigned to the question. Further, the five questions posed to the groups, were conceived in order to favour the development of conflict, and feature was tested at the pilot stage.

The questions posed were as follows:

1. *What does it mean to be European?*
2. *How should we distribute the power in Europe?* with suggestions, in order to structure the discussion, and requests to discuss what would be desirable or undesirable about power resting with the *Nations*, with *Experts*, with *MPs* or with the *Market* (i.e. left to market forces). Then there was a PAUSE for refreshments.
3. *Who profits from Europe?* This question was posed to sub-groups, and their written responses were then discussed by the whole group;
4. *For or against Turkey's entry into the European Union?* This discussion was preceded by a yes or no vote by each participant individually.
5. *For or against Turkey's entry into the European Union?* This time participants were asked to answer this question from the point of view of political parties from the country in question – list of parties was suggested by the moderator. This question both cooled any conflict as answering it was a cooperative enterprise; and also serves as a kind of test of political knowledge.

A key feature of the group design was that moderators were able to allow discussion to go in the direction that most interested the participants, rather than always bringing it back to the question set. Discussions were recorded with a video camera (with audio for back-up) and were completely transcribed. The first stage of our analysis was

**FIGURE 1 : Example of the discussion board**

*This board is taken from the discussion among Paris working class participants (family ONE, question 3 "Who profits from Europe?") The pink or dark cards were written by the participants themselves, working in pairs or groups of three. The other cards were written by the moderator while the group as a whole was commenting on the cards prepared in sub-groups. The circles were designed by the moderator while reading everything again before getting to the next question. They are partly covered by others cards written during this last phase of the discussion and while the participants were commenting on the "flashes".*

interpretive. It consisted of a reconstruction of the development of the interactions between participants, and analysed the alliances and antagonisms between them, and the subjects or opinions that were the focus of these accords and disaccords. At a second stage, we used the programme Alceste to conduct a comparative semantic analysis which characterised the groups by cities[6]. We, third, conducted an analysis of the written cards produced by the participants in response to the third question "Who profits from Europe?" Fourth, we are still coding the transcripts for more specific analyses, using the programme Atlas-ti, but this is work in progress.

### *Social Differences Revisited*

Social differences have always been largely predictive of attitudes to European integration, as far as the Eurobarometer allows us to measure these (Niedermayer and Sinnott, 1995; Belot, 2002; Cautrès and Grunberg, 2007). Attitudes are progressively more favourable as we ascend the social hierarchy, and this is so for all countries, and for all age groups. The effect does not diminish over time. It includes both the original countries of the Union, and more recent members. The unexpected results of the referenda organised in the course of ratification of the Maastricht Treaty, as well as by the negative results of the French, Irish and Dutch referenda in connection with the ratification of the "constitutional treaty", were interpreted as evidence of the persistence of a "social gap" regarding attitudes toward integration. Analyses have converged on the thesis of euroscepticism in lower social classes, as opposed to support for further integration among higher classes. In the scientific field, this thesis has undergone recent reformulations by authors using quantitative methods. Lisbeth Hooghe and Gary Marks suggest that the "permissive consensus" analysed in the 1970s by Lindberg and Scheingold (1970), has given way to a phase of "constraining dissensus" (Hooghe and Marks, 2009). According to Hooghe and Marks, the deepening of the process of integration, and the politicisation of

---

[6] Comparison by social category is not possible with this programme and this data, because it would require the translation of the transcripts into a single language. (Comparison of social differences within the French, and within the English speaking groups would, of course, be possible but of limited utility for our present purposes.)

European issues which accompany it, have generated a polarisation in opinion, which European state governments are constrained to take account of. Neil Fligstein, by studying the construction of European markets and corresponding transformation of social behaviour, shows the very unequal Europeanization of citizens and, with support of survey research, predicts a rising conflict between direct beneficiaries of European integration and the remaining masses (Fligstein, 2008). In the same vein, Kriesi's team underlined a political conflict produced by globalisation, where Europeanisation constitutes the globalisation for Western European countries, and opposes "winners" to the "losers" of globalization (Kriesi *et al.*, 2008).

*Euroindifference rather than euroscepticism among working class groups*

Our data, although they show significant differences in perception of the EU between the social categories, do not confirm the hypothesis of positive attitudes on the part of the managers, and negative on the part of workers and employees.That they do not is not just a consequence of the deliberate political heterogeneity of each group. Indeed, we took care to represent within each group the diversity of opinions with regard to Europe, with the result that our groups of workers, employees and managers exhibit a balanced view of European integration. On paper, the balance between pro- and anti-European obtains comparably from one category to another[7]. In ***Table One***, opinions regarding integration are measured by the vote the participant declared she or he made in the referendum on the constitutional treaty (for the French participants) or thought that he or she would make were a referendum organised in the other countries. Certainly, the number of participants who did not respond to this question is more significant in the groups of workers and

---

7 Although this balance varies from one group to another because we tried to follow multiple criteria in the recruitment of participants, As always, the reality of research "on the ground" is very different from how it is envisaged at the design stage. The selection of participants was in fact very craft-like. We always had to make judgements among multiple constraints, in real time, and without any certainty of having made the right choice. We wanted people who were socially close while politically distant, and who were available on the same day and at the same time to participate in the group. This was like trying to square the circle. In the end the result, in terms of the social and political characteristics of the participants, seems to us to conform surprisingly well (if not marvellously so) to our research design (Garcia and Van Ingelgom, forthcoming).

unemployed, and more or less non-existent among the activists, and this conforms to the populations from which our sample is drawn. However, the reasons that prompt us to affirm that the clear social differences in relation to Europe do not translate into an opposition between eurosceptic lower classes and wealthier pro-European, come more strongly from analysis of the dynamics of the group discussions.

The schedule for the groups was elaborated in such a way as to favour the development of conflict on Europe in the course of the session. The two questions in the first half were designed to allow participants to take the measure of each other's opinions, and to give us an idea of participants' degree of knowledge and comprehension of the integration process. Then came the break, with the provision of food and drink, which favoured sociability and a degree of conviviality. At the return, we planned to divide the participants into sub-groups of two or three, and ask them to work together on responses to the question, deliberately formulated in a provocative fashion, "Who profits from Europe?" Our intention was to get participants with some similarity of opinion and attitude on European questions to work together. The idea was to maximise differences between sub-groups so that when the whole group came together to discuss the written responses, the differences would have to be confronted.

In the event, our scheme did not work. At least, it did not in the groups of workers and unemployed, nor in the groups of employees. Far from being a moment of escalating conflict, the response to "Who profits?" was actually the least lively part of the discussion[8]. First, it proved almost impossible, notably with the "lower" groups, to detect individuals who matched, or paired, in respect of their attitudes to Europe, so our plan of constructing sub-groups of allies could not be put into effect. In other words, after an hour and a half of discussion on the subject, we found it more or less impossible to distinguish the opinions of one participant regarding European integration from another, or at least to say with any clarity who was for and who against the EU. To be sure, we had the pre-collected responses from the two questionnaires.

---

8 Nevertheless, the responses written by the participants were far from lacking interest, and analysis of them is pretty informative about the general structure of positions of the different groups. See S.Duchesne et al., "Attention to Europe: where social groups really differ. Comparative Analysis of French, British and (French speaking) Belgian focus groups", http://oxpo.politics.ox.ac.uk/materials/european_citizenship/Duchesne.pdf.

But the responses given there proved to be singularly poor predictors of the positions taken or not taken in the discussion. Moreover, the responses produced by the sub-groups of participants, even when they seemed to voice contradictory opinions regarding who were the beneficiaries of European integration, when put up on the board, proved ineffective in drumming up any discussion.

Nevertheless, our system was well able to generate conflict, but not where we expected it. The question on entry of Turkey into the EU, which was preceded by an individual vote (with the aid of a sticker which was put on the board), generated passionate discussions, notably among our lower social class groups. But they were fuelled largely by contradictory opinions about the Turkish population and democracy in the country, about religion and xenophobia, not to mention questions of geostrategy and political economy. Only a very slim number of opinions expressed with any intensity bore on the consequences of this matter for the future of the European Union. We must here note that despite conflict in these groups on different issues (in the sense of participants implicating themselves in discussion, expressing strong views which they were willing to defend), participants worked to preserve an underlying unity as opposed to the appearances of disagreement. In particular, some of them forcibly denounced social and political inequality, and constructed a “we, us, the little people, against the dominators” with which to try to mobilise the group against “the rich and powerful”. This way of opposing them to an outside “other” could have been phrased as a conflict between “we who don’t want Europe” against “those who impose it on us”, which is to say “those who profit”. But this did not happen. Altogether, we thus interpret the dynamics of the discussions in working class and employee groups as evidence of the lack of euroscepticism and proof of genuine euroindifference.

*Europolarization as a consequence of political sophistication*

Among the groups of managers, and above all the militants, the research schedule functioned more nearly as we had planned. Notably for the latter, it was relatively easy to work out which participants had similar opinions on the European question, and to put them together to work on their responses to the “Who profits?” question. Similarly, they clearly identified the provocation contained in this question. They voluntarily played out their disagreements and performed the conflict between them. For example, the Brussels activists explicitly said that they thought their task was to fight against each other, and they did it with some kind of apparent pleasure. But the game almost degenerated with the Turkish question. One of the Brussels activists was of North African origin, but this was undetectable to the others, notably because he chose to change his first name, which would have suggested his ethnicity[9]. When the opposition grew, on the entry of Turkey, and when arguments with an islamophobic tenor began to be expressed, this participant rapidly stepped out of the playful register of the discussion. He strongly opposed the participants who were being the most xenophobic, to the great surprise of all the others who took some time to adapt to the new tone of the discussion.

In the group of French activists, the situation was complicated by the fact that most of the participants were relatively easily shifted from the "line" of their respective parties. They were, at least, happy to replay the referendum debates without grumbling, lining well rehearsed arguments up with energy, although in the end they concluded that the repeat was boring! In the British activists group, the debate was real and intense, with very little playfulness. It was regularly brought back to the exact question of Europe by a Liberal Democrat activist who was a prospective candidate in European parliamentary elections. However, the conflict otherwise largely escaped the European frame, in the sense that it was structured around the anti-socialist positions taken by a Conservative activist who seemed to be close to the position of UKIP, a party with an anti-European programme. This man faced a coalition between the activists and elected representatives (city councillors) from the Labour Party, the Liberal Democrats, and the Greens, even though several of them were declaredly either only weakly favourable or decidedly critical of the European Union. But in the dynamic of the conflict between the europhile Liberal Democrat and the eurohostile Conservative, they unhesitatingly supported the former, giving up their reservations about the benefits of European integration. To put it another way, despite the

---

[9] On arrival, each participant was asked to inscribe her or his name on the board, with her or his profession, and also a chosen "person I like". The objective of this was to find a relatively relaxed way for introductions. Earlier, it had been indicated to each participant that they should if they wished choose a first name other than their real one to be used in the group, to better protect research anonymity. This was an option that only British participants took up - with the exception of this one Belgian man.

well rehearsed ideological structures of activists and their habitual skill in conflictual debate, which made it easy for them to rehearse the pro- and anti-Europe positions, other cleavages, apparently more fundamental and important (as we consider, as said above [footnote 5] that unreserved engagement in conflictual discussion is a good indicator of the presence of such a cleavage) took the place of the question of Europe.

So this was the wager of our research method. By creating conditions for possible conflict within the groups, we could observe what, if anything, was at stake for the participants in the European issue. We could put into train or not, a process of position taking by the protagonists. But leaving the discussion to evolve according to the interests of the participants, also allows us to assess the conflictive potential of the question of Europe in comparison with other spontaneously raised issues. As it turns out from our analysis, the sequences of conflict that we observed, in all the group categories, were centred on the divisions identified in survey and statistical research – over welfare state provision or economic liberalism, over cultural liberalism or cultural traditionalism, and, in particular in Brussels, between secularism and religiosity. Europe did not play any role in the conflictualisation of workers and unemployed or employees groups, and this despite the care we took to assemble participants with a priori divergent opinions. In the case of the managers, under the influence of more politicised group participants, and in the case of the activists, Europe itself did play a role in the emergence and articulation of conflicts, but most often led to more intense conflicts related to other mentioned cleavages.

Indeed, the dynamics of the manager groups, although less easy to spot, is rather similar to the activists – all the more as there are actively politically involved participants in most of them. Following from the social differences that constituted the groups, we find great differences in sophistication and interest in politics between these groups and the groups of workers and unemployed people. On one hand, working class and employees groups were characterised by a number of participants who had not voted in previous elections, and/or who refused to locate themselves on the left-right axis. Members of these groups were more likely to choose a location in the centre than were our managers, not to mention the activists. On the other hand, the activists were almost wholly from a higher social origin and level of educational attainment, more or less matching those of the managers. It was difficult, then, from the differences we observed between the groups of workers and unemployed on the one hand, and the managers and activists on the other, to distinguish between effects of social location and political sophistication. However, because of the specific tone of conflict regarding European issues compared to other conflicts, we hypothesise that polarization on European issues is mainly a consequence of political sophistication. To put it another way, the opposition between proponents and opponents of European integration flow from a register of understandings, opinions and positions peculiar to those who are politically interested[10].

*Game over*

The first result of our study, namely, the absence of conflict in working class and employee groups related to Europe can be interpreted in terms of lack of salience, a notion that has been discussed for a decade or so in European studies (see for instance Franklin and Wlezien, 1997; Hobolt, 2005). This concept has long been used in electoral and partisan studies, where it works to grasp how parties choose the themes they put forward in their programmes in interaction with the grounds on which electors base their choices (Repass, 1971). It made its entry into the field of European studies in relationship with the possible constitution of a new cleavage or realignment between older established cleavages (Netjes and Binnema, 2007). It has been invoked equally in the discussion, provoked notably by Simon Hix, of the legitimacy of politicisation of the European question (Follesdal and Hix, 2006; Majone, 1998; Moravjik, 2002) Applied to the choices or interests of electors, the notion of salience melds together two dimensions. In the broader sense of the term, salience refers to the importance that a topic has in the eyes of the electors absolutely speaking; in a more specific sense, it means that a problem is posed to those who have the idea that decisions must be taken, and those who are in a position to arbitrate between divergent propositions (Wlezien, 2005). As a consequence, salience depends on the capacity of a topic to create a potential

[10] This result is convergent with Sarah Hobolt's analysis of voting behaviour in EU referendums: she shows that people with high levels of political awareness are more likely than others to rely on their general pro- or anti-EU attitudes when voting in these referendums (Hobolt, 2005).

conflict[11]. We can well see here affinity with our research design. Clearly, with the exception of well off and politicised groups, Europe does not generate conflict, not even potentially, in the discussions we observed[12].

In the more restricted sense, the concept of salience thus presumes not only that the question is of importance but also that citizens have the idea that decisions must be made – that something must be done. Yet, in the groups of workers and unemployed, and also the employees, we find rather the idea that things are already settled, albeit there are different ways that this is expressed depending on the research location. For the workers and the employees in Brussels and Paris, European integration is a done deal. Whatever their level of knowledge of the history and the institutions of the European system (and they vary widely – we will return to this point) Europe is in place, and it will continue into the future. Jonathan White, in his comparative group interviews with taxi drivers in the UK, Germany and the Czech Republic, arrives at a similar conclusion (White, 2006, 2010, forthcoming). For the Germans and the Czechs, the EU is rather insignificant in respect of the problems that his respondents consider important. Although they might regret its existence, they do not consider that this is reversible. The Belgian employees had a lovely image by which to account for the ineluctable and involuntary character, as far as the citizens are concerned, of this process. Although they themselves were young (younger than thirty) they hoped that their children would profit from the system for which they felt themselves to be currently paying. They added that the generations to come would feel themselves all to be Europeans because they would have been inoculated with the European "chip": in other words, they would have internalised the certainty that that was their destiny. On the part of the French, whether we take the groups of workers or of employees, they characteristically chose to discuss anything but the EU.

---

[11] For Netjes and Binnema, "Salience is associated not so much with emphasis (or frequency) but with the extent to which an issue creates (potential) conflict." (Netjes and Binnema, 2007, 40).

[12] Running through the literature is the idea that European matters are too complicated, or too "distant" from daily life, for the majority of electors. This is taken to explain the non-interest which is manifested in citizens in general. But numerous conflicts opened up in the discussions focussed on questions which are just as "distant" (like the real nature of the Turkish state, or the US social system), or "complex" (the state of the world economy, the consequences of decolonisation). Participants were not deterred from taking firm positions on these subjects.

If anything illustrates clearly the absence of anything like a rejection of integration, it is the silence in these groups on the subject of the referendum. The groups were organised six months after the campaign that had been described by observers as intensely disputatious. Yet none of the workers nor any of the employees mentioned it, except once, and that was to complain about the thickness of the document that had been circulated to French voters. Never once did they mention the "no" victory, never once did they suggest that the French vote had made any difference to the course of integration. For them, too, European integration is a fact to which they are resigned.

Things were somewhat different in the case of the Oxford groups. The workers and the employees both clearly articulated rejection of the EU, which they understand as depriving the British people of its own will. But this rejection was also clearly linked to a more general rejection of change. Further, they believed that membership of the UK in the EU was still being discussed. This error is largely attributable to the confusion created by the fact that Britain has not adopted the euro. For example, in the employees group, one sole participant, an ex military person, showed a certain knowledge of the EU, its principles, its functioning, and he spoke about these things in answer to his interlocutors who had decided views about protecting the pound, and protecting Britain from immigration. But strangely, it was this same participant who at the end of the discussion convinced the others that membership of the EU was still to come, as evidenced by the fact that the inscription on his passport makes clear that he is a British citizen. The others were puzzled; they (rightly) believed that the European Union was mentioned on their passport but soon agreed with him to the contrary. The participants in these groups revolted against the idea of Brussels, and behind Brussels the French and the Germans, imposing upon them. However, as individual citizens, they also clearly stated that they felt they were manipulated by their own elected politicians.

In summary, we clearly observe that in the groups of activists and to a lesser degree the managers, a propensity to knowledge about the European question was marshalled in order to argue one with another about the pursuit of the integration process. By contrast, the groups of workers and unemployed, and employees, French and Belgian, were characterised by a profound indifference, notably due to the fact that they don't see any issue: the EU is there, whether one wishes it or not, and nobody imagines that any return to the prior state of affairs is possible. On the part of the British, the working class groups effectively articulate a strong euroscepticism, while the complete misunderstanding of the situation in which they find themselves lent a decidedly surreal quality to the discussions. The lack of salience of European issues means that integration, although not particularly supported by working class people, is not rejected either, in the sense that it is considered already done, apart from the British point of view. But it nevertheless problematises the heuristic of the "identity turn" undergone by European studies in the mid-90's, i.e. the analysis of the presumable development of a European identity among European citizens.

We've underlined already the convergence between this result and other qualitative work done or on-going on attitudes toward integration. We could also mention here Ulrike Meinhof's research on the border of Europe, which shows that even in areas in Central Europe, where the effects of European integration seemed to be particularly visible, people do not think about Europe, unless directly asked about (Meinhof, 2004). Michael Bruter's work might seem the exception. In *Citizens of Europe?* he concludes from Eurobarometer analysis complemented by a series of 8 focus groups conducted with students that "there is such thing as a European identity of UE citizens"[13] (Bruter, 2005, 176). But as he writes in the conclusion of the chapter he dedicates to the focus group analysis, the relevance of the European identity question was confirmed only for "generally elitist segments of citizens" from the three countries (Bruter, 2005, 164).

Our study is one of the very rare qualitative analyses of attitudes to Europe that allow for social comparison. Our results do not confirm the "relevance of the European identity question" for all segments of the European population, at least in our three cities. On the contrary, the lack of salience of European issues among working class groups confirms White's and Meinhof's conclusions and make the notion of European identity – if understood as Bruter does as the way individuals identify with Europe – rather meaningless. Only politically aware people seem

---

[13] Three in the UK and in France, two in the Netherlands, with a total of 31 participants. Focus group sessions lasted between 30 to 45 minutes and were partly dedicated to the debriefing of an experiment that all participants had previously participated in, on the effect of media and symbols on attitudes to European integration.

to pay enough attention to Europe to have a chance to identify with it. Only for them does the EU seem to have acquired adequate "psychological existence" on the part of its potential members to allow for identification (Castano, 2004).

### *How national frames still matter*

Survey research has established that national differences not only persist but also supplant social differences in representations of Europe, whether these are on the part of citizens (Risse, 2003; Citrin and Sides, 2004) or of elites (Wodak, 2004; Schmidt, 2006). This finding has stimulated a number of lines of explanation. A first approach consists in engaging in research into the variables that might be found to be behind ostensible national differences, such as length of a state's membership in the EU, the net benefit of membership to the country, and so on. A second strand consists in reworking what we can call "Rokkanian" logic in order to comprehend national differences in terms of a social political map of Europe, together with the genesis of national historical trajectories (Bartolini, 2005, 324). Finally, a third approach, without finding a definitive explanatory variable, analyses these national differences in themselves, in an effort to comprehend the modes of understanding of Europe that are found in diverse national contexts, i.e. in an effort to open the black box of national culture. The approach adopted here takes this last route.

It is perilous for us to infer from samples taken in three cities (Oxford, Paris, Brussels) to national contexts. We know that relationships vis a vis Europe vary notably as between urban and rural contexts, although modestly (Duchesne and Frognier, 1995, 212). Diez Medrano's enquiry though, allows us to think that regional effects are not so decisive as to render national inferences quite illegitimate. (Diez Medrano, 2003), His starting idea was to take into account at once regional and national differences. Hence, his sample comprised six towns situated in contrasting regions – in Britain, towns in England and Scotland; in Spain, in Catalonia and Castille; in Germany, one in the West and one in the East. Only the findings from the German towns, situated in the two former parts of Germany, supported the central hypothesis of the work. In the British and the Spanish cases, the discourses produced by inhabitants of different towns were not at all differentiated. This licensed

Diez Medrano to conclude that national frames remained the structuring frame for representations of Europe. White and Belot also took care to interview respondents in different cities or regions, but nevertheless draw conclusions regarding the importance of national frames (Belot, 2000; White, 2006, 2010, forthcoming).

In national differences as in social differences, the convergence of results drawn by Diez-Medrano, Belot, White and us is striking, beyond some obvious differences due to time and case selection. The analysis of the hours of discussions we organised leads us at once to reaffirm and to relativize the influence of national framing. The way citizens of Europe apprehend European integration and more particularly, the way they understand the functioning of Europe's political system depends directly on prior experience of their own national political community. Relativisation proceeds from the finding that our participants have varying levels of consciousness that historic and economic forces to a great extent displace the national or European levels. Dependent on this level of consciousness, they see the critical game as being played at a global level. Altogether, this analysis takes place in the quite recent debate in European studies on the relationship between Europeanisation and denationalisation. Kriesi and Schmidt for instance consider that Europeanization is a "regional variant of globalization" (Schmidt, 2003; Kriesi *et al.*, 2008) insofar as it entails denationalization. We do agree with Kriesi et al considering that globalization is really the citizens' main concern. But we immediately need to qualify this agreement: citizens believe – and as for working class people, fear – that a process of denationalization is under way, but attribute it to globalization, not to Europeanization. This point results not only in the fact that Europeanization is mostly invisible and is disappearing behind the strength of global processes but also on the fact that Europeanization and denationalization do not overlap partly because of the persistence of national frames that hinder the visibility of the EU. We will support this hypothesis by focusing on the analysis of how citizens speak about the European political system, European stories and economy.

### *Belgian incorporation in, British exteriority to, and French projection into the European political system*

In 2006, were the perceptions of French, francophone Belgian and British very different in terms of their framing of the process of

European integration? As we have described, our analysis of the transcripts combines interpretive and automatic (using Alceste) methods. Alceste permits us to visualise formally the magnitude of differences in content of the discussions we organised. ***Table Two*** indicates the semantic universes distinguished by Alceste[14]. The analysis distinguishes six semantic universes in the Belgian corpus, but only four in the other two. This suggests the singularity of the Belgian corpus compared to the others. It is semantically richer, notably with reference to Europe – since the terms which refer to Europe are associated with two distinct classes in the Brussels corpus, but associated with only one in the other two (the classes associated with words and phrases designating Europe are in bold in the table).

Generally for our participants the reality of the European political system is weak because perception of it is very blurred. The schedule of the first half of the session followed a sequence specifically dedicated to increasing apprehension of the complexity of the political institutional system. Analysis of the second question, about power in Europe, leads us to conclude that our respondents, taken at the level of the group, had little understanding of the functioning of the EU, as also noted by Belot. The Belgian groups are an exception. They seemed to be highly competent (they knew the history and the institutional mechanisms of the EU and made reference to a number of European public policies, for instance agriculture, education, competition law, health) and they also engaged in sophisticated reasoning about politics. For example, they had lengthy discussions of the best way to elect representatives to the European Parliament, considering the question of an all-European electorate, and of weighting. This Belgian competence is explained, we think, by school based learning (European integration is a subject in the school curriculum), but also by experience and the proximity our participants

---

[14] Alceste proceeds to a hierarchical classification of the elementary units of the text (at the level of phrase or fragment of phrase) according to differences in vocabulary (Reinert, 1990). Each class is illustrated by the vocabulary which is specific to it - in other words, which is significantly present. The table summarizes for clarity significant words related to our interpretation. The names of the classes in the table are given by us, not by the programme itself. Space does not allow us to comment in detail on the results of the Alceste classifications. For a more complete presentation of the results and detailed presentation, see F. Haegel *et al.*, "National Framing revisited. French, British and French speaking Belgian citizens arguing about Europe", http://oxpo.politics.ox.ac.uk/materials/european_citizenship/Haegel.pdf.

**TABLE 2. Categorization provided by Alceste analysis for the three national series of groups**

| | PARIS | BRUSSELS | OXFORD |
|---|---|---|---|
| **Economy** | ***Subsistence 39%***<br>Argent, payer, pauvre, riche, aide, cher, salaire, banque, prix, euro, franc, coût, besoin, finance, impôt, profit. Travail, chômage, congé, entreprise, Logement, quartier, province, Paris, Étranger, papier, musulman, immigrer. France/français, Afrique /Africain, Chine/Chinois, Inde, Italie, Pologne, | ***Échanges/mobility 17%***<br>Euros, dollar, monnaie, langue Voyager, installer, changer, Mobilité, frontière, tourisme/touriste, étudiant/étudier Banque Belge, italien, espagnol, Luxembourg, France/français, néerlandais,suisse, Allemagne, | ***Echanges/ mobility 35%***<br>Holiday, job, skill, tradesmen, business, free, market, cheap, money Country, border, territory, defense, authority Abroad, move, immigrant freedom, choice, chance open Illegal, honest, drug, English, France/French, Spanish, Australian |
| | | ***Subsistence : 10%***<br>Cher, argent, coût, prix, produit, taxe/taxer, pension acheter, salaire,<br>Chômage, emploi, travail, noir, délocaliser<br>Afrique, Chine, république tchèque | ***Subsistence/national protection: 12%***<br>Pay, pound, price, wage, dollar,<br>Company, manufactory, trade, industry, employ/employment,<br>Directive, protect/protection, legislation, tribunal, comply<br>China/Chinese, Indian, eastern |

| | PARIS | BRUSSELS | OXFORD |
|---|---|---|---|
| **Politics** | ***European* *12%***<br>Fiscal, libéral, social, national, Fonctionnaire, technocratie, peuple, syndicat, élu, lobbies<br>Parlement, constitution, démocratie, commission, loi, Bruxelles, charte, traité<br>***National* *10%***<br>Extrême, Gauche, parti, Vert/écologie, centre, communisme, droite, socialisme, Bayrou, facho/fascisme, souverainiste, Aimer, lutter, défendre, militer, Ouvrier, populisme, Elysée, énarques | ***European, national and infra régional 23%***<br>Vote, Parlement, député décision, peuple/gens, loi, plan, projet, chef, cabinet, commission, conseil, Consulter, influencer, légitime, crise, initiative, malentendu, effort, avis, régional, nation | ***National identity and politics 40 %***<br>Human, cultural, identity, respect, right, culture, conflict<br>Muslim, Islamic, religion, secular, believe<br>Terrorism,<br>Political, state, law, policy, political, socialist, conservative, lib, Blair, democracy, parties<br>National, British/Britain, Kurds, Italy, Scottish, continent<br>Join, union, member/membership, boundaries, unity, belong, geographical, different |
| **Geopolitics** | | ***16%***<br>Guerre, paix, puissance, armée, militaire, bloc, axe, continent<br>Culture, commun, proche, appartenance, union, solidaire, subsidiarité, diversité, racine, appartenance<br>États-Unis, Amérique, Irak, Royaume-Uni, Amérique, Espagne, Nord | |
| **Values and religion** | | ***14%***<br>Droit, homme, femme, gitans, forains<br>Musulman, islam, catholique, religion, christianisme, avortement, église, prêtre, bouddhisme, laïc, culte<br>Communisme, humanisme, démocratie | |
| **Discussion**<br>(words referring to the organisation of the group discussion) | ***39 %*** | ***20%*** | ***13%*** |

have to the European system, by virtue of their being inhabitants of the Brussels region. It remains that this experience generated some contradictory judgements, depending on the group's social class. The Brussels managers knew bureaucrats and officers and European experts, and were happy that their presence in the population contributed to the creation of employment, and a dynamic life. The employees and the workers were resentful of rising house prices and the attendant inconveniences of life in the European capital. The eurocompetence of the Brussels groups raises also the fact that Belgians can more easily integrate the European political system by way of an analogy with their national system. Indeed, the addition of a "highly complex" European system is much more perturbing to simple national systems than it is to complex ones (Schmidt, 2006). And this distinction is equally valuable in explaining the perception that citizens from our diverse states have. Thus the incorporation of the European system by the Belgian participants could result from three parameters: local proximity, analogy of the national and European political systems as well as school education.

In the Oxford groups, the participants had very little knowledge of, nor any clear strategy for finding out about, the European system. It was also striking that more competent members of our groups, especially within the employees, could not act as sources of information because they felt embarrassed about, and felt that they had to apologise for, their knowledge about the European system. The visible disappointment on our participants' faces when the subject for discussion was unveiled at the beginning of the session, was accompanied by the comment that they had never thought about, or never discussed, the matter. Such overwhelming ignorance infused the discussion with a sentiment of radical exteriority which was not attenuated, in our groups, by the possession of higher educational qualifications. The managers were not so much strangers to Europe as were the lower strata groups, but they perceived it as "something we compete with". This competitive strangership implied that they really perceive the European system as something strongly distinct from the British one. Some members with some knowledge did use the analogy of national v local, and invoked, for example, Scotland and Wales; others preferred to depart from the national analogy and invoke the UN. In any case, ignorance did not pertain only to the European institutions strictly speaking. It was manifested equally with regard to the member countries (for example with one participant in the workers group asking if the French get pensions, a question to which nobody in the group knew the answer). Ten years after Diez Medrano's and Belot's research, the analysis, both qualitative and quantitative of our corpus, confirms quite clearly the fact that the discourse of identity and of national sovereignty remains the frame of comprehension for British respondents (Belot, 2002; Diez-Medrano, 2003)[15]. Further, the British groups generally manifest a strong identification with nation first and foremost, in terms of pride and sacrifice. The EU is perceived as a foreign body, and an intrusive one. The Oxford groups proclaimed clearly that they are not like the others, while the other country participants assented on this point, identifying the "English" as separate. Further, the signs of their apartness (the pound sterling at the forefront) were recognised not just as a proof of British sovereignty, but above all as evidence of popular sovereignty, because "it's nice to have something that we have power over" [Oxford employees].

By contrast, the absence in the French case of any discourse that can be labelled "sovereignty" is striking. In the British corpus we find the defence of rules, and of customs. In the Belgian case uniformity is equally denounced not in order to defend a fragile national community, but in order to preserve local specificities. By contrast, the discourse of defence of identity and of sovereignty remains very marginal on the part of our French corpus that we have analysed, although it is sometimes present as traces. Further, as we have seen, we do not find in the French corpus any expressions of satisfaction at having been able to vote and express defiance of the European construction in the 2005 referendum. By contrast, the Brussels groups expressed their regret at not having been consulted. There is a definite French sense of a "*fait accompli*". Finally, the French participants have, altogether, a weak understanding of the European system. With the exception only of the activists, the referendum campaign did not interest them. Our second question, about the division of power in European, permitted a systematic confusion between levels in the French groups. The European level dissolved effectively into the national level (when they spoke about politics), and into the global level (when they spoke about economics – we will return to this). The European system is difficult to identify, the

15 It is connected with dominant registers of euroscepticism in British politics, as is also shown for example by Julian Mischi (2006).

mechanism of projection of the national on the European is constant, and deepens the fog.

*Towards globalized European stories*

Mobilisation in favour of European integration rests on the diffusion of a mobilising story (Tilly, 2003). European institutions try hard moreover to produce one, notably in the field of cultural action (Shore, 2000). The European story is then received in national contexts, where it can be reappropriated and branded by national historical trajectories (Diez Medrano, 2003). The knowledge of our group participants varied largely as a function of their nationality. Very sketchily, historical bearings were more or less absent from the Oxford groups to the extent that, as we have seen, the EU was thought of always as something that might come in the future, and the participants (including the managers) questioned it in relation to the UK. The Brussels groups, by contrast, had mastery of the historical stages of the European construction, and at the same time articulated an identification with Europe to be imposed on future generations. The Paris groups occupied an intermediate position, the managers and the activists demonstrating relatively precise knowledge while for the workers and employees groups the history of the EU was obscure, and at any rate fixed in the time of the EEC. It is marked by the figures of French Presidents: “Europe is Mitterrand. It doesn’t date before de Gaulle” argue the Paris workers.

For all that, we can say the discussions developed largely beyond the frame set by our questions, and included historical references which serve to show how national temporalities determine perceptions of the European project. We find no, or at least very little, reference to the Greco-Roman period, nor much reinvestment of the Renaissance, references to which are, to be sure, omnipresent in official historic and symbolic discourses (Shore, 2009, 59). On the other hand, references to Christianity, and Judeo-Christian values do appear, not to mention Carolingian Europe (Larat, 2006). These were mobilised by the group of Paris activists. Above all, they were present in the Brussels groups, within which the religious cleavage structured (in terms of conflict), and strongly explained, the discussion of Turkey’s entry into the EU. In the group of Belgian activists, and to a lesser extent the French, Judeo-Christian values could be evoked in order to justify the “European model” of the welfare state associated with values of solidarity and thereby in the expression of one of the participants "the acceptance of impoverishment" [Brussels activists].

Reference to World War II constitutes the matrix of official European discourse, suggesting that the European community was created in order to make peace durable, and notably to favour French-German rapprochement. This founding story is evident in our corpus, but in smaller proportions than one might expect (in particular, any reference to the founding fathers is more or less absent), apart from the more educated groups, whose members are familiar with official history. In any case, the references encompass a number of ambiguities. Ambiguity is evident in the British corpus, where references to World War II comprise practically the only historical references present, but where the idea of a Europe created out of the war in pursuit of French-German peace is interpreted as excluding, in fact, the UK, as a late revenge of the losers of the war. Perhaps more significantly, in all the groups mention of the pacific argument, emphasized by official European discourse, is followed by contestations, whether founded in European counter-examples such as the war in Kosovo, or in the idea that Europe has only evaded war at the price of exporting conflicts beyond its borders, to Algeria, Indochina, or the Malvinas (this last from the Brussels managers group).

Compared with references to World War II, evocations of the Cold War are more present, except in the Oxford groups. European construction is often put into context of the rivalry between the US and the USSR - thus Stalin is designated as "the founding grandfather of Europe" [Brussels managers] and the construction of Europe corresponds to the middle way between "the English and the Russian camps"[Brussels activists]. How to know whether European integration is done against, or with, or for the US, was much discussed, and generally the outcome was in favour of the thesis according to which the US is more winner than loser from European institutionalisation. Unsurprisingly, at a moment when the USA was incarnated in the figure of George Bush Jr., the Paris groups are most marked in their anti-Americanism. The US is thus characterised as "managing agent of the world economy" [Paris workers], as taking responsibility for the "masters of the world" [Paris employees], as the one, in fact, who has the power [Paris managers], while the Paris activists frequently stigmatise "anglo-saxon culture".

The final historical reference that can be spotted is at once the most ubiquitous and maybe less expected, in that it is quite absent from official discourse: it concerns the period of colonisation. By contrast, in our corpus, explicit references to colonialism are very frequent, and can be explained principally in three ways. First, almost all the groups convened were multiethnic, themselves evidence of the consequences of decolonisation in terms of population mobility and migration ***see Table 1***. We consider that European societies having become multi-ethnic, composing the groups in order to reflect this was the right thing to do in order to get access to people's opinions. However, evocation of the colonial past was far from being exclusively the act of minority ethnic participants. Second, we explicitly required group discussion of Turkish entry. However, if the reference to colonialism emerged most of all during the discussion dedicated to this question, it emerged also very clearly much earlier. In the Paris groups, for example, the managers responded immediately on the question "What is it to be European?" with "For a long time it was to be a white colonial". In the same vein, the Paris employees engaged immediately in a debate about the relation that inheres between the European countries and poor countries, and on the question of debt forgiveness, and reparations for colonialism. As for the Belgian working class, where misunderstandings are numerous and conflict about xenophobia quite intense, all participants agree on the responsibility of European countries for current African poverty. Before the Turkish entry question was posed, they had already agreed that Europe, which had no riches of its own, stole them from the African people.

Third, the importance of colonial historical references in these debates is directly related to the fact that our cases are ex-colonial powers. This not only raises questions about the possible generalization of this result to non colonial countries; but it even questions their interpretation. It shows a persistent national framing of European history, and it also demonstrates the embedding of European stories into a globalised history. Indeed the British one more time contrast to the French and Belgians. For the former, the fact that the European countries participated in a "very bad history" because of colonialism and imperialism justifies taking a distance, and the claim to be an "outsider" [Oxford managers]. For the others, it suggests that one should not judge a country according to its acts. Certainly, Turkey is not a model in terms of human rights, but the European countries, like nazi Germany or colonial France, have not always been examples either in this regard [Paris employees]. Further, European culture cannot pretend to incarnate the values of openness, when they are counted against the cultural destructions produced by colonialism [Brussels managers]. The perception of a colonial past creates and confirms a form of distance from official history, depending on national trajectories. The Paris and Brussels groups, contrasted with the Oxford ones, situate themselves within a logic of culpability and/or of reparation. But, in all cases, the place occupied by the colonial past favors the overtaking of a strictly European frame of perception incorporated into largely globalised history. This effect is reinforced, as we shall see, by the significance of the economic dimension in these discussions.

*Globalized economy overshadows the European Union*

"What emerges is an explanation in which economics and geopolitics are the major forces behind European integration" (Diez Medrano, 2003, 3). Ten years later the thesis established by Diez Medrano is confirmed generally speaking, even though economic relations are much more present in the discussions than geopolitical aspects[16]. In the ten years that separated Diez Medrano's and our study, significant changes have occurred, prominent among which are the introduction of the euro, and the enlargement of the EU to the east. These transformations have certainly modified representations of Europe. The institution of a unique currency has given it practical and symbolic visibility; enlargement radically modified the scale and the status of the European project (Lequesne, 2008). Still, these transformations give rise, as has been noted by Bartolini, to a paradox, because they go in different directions: "While monetary unification is the quintessential process of economic boundary building, continuous enlargement is the quintessential process of political community redefinition." (Bartolini, 2005, 373-374).

---

16 With the exception of the Belgian case where, as is shown in *Table 2*, the geopolitical dimension appears to be connected to the level of country, and as a construction of power, and not claimed to be or to have been a national capacity. In this logic, the Brussels groups explicitly consider Europe as a proxy power. Besides, the distinction between small and large countries pervades the whole of the Belgian participants' discourse on Europe.

In all these groups, the discussion turns very often to economic issues. The process in short was as follows: in response to our request that they discuss Europe, participants engaged themselves rapidly in debates of an economic nature. But, they came equally rapidly to go beyond the European scale, evoking non-European countries and global forces[17]. In the groups convened in Paris and Brussels, certain of them (principally the Belgians) projected sometimes on to the level of Europe a demand for protection which was translated by the participants into a matter of protection of exchange and jobs, and putting into place a system of solidarity. But the same participants appeared clearly to be sceptical about the possibility that Europe could resolve any of these problems: all consider that the game is global, and that it has overtaken us. The debate to determine whether Europe is, in its construction, "liberal" was a debate only among the activists, and the more educated groups. For the others, the sentiment that the EU is not a motivating force is dominant in the groups, but neither is it a brake capable of bearing down on the functioning of capitalism at the transnational or transcontinental level. The group of workers and unemployed in Paris, for instance, who were to be sure very divided on the question of multi-culturalism, regrouped readily in a consensual denunciation of the perverse effects of capitalism at the global level. Let us, for once, quote them directly:

> *Lionel*: On the continent of Africa people don't have work – it's even worse there.
> *Habiba*: yeah, it's everywhere.
> *Geoffroy*: yeah.
> *Ghislaine*: hmm.
> *Lionel*: I think that employment isn't a European problem.
> *Habiba*: India.
> *Lionel*: it's a global problem like the environment.
> *Ghislaine* (*to Lionel*): environment, immigration.
> *Yasmina*: wages *(to Lionel),* they're everything, aren't they?
> *Lionel* (*to Sophie)*: like everything, like lots of things. Now, now we must more, we must connect that to the European problems.

---

[17] Thus, in the analysis by the programme Alceste, none of the words relating to Europe is significantly associated with the classes that include economic vocabulary – and reciprocally.

In Paris, Brussels and Oxford, the assimilation of Europe into a "fortress" (Delanty, 2006) and eventually into a space of protection appears clearly out of date. The euro, moreover, is never evoked as a vector of protection – quite the contrary. For the Oxford groups, the EU is above all suspected of destabilisation, although in contradictory ways because it is reproached for being at once a breach and a barrier. It is a breach before which we are engulfed by all the ills of globalisation, a sort of Trojan horse, entering through the Channel Tunnel, and carrying illegal immigrants, diseases (AIDS), and trafficking of all sorts (drugs, criminals, prostitution), while the UK must act to protect itself. But at the same time, the EU is accused of being a brake on the dynamics of the British economy, multiplying directives and distorting the market. From this point of view, change in the ten years since *Framing Europe* is striking. Then, the economic dimension fed arguments favourable to European integration, in particular in the UK[18]. Ten years later, we find that in our enquiry, at the onset of a new economic crisis, the free market is no longer given any credit at all for the European construction.

Here again let us emphasise how similar our results are to Jonathan White's, although our group design was, in many respects, quite opposite to his. White chose to interview taxi drivers, and gathered people who knew each other in ten British, German and Czech cities. He got them to categorise and discuss problems that mattered to them, without mentioning the EU, trying to find out about their construction of possible agency, and asking whether the various problems are related to the local, national or global level. He did observe, as we did, how the economy dominated the discussions. Moreover, he noticed how the economy is clearly related to globalisation, and how Europe is never expected to be able to control it. Nations are overtaken by global economic forces, but Europeanization is rather considered a product, evidence of these global forces, and not a power capable of acting as a brake on them (White, 2006, 2010, forthcoming).

However, this does not mean that the French, the Belgians and the British mention the economy in the same way. A first difference regards the place occupied in the economic discourse of the theme of exchange and mobility. When the Paris participants speak of the economy, they

---

18 The emergence of a critique of intra-European competition in the labour market was visible in Diez-Medrano's German interviews.

evoke most of all questions relevant to daily subsistence, albeit underlined by reference to a relation of proximity (reference to the neighbourhood, the city of Paris, the provinces etc). They evoke the power of sellers, inequalities, problems of housing and work, connected to the question of immigration, as seen from the suburbs. When a participant suggested that Europe could be seen as an accelerator of mobility and openness, he was systematically rebuked with the point that mobility profits only a minority. The question of travel appears, though, as a fulcrum of social differentiation, not to say conflictualisation. Thus, in the group of workers and unemployed in Paris, when Yasmina (a participant in a situation of serious precariousness) sought the solidarity of the group in affirming that all this did not concern them because people like them do not travel, she encountered the opposition of Habiba, also Maghrebine like her, but a free-lance, who claimed "to have been to eighteen countries". Habiba gathered overall the support of the other participants, as she positioned herself firmly on a discourse of republican integration.

Similarly, when the example of Erasmus was cited to illustrate the advantages that come with the construction of Europe, the argument was repeated because these exchanges concern only financially advantaged students [Paris managers], or that they are more of an opportunity for a holiday than they are a real university educational experience [Paris activists]. By contrast, the Belgians and the British voluntarily evoked, and in a consensual way, the gains of integration in terms of the circulation of goods (one finds nowadays in the UK products that did not exist before), and of persons, and all touched on the topic of holidays and study. But the countries that were evoked here varied. In the Belgian corpus, we find travel and exchanges inscribed principally in a space of proximity, seen through the frame of the frontier: France, the Netherlands, Switzerland, Germany and Luxembourg were those mentioned as having most exchanges, followed by Italy and Spain. In the British corpus, the European countries were mentioned essentially as places for holidays (France and Spain) while exchanges and travel were far from limited to Europe, designating a space and networks vastly greater, including the Anglophone countries of the Commonwealth.

In Oxford, Brussels and Paris radically different countries were mentioned in connection with the question of economic subsistence, whether they were invoked in personal terms as in the Belgian and

French corpuses, or in national ones, as in the British case (where the questions were of commerce, the survival of British industry, or the effects on autonomous British economy of the fact of European intervention and regulation). Here were cited China (which has supplanted Japan, which used to be the figure of economic globalisation incarnate. See Belot, 2000), India, Africa (although not in the British corpus), and the countries of the east, which are remarkable for being associated with non-European countries and continents, showing that they still occupy a place of exteriority as far as the EU is concerned (Duchesne and Van Ingelgom, 2008b).

We here would like to emphasize the complex interactions of national frames with reference to Europe and globalisation. National frames remain particularly influential regarding the understanding of the European political system. To put it bluntly, the main way to understand the European political system is by virtue of analogy with national political arrangements. National frames also partly structure the perception of European stories but in a more complex way. Some traces of the European official story are visible, but more striking is the discrepancy between this official story and our participants' perceptions. For instance, pacifist discourse is marginalised and our three sets of groups insert European stories within the framework of a more globalised post-colonial history. This might be interpreted as a consequence of the fact that our three cases are indeed ex-colonial power and thus, indicate again the influence of national frames on European issues. However, for these three countries, it also gives evidence of the overtaking of European history by global forces. Finally, consciousness of globalisation structures the perception of economy. Even though our participants talk about their daily lives, they locate the main economic actors and processes at the global level. They are convinced of (and truly disappointed by) national failure but they don't put any hope in European agency. Whatever the variety and complexity of the interactions between national frames and European and globalisation, they all contribute to overshadowing the European Union.

## *Conclusion*

The discussions we organised with Belgian, French and British citizens show that the national frame structures perceptions of Europe, at once because the historical national trajectories inform the stories, the status and the usages that may be made of Europe, but also because the national institutional organisation that has fashioned the knowledge, and the political practice of citizens, weighs on the manner in which they may comprehend, accept or reject, the European political system. From this point of view, the mechanisms of incorporation, in the Belgian case, that of projection, in the French case, and that of exteriorisation, in the British case, can only be read as the results of such processes. This confirms Bartolini's point: "The problems and the fate of the EU cannot be studied adequately without considering the historical legacies of its ingredient: the nation state." (Bartolini, 2005, 116).

However, this does not mean that within each of the European nations, the citizens apprehend European integration in a homogeneous fashion. Other criteria for national membership, commencing with one's position in the social structure as well as political sophistication and involvement, influences how the process of European construction is appropriated (or not). In any case, analysis of our discussions conduces to the clear distinction between the activists and (to a lesser degree) the managers, who are polarised between pro- and the anti-Europeans, and the workers and unemployed, and the employees, who are very largely indifferent to a game going on at the level of the EU. Our analysis thus partly supports Hooghe and Mark's thesis of a current "constraining dissensus" but only so far as europolarization concerns socially privileged and/or politically interested citizens who are active in the public sphere and whose opinions are taken into account.

In this perspective, saying that the lower status categories were largely indifferent to Europe, is first of all to contest the thesis of their growing euroscepticism, and thus the prognostic of a growing "Euroclash" (Fligstein, 2008). The British seem, to be sure, to be an exception here, except that the radical misunderstanding they have of the situation, and their belief that membership of their country is not yet decided, may

---

[19] A belief largely traceable to the mass media: see the very convincing comparative analysis of public and media debates on Europe in the UK and in France, conducted by Paul Statham and Emily Gray (Statham and Gray, 2005).

also be interpreted as an absence of interest[19]. On the part of the French and the Belgians, in any case, the absence of salience of European questions seems first to be related to the conviction that the game is already played and that Europe is here to stay. If the European project does not yet undermine nationalism, and if it is far from bringing together universal particularism supported by the ideology of banal nationalism, to use Michael Billig's terms (Billig, 1996), yet it seems also that the EU, itself, can enter into a distinct process of "naturalisation". This might be particularly significant, at the level of the individual, in the conviction that national identity is an essential element in the definition of the self. But the place of Europe in this political identity will be based on passive submission, rather than on the evaluative support that was dreamt of by the founding fathers of Europe, and still is dreamed of by many Europeanists.

Our analyses of national and social differences, thus far presented successively, imbricate themselves as it were, and bear on the representations of Europe. Europe, in the representations as they change in the course of the discussions that we organised, appears as if it is flooded out in the processes of globalisation. Economic phenomena that cannot be mastered, and their inscription in national histories themselves largely reliant on another world, notably a post-colonial one, pose the singular limits to identification with Europe as an autonomous political system. This is to say that deepening the effects of integration on the perceptions and the political attitudes of European citizens cannot be helped by any theoretical trust in pseudo-concepts such as "European identity". Such concepts limit our apprehension of what the phenomena in play must be, notably by lumping them together without differentiating between categories of citizens according to the diverse ways they experience and apprehend the processes under way.

## *References*

Bartolini, S. (2005). *Restructuring Europe.* Oxford: Oxford University Press.

Cautrès, B. and Grunberg, G. (2007). "Position sociale, identité nationale et attitudes à l'égard de l'Europe. La construction européenne souffre-t-elle d'un biais élitiste ?" in O. Costa and P. Magnette, *Une Europe des élites? Réflexions sur la fracture démocratique de l'Union Européenne*. Bruxelles: Éditions de l'Université de Bruxelles: 11-35.

Barbour, R. and Kitzinger, J. (eds.) (2009). *Developing Focus Group Research: Politics, Theory and Practice.* London: Sage.

Barbour, R. (2008). *Doing Focus Groups.* London: Sage (Qualitative Research kit).

Belot, C. (2000). *L'Europe en citoyenneté. Jeunes Français et Britanniques dans le processus de légitimation de l'Union européenne,* Grenoble, Thèse doctorale de science politique.

Belot, C. (2002). "Les logiques sociologiques de soutien au processus d'intégration européenne : éléments d'interprétation", *Revue internationale de Politique comparée,* 9, 1: 11-29.

Billig, M. (1996). "Nationalism as an International Ideology: Imagining the Nation, Others and the World of Nations", in G. M. Breakwell and E. S. Lyons (eds.), *Changing European Identities: Social Psychological Analysis of Social Change.* Butterworth and Heinemann: 181-194.

Bruter, M. (2005). *Citizens of Europe? The Emergence of a Mass European Identity.* Basingstoke: Palgrave-McMillan.

Castano, E. (2004). "European Identity: a Social-psychological Perspective", in R. Hermann, T. Risse and M. Brewer, *Transnational Identities. Becoming European in The EU.* Oxford: Rowman & Littlefield publishers: 40-58

Citrin, J. and Sides, J. (2004). "More than Nationals: How Identity Choices Matters in the New Europe", in R. Hermann, T. Risse and M. Brewer, *Transnational Identities. Becoming European in The EU.* Oxford: Rowman & Littlefield publishers: 161-185.

Conover, P. J., Searing, D. D. and Crewe, I. M. (2002). "The Deliberative Potential of Political Discussion", *British Journal of Political Science,* 32: 21-62.

Delanty, G. (2006). "Borders in a Changing Europe: Dynamics of Openness and Closure", *Comparative European Politics,* 4: 183-202.

Diez Medrano, J. (2003). *Framing Europe. Attitudes to European Integration in Germany, Spain and the United Kingdom.* Princeton/Oxford: Princeton University Press.

Duchesne, S. (2008). "Waiting for European identity…: Preliminary thoughts about the identification process with Europe", *Perspectives on European Society and Politics,* 9, 4, December: 397-410.

Duchesne, S. and Frognier, A.-P. (1995). "Is there a European Identity?", in O. Niedermayer and R. Sinnott (eds.), *Public Opinion and the International Governance (Beliefs in Government Series),* 4, Oxford: Oxford University Press: 193-226.

Duchesne, S. and Frognier, A.-P. (2002). "Sur les dynamiques sociologiques et politiques de l'identification à l'Europe", *Revue française de science politique,* 52, 4: 355-373.

Duchesne, S. and Frognier, A.-P. (2008). "National and European Identifications: A Dual Relationship", *Comparative European Politics,* 6 : 143-168.

Duchesne, S. and Haegel, F. (2004a). *L'Enquête et ses méthodes. L'entretien collectif.* Paris: Nathan Université.

Duchesne, S. and Haegel, F. (2004b). "La politisation des discussions, au croisement des logiques de spécialisation et de conflictualisation", *Revue française de science politique,* 54, 6: 877-909

Duchesne, S. and Haegel, F. (2007). "Avoiding or Accepting Conflict in Public Talk", *British Journal of Political Science*, 37, 1, January: 1-22

Duchesne, S. and Haegel, F (forthcoming, May 2010), "What Political Discussion Means and how the French and the (French Speaking) Belgians Deal with it", in Ikeda K., Morales L., and Wolf, M. (eds.), *The Role of Political Discussion in Modern Democracies in a Comparative Perspective.* London: Routledge.

Duchesne, S. and Van Ingelgom V. (2008a). "Recherche en cours : 'Comment les discussions deviennent politiques, lorsque des Français, des Anglais ou des Belges francophones parlent de l'Europe'", *Politique européenne,* 24, automne : 145-149.

Duchesne, S. and Van Ingelgom V. (2008b). "L'indifférence des Français et des Belges (francophones) pour leurs voisins Européens : une pièce de plus au dossier de l'absence de communauté politique européenne ?", *Politique Européenne*, 26, décembre: 143-164.

Favell A. (2005), "Europe's Identity Problem. Review Article", *West European Politics*, 28,5: 1109-1116.

Favell, A. (2008). *Eurostar and Eurocities: The Movement and Mobility in an Integrating Europe.* London: Blackwell.

Fligstein, N. (2008). *Euroclash. The EU, European Identity and the Future of Europe*. Oxford: Oxford University Press.

Follesdal, A. and Hix, S. (2006). "Why There is a Democratic Deficit in the EU: A Response to Majone and Moravcsik", *Journal of Common Market Studies*, 44: 533-562

Franklin, M. and Wlezien, C. (1997). "The Responsive Public: Issue Salience, Policy Change, and Preferences for European Unification", *Journal of Theoretical Politics*, 9, 3, July: 347-363.

Garcia, G. and Van Ingelgom, V. (forthcoming 2010). "Étudier les rapports des citoyens à l'Europe à partir d'entretiens collectifs : Une illustration des problèmes de la comparaison internationale en méthodologie qualitative", *Revue internationale de politique comparée.*

Gaxie, D. and Hubé, N. (2007). "Projet concorde. Les conceptions ordinaires de l'Europe. Une approche de sociologie politique compréhensive", *Politique européenne,* 23, 3: 179-182.

Hermann, R., Risse, T. and Brewer, M. (2004), *Transnational Identities. Becoming European in The EU*, Oxford: Rowman & Littlefield publishers.

Hobolt, S. (2005). "When Europe Matters: The Impact of Political Information on Voting Behaviour in EU Referendums", *Journal of Elections, Public Opinions and Parties*, 15, 1, April: 85-109.

Hooghe, L. and Marks, G. (2004). "Does Identity or Economic Rationality Drive Public Opinion on European Integration?", *PS: Political Science and Politics*, 37, 3: 415-420.

Hooghe, L. and Marks, G (2009). "A Post functionalist Theory of European Integration: From Permissive Consensus to Constraining Dissensus", *British Journal of Political Science*, Cambridge: Cambridge University Press, 39: 1-23.

Kriesi, H-P., Grande, E., Lachat, R., Dolezal, M., Bomschier, S. and Frey T. (2008). *West European Politics in the Age of Globalization*, Cambridge: Cambridge University Press.

Larat, F. (2006). "L'Europe à la recherche d'un figure tutélaire. L'instrumentalisation de la symbolique carolingienne comme tentative de fondation d'un projet", *Politique européenne*, 18, 1: 49-67.

Leca, J. (2009)."'The Empire Strikes Back' An Uncanny View of the European Union. Part 1 – Do we need a Theory of the European Union", *Government and Opposition*, 44, 3: 285-320.

Lequesne, C. (2008). *La France dans la nouvelle Europe. Assumer le changement d'échelle.* Paris : Presses Sciences Po.

Lindberg, L. and Scheingold S. A.(1970). *Europe's Would-be Polity.* Englewood Cliffs, NJ: Prentice-Hall.

McLaren L. (2006). *Identity, Interests and Attitudes to European Integration.* Basingstoke: Palgrave Macmillan Ltd.

Meinhof, U. (2004). "Europe viewed from below. Agents, Victims and the Threat of the Other", in R. Hermann, T. Risse and M. Brewer, *Transnational Identities. Becoming European in The EU.* Oxford: Rowman & Littlefield publishers: 214-244.

Majone, G. (1998). "Europe's 'democratic deficit': the question of standards", *European Law Journal*, 4, 1: 5-28.

Mischi, J. (2006). "Les mobilisations eurosceptiques au Royaume-Uni", *Critique internationale*, 32, juillet-septembre : 79-101.

Moravcsik, A. (2002). "In Defence of the 'Democratic Deficit': Reassessing Legitimacy in the European Union", *Journal of Common Market Studies,* 40, 4: 603-624.

Morgan, D. L. (1988). *Focus Groups as Qualitative Research.* London: Sage.

Mutz, D. (2006). *Hearing the Other Side. Deliberative Democracy* versus *Participatory Democracy*. Cambridge: Cambridge University Press.

Netjes, C. and Binnema, H. (2007), "The salience of the European integration issue: Three data sources compared", *Electoral Studies*, 26: 39-49.

Niedermayer, O. and Sinnot, R. (eds.) (1995). *Public Opinion and Internationalised Governance* (Beliefs in Government series). Oxford, Oxford University Press.

Repass, D.E. (1971). "Issue salience and party choice", *American Political Science Review*, 65, 2: 389-400.

Reinert, M. (1990). "Une méthode de classification des énoncés d'un corpus présenté à l'aide d'une application", *Cahiers de l'analyse des données*, 25, 1: 21-36.

Risse, T. (2002) "Nationalism and Collective Identities. Europe Versus the National State ?" in P. Heywood, E. Jones and M. Rhodes (eds), *Developments in Western European Politics,* 2, Basingstoke: Palgrave.

Schmidt, V. (2003), "European Integration as Variant of Globalization. The Challenge to National Democracy", in I. Katenhusen and W. Lamping (eds), *European Integration and Democracies in Europe*. Opladen:Leske and Budrich.

Schmidt, V. (2006). *Democracy in Europe. The EU and National Polities*. Oxford: Oxford University Press.

Shore, C. (2000). *Building Europe. The Cultural Politics of European Integration*. London/New York: Routledge.

Statham, P. and Gray, E. (2005). "Public Debates over Europe in Britain: Exceptional and Conflict Driven?", *Innovation: The European Journal of Social Science Research*, 18,1, March: 61-81.

Tilly, C. (2003), "Political identities in changing polities", *Social Research*. 70,2, Summer: 605-620

White, J. (2006). "The Political Bond in Europe", Paper prepared for the 3rd Pan-European Conference on EU Politics, ECPR Standing Group on the European Union, Istanbul, September 21-23, 2006 (Section 1 "Theories of European Integration", Panel 347: "Towards a 'practice turn' in EU studies?"). http://www.jhubc.it/ecpr-istanbul/virtualpaperroom/051.pdf

White, J. (2010). "Europe and the Common", *Political Studies*, 58, 1: 104-22.

White, J. (forthcoming), "Europe in the Political Imagination", *Journal of Common Market Studies,* 48, 4, September.

Wlezien, C. (2005). "On the salience of political issues: The problem with 'most important problem'", *Electoral Studies,* 24: 555-579.

Wodak, R. (2004). "National and Transnational Identities: European and Other Identities Constructed in Interviews with EU Officials", in R. Hermann, T. Risse and M. Brewer, *Transnational Identities. Becoming European in The EU*. Oxford: Rowman & Littlefield publishers: 97-128.

Pierre-Edouard WEILL

# « *Plutôt l'UEFA que l'UE !* ». (Dés-)enchantement de l'identification à l'Europe des jeunes de milieux populaires issus de l'immigration

*Distant et peu réfléchi, le rapport d'identification à l'Europe des jeunes Français de milieux populaires issus de l'immigration est propice à l'ambivalence, entre enchantement et désenchantement. L'approche qualitative adoptée permet de mettre en valeur les mises en récit d'un sentiment d'appartenance à l'Europe, fondées sur la mobilisation d'expériences sociales aux frontières du politique, qui passent souvent par les affects. L'identification à une communauté politique européenne des jeunes Français de milieux populaires issus de l'immigration, renvoie d'abord à l'adhésion à un socle de valeurs humanistes, dont le football apparaît comme le principal vecteur. Cette identification passe ensuite par un certain désenchantement lorsque les enquêtés évoquent leurs croyances religieuses, ou celles de leurs pairs, comme mises à l'index pour leur incompatibilité avec certaines valeurs dominantes. La possibilité d'un ré-enchantement nous introduit cependant moins à une logique de « choc des cultures », que de cumul des identifications nationale et européenne.*

## "UEFA rather than EU!". *(Dis)enchantment in identification with Europe among young working class people of migrant origin.*

*Being both remote and not thoroughly thought out, the identification with Europe among young French people of migrant origin in low socio-economic areas is conducive to ambivalence: between enchantment and disenchantment. Our qualitative approach allows us to analyze the narratives on a feeling of belonging to Europe, based on social experiences at the fringes of the political, which often draw on affect. For young French people of migrant origin in these areas, identification to a European political community is often linked to subscribing to a set of humanist values of which football is the main vehicle. A certain disenchantment is expressed when interviewees perceive religious beliefs – their own or those of their peers – as ostracized because of their incompatibility with dominant values. However, the possibility of a re-enchantment brings us to more the combination of national and European identification than to a "clash of cultures".*

***politique européenne***, n° 30, 2010, p. 107-130.

Tous les sociologues et politistes ne connaissent pas l'UEFA, acronyme d'Union of European Football Associations, contrairement aux jeunes Français de milieux populaires issus de l'immigration interrogés sur leur rapport à l'Europe. Nous ne nous attarderons pas sur l'organisation de ce « gouvernement » européen des affaires footballistiques. Dans le cadre de cette enquête, qui s'inscrit dans le projet collectif CONCORDE[1], nous utilisons plutôt cette institution comme un point d'entrée dans l'analyse de l'identification à l'Union européenne de citoyens à la fois ordinaires, dans leur rapport profane à l'Europe, et spécifiques, du fait de propriétés sociales qui peuvent tendre à les marginaliser. Dans ses travaux sur les jeunes français issus de l'immigration, Evelyne Ribert souligne, en s'appuyant sur Paul Ricoeur, comment le sentiment identitaire est lié à une mise en récit. Ce n'est pas à travers une interrogation sur « quelle identité ? » qu'une réponse peut être obtenue, mais à travers la narration du « comment ? » (Ribert, 2009, 591). Il s'agit donc ici de relever et de mettre en exergue les « réalités », ou les représentations plus ou moins imaginaires, que nos enquêtés prennent en compte pour appréhender et s'approprier (ou non) les enjeux propres à une communauté politique européenne, plutôt que de constater la réalité d'un principe d'« identité européenne » dans lequel ils se reconnaîtraient. Nous utilisons donc la notion d'identification, plus restrictive et plus constructiviste que celle d'identité, qui désigne le processus par lequel un acteur social peut assumer subjectivement une appartenance objective à un groupe social (Duchesne, 2005).

À propos des supporters sportifs étudiés dans le cadre des coemptions européennes, Andy Smith note qu'il convient de « distinguer l'identité telle qu'elle est instrumentalisée par le politique, de l'identité telle qu'elle est vécue par un membre d'un groupe social » (Smith, 2002, 103). Confronté à des individus dont le bagage informatif est souvent mince, il ne faut surtout pas supposer l'existence d'attitudes politiquement structurées, quelles que soient les variétés d'« euroscepticisme » ou d'« euro-optimisme » distinguées dans le champ des *european studies*,

---

[1] Financé par l'Agence nationale de la recherche (ANR), le projet CONCORDE, acronyme de « conceptions ordinaires de l'Europe », complète et prend appui sur le programme INTUNE, présenté et retenu dans le cadre du « Sixième programme-cadre » de l'UE. Lancé en 2005, sous la direction de Daniel Gaxie, il associe un plusieurs laboratoires européens, dont les chercheurs mobilisés sont en charge d'étudier divers segments de la population des États membres. Près de 500 entretiens ont été réalisés à ce jour.

pour comprendre et expliquer leur identification à l'Europe. Chez des citoyens peu au fait de l'organisation politique de l'UE, cette dernière peut apparaître comme un objet d'indifférence (Rozenberg, 2009 ; Duchesne et Ingelbom, 2008), mais les conséquences envisagées de la construction européenne sur leur vie quotidienne, plus ou moins réelles ou imaginaires, constituent souvent le sujet d'inquiétudes, d'espoir, de satisfactions et de mécontentement.

Si elle ne s'oppose pas nécessairement à une logique de rationalité économique (Hooghe, Marks 2004), l'identification à l'UE ne saurait s'expliquer uniquement par la mesure des bénéfices économiques escomptés (Gabel, 1998), les jeunes français de milieux populaires issus de l'immigration liant surtout l'avènement de l'euro à une baisse de leur pouvoir d'achat. Lauren McLaren a déjà souligné les insuffisances de l'approche utilitariste (Mc Laren, 2006), loin d'épuiser la compréhension d'un sentiment d'appartenance à une même communauté politique européenne. Nos enquêtés sont peu concernés par les subventions européennes ou les échanges entre établissements scolaires ou universitaires auxquelles ils n'ont pas eu accès (aucun d'entre eux n'a effectué de formation scolaire, universitaire ou professionnelle à l'étranger). Très socialement distantes des *eurostars* d'Adrian Favell (Favell, 2008), leurs perspectives d'avenir professionnel dans un autre État-membre restent limitées. Chez des individus peu ou pas diplômés, le niveau d'éducation, posé comme corollaire d'une plus grande abstraction dans les niveaux de solidarité (Inglehart, 1971), ne peut être considéré comme le facteur le plus déterminant de l'existence d'un sentiment d'appartenance à une communauté politique élargie.

Ces hypothèses rationalistes ou centrées sur les préoccupations du champ politique remises en question, restent à analyser les processus par lesquelles peuvent se fonder et se manifester les rapports d'identification à l'Europe des jeunes Français de milieux populaires issus de l'immigration. Il s'agit dès lors de montrer ce que la mise en récit de l'identification à l'Europe, qui apparaît aussi majoritaire que malmené, doit à la mobilisation d'expériences sociales aux frontières du politique (Polo, 2005), suscitant l'enchantement et/ou le désenchantement des intéressés. Les spécificités de l'approche qualitative du projet CONCORDE permettent en effet de révéler l'influence réciproque de certaines normes et institutions communautaires sur les affects, les rapports profanes à l'UE se révélant souvent peu rationnelles.

## Précautions méthodologiques

L'inscription dans une enquête collective : les spécificités du projet CONCORDE

S'intéresser au rapport à l'Europe des jeunes de milieux populaires issus de l'immigration pose préalablement la question de ce que l'on mesure effectivement quand on cherche à en saisir les conceptions ordinaires. le projet CONCORDE repose d'abord sur la réalisation de nombreux d'entretiens semi-directifs approfondis. Or les analyses qui fondent et se nourrissent de travaux empiriques quantitatifs type eurobaromètre (pour une synthèse critique : Belot, 2002) ne permettent pas toujours d'appréhender l'ensemble des éléments de perception et d'évaluation mobilisés par les individus pour s'orienter dans les questions européennes. En effet, les sondages sont susceptibles de produire certains artefacts, notamment lorsque les individus interrogés répondent uniquement pour ne pas perdre la face et/ou totalement au hasard (Converse, 1964). Ensuite, certains travaux plus qualitatifs insistent sur la diversité des arguments qu'ils rencontrent au cours d'entretiens (Diez Medrano, 2003), mais ces derniers restent souvent interprétés comme des réponses aux enjeux relatifs à l'intégration européenne, considérés d'un point de vue politiquement légitime. Si les entretiens réalisés dans le cadre du projet CONCORDE se basent eux aussi sur un guide d'entretien évolutif, composé de questions ouvertes qui laissent une grande liberté à l'enquêteur quant à leur formulation et l'ordre dans lequel elles sont posées, leur spécificité est de se rapporter à la manière dont les individus s'y prennent pour se forger des opinions sur l'Europe, et surtout de viser à repérer l'origine des éléments mobilisés à cet effet. L'objectif est ainsi de comprendre ce que ces valorisations doivent aux diverses socialisations constitutives de l'expérience du monde d'un individu, et il s'agit tout particulièrement de faire ressortir les expériences européennes des enquêtés de leurs trajectoires et de leurs situations sociales *lato sensu* (Gaxie et Hubé, 2007). L'inscription de notre enquête dans un projet collectif implique de recueillir l'expression des conceptions de l'Europe de jeunes hommes de milieux populaires issus de l'immigration à partir de questions communes à l'ensemble de la population, et pas seulement aux « jeunes », aux « hommes », aux « immigrés » ou aux « classes populaires ». Cela permet notamment d'éviter d'enquêter sur les subjectivités politiques à partir de concepts qui tendent à présupposer une homogénéité de conditions d'existence et de rapport au politique au sein d'un groupe social aux contours relativement flous.

Des jeunes de milieux populaires issus de l'immigration en mal de définition.

La catégorie « jeunes » a souvent été l'objet de controverses relatives à l'hétérogénéité sociale qu'elle tend à recouvrir (Bourdieu, 1980 ; Galland, 2001 ; Lahire, 2006). Il convient de préciser d'emblée que les 12 membres de l'échantillon sont de jeunes adultes, âgés de 24 à 31 ans faisant partie de la population active, leurs responsabilités étant supposées les politiser davantage (Percheron, 1989 ; Muxel, 2001). Quant aux « jeunes Français d'origine immigrée », Gérard Noiriel a démontré qu'ils ne constituaient pas un groupe social homogène (Noiriel, 2001). À ce propos, il convient de prendre en compte la diversité de l'histoire familiale d'enquêtés qui disposent tous (au moins) de la nationalité française. Ceci n'est pas toujours le cas de leurs parents, originaires d'anciennes colonies d'États membres et/ou de certains de ces derniers, plus ou moins récemment intégrés à l'UE, à commencer par le Portugal. Enfin, si l'on préfère ne pas parler de « classes populaires » au vu de la diversité de rapports à la politique observés (Moucharik, 2008), il s'agit néanmoins de se focaliser sur les régions basses de l'espace social, peuplées d'individus faiblement pourvues en capital culturel et économique. Pour autant, les milieux populaires ne se réduisent plus aujourd'hui aux « ouvriers », pouvant mordre sur d'autres groupes professionnels désormais plus poreux (Mayer, 2002) dans lesquels les précaires se multiplient, notamment parmi les employés du tertiaire. Au-delà du seul revenu, c'est la précarité associée au statut professionnel qui doit être prise en compte, chez des individus qui partagent une condition d'exécutants dominés dans le travail, socialement et économiquement vulnérables (Schwartz, 2002). Ayant des attaches familiales populaires, faiblement dotés de ressources culturelles et de titres scolaires, les enquêtés sont le plus souvent sans diplôme ou titulaires d'un BEPC, d'un CAP ou d'un BEP. Si certains d'entre eux ont pu obtenir un Bac professionnel ou accéder à des cycles courts de l'enseignement supérieur, ils n'ont pas tiré profit de leur formation, au chômage ou exerçant des métiers d'exécutants précarisés. Au-delà du caractère exclusivement masculin de la population étudiée et d'une certaine communauté d'habitat, dans des quartiers populaires d'« Eurocities » (Favell, 2008) parisiennes et strasbourgeoises, les enquêtés diffèrent donc en fonction de leur niveau de diplôme et de leur parcours professionnel, de leur pays d'origine, de leur religion, de leur situation familiale, de la profession de leurs parents. La pluralité d'un tel conglomérat d'individus et le choix du terme volontairement vague de « milieu » renvoient aux précautions d'usage dès lors que l'on s'intéresse au « populaire ». Il convient de s'extraire de « catégories de la pensée d'État » qui les associent d'abord aux problèmes de société tels que l'« inemployabilité », les « violences urbaines » ou les « quartiers sensibles » (Mauger, 2001) et des représentations misérabilistes des médias dominants (Champagne, 1993), tout comme des analyses qui les réduisent à une « classe objet » faute d'avoir recueilli leur parole (Hamidi, 2008) sur le terrain.

Les conditions sociales de l'entretien.

Entre misérabilisme et populisme (Grignon et Passeron, 1989), l'analyse de la mobilisation des expériences sociales dans l'appréhension des questions européennes permet de dépasser une autre opposition traditionnelle, entre objectivisme et subjectivisme (Gaxie, 2002). Mais il s'agit pour cela de surmonter la distance sociale entre l'enquêteur, « étudiant à Sciences Po » et les enquêtés, qui se manifeste d'abord dans les modalités de sollicitation de ces derniers. En effet, l'enquêteur doit d'emblée se justifier sur l'objet d'un travail « *pour l'Université* », comme sur le choix des intéressés pour lesquels il est plus valorisant d'être interrogés en tant que « *jeune originaire du Maghreb* » que comme « *chômeur* », comme « *portugais* » plutôt que comme « *ouvrier* ». Les difficultés d'une telle enquête tiennent aussi dans la gestion des silences face à des questions sur l'UE qui évoquent d'abord un certain flou. Céline Belot a montré comment celle-ci reste pour beaucoup le domaine réservé d'une élite (Belot, 2002). Le niveau de diplôme est le critère le plus discriminant pour parler de l'UE qui constitue ici un sujet de conversation inhabituel. Or l'existence de relations de familiarité entre l'enquêteur et les enquêtés, l'appartenance à un même groupe de pairs durant l'enfance ou l'adolescence, des pratiques culturelles ou sportives communes, contribuent à surmonter les obstacles liés aux différences de conditions sociales, et tout particulièrement la crainte du mépris de classe (Bourdieu, 1993). Mais il a aussi fallu lutter contre une propension de certains enquêtés à se lancer dans des digressions au cours de la conversation, surtout lorsque la situation d'entretien les poussait à faire valoir leurs connaissances sur d'autres sujets. L'un des enquêtés était par exemple accompagné de deux de ses petits frères, et jouait son rôle de « chef de famille », frère aîné d'une famille monoparentale. Il convient de s'interroger sur l'importance des situations sur les variations de prise de parole politique, mais aussi de rappeler certaines limites structurelles de ces variations liées aux dispositions des acteurs (Barrault, 2009). On constate notamment que les employés du secteur tertiaire « au contact du client », sont plus à l'aise pour exprimer leurs idées partant de connaissances factuelles limitées, que des manœuvres ou des ouvriers, leurs techniques et ressources conversationnelles les rendant plus collectivement et complètement compétents (Gamson, 2002, 20). L'activation de certaines dispositions en situation d'entretien, dans la mesure où ce type d'interaction présente des similitudes, ou du moins des parallèles avec des expériences quotidiennes, contribue à expliquer que certains des jeunes rencontrés soient plus volubiles que d'autres. Leurs discours renvoient cependant moins à un rapport de compétence que d'implication, qui se nourrit d'évocations personnelles, livrées avec tout ce que cela peut entraîner de fragilité dans l'exposition de soi (Duchesne et Haegel, 2001).

Distant et peu réfléchi, le rapport d'identification à l'Europe des jeunes Français issus de l'immigration est propice à l'ambivalence, entre les espoirs suscités par l'avènement d'une « *Europe des cultures* » et/ou « *de la paix* », et les craintes relatives aux réalisations d'une « *Europe du Fric* » et/ou « *chrétienne* » nécessairement vouée à les exclure. Nos enquêtés ne sont néanmoins pas si dominés, et restent actifs à la réception de représentations politiquement structurées de l'Europe, avec des paroxysmes critiques quand, pour parler comme Michel De Certeau, le « dire » s'écarte trop du « faire » (De Certeau, 1995). Il s'agit ainsi de reconstruire cette « intelligence du social à l'œuvre dans les productions narratives des individus » (Dubar, 2003). Analyser leur identification à l'UE permet alors de repenser la place des affects dans les représentations de l'Europe. Celles-ci empruntent en effet à des registres de politisation, en tant que « requalification qui résulte d'un accord pratique entre des agents sociaux enclins, pour de multiples raisons, à transgresser ou à remettre en cause la différenciation des espaces d'activités » (Lagroye, 2003), qui se situent souvent aux marges de l'espace du politiquement légitime.

Chez les jeunes Français de milieux populaires issus de l'immigration, l'identification à l'Europe renvoie d'abord à l'adhésion par enchantement à un socle de valeurs humanistes, dont le football apparaît comme le principal vecteur. Le processus d'identification passe néanmoins par certaines phases de désenchantement, lorsque les enquêtés perçoivent leurs croyances religieuses, ou celles de leurs pairs, comme mises à l'index pour leur incompatibilité avec certaines valeurs dominantes. La possibilité d'un ré-enchantement, face au racisme vécu ou perpétué au quotidien, nous introduit cependant moins à une logique de « choc des cultures », que de cumul des identifications nationale et européenne.

### *L'identification par enchantement à une* « Assoss' des cultures » *:* « Europe du foot » vs. « Europe du fric » ?

« *Nan je sais pas... franchement, l'Europe moi ça me fait pas penser à grand chose... à part le foot (rires)* ». Hakim, 25 ans, ambulancier chez Europe Assistance et fils aîné d'une famille nombreuse issue de l'immigration économique malienne résidant dans un quartier populaire de banlieue parisienne, ajoute même plus loin dans la conversation : « *Pour moi l'Europe c'est l'UEFA !* ». Cette focalisation sur le football apparaît au cours de la grande majorité des entretiens et nous impose d'appréhender la signification des occurrences spontanées des compétitions organisées par l'UEFA dans le discours des enquêtés. La démarche compréhensive du projet CONCORDE permet de rendre compte de la manière dont le football et l'institution européenne en charge de régir le fonctionnement des compétitions internationales constituent des éléments de focalisation au sein de l'actualité européenne, ainsi qu'un élément de valorisation du processus d'intégration communautaire. Il s'agit donc de comprendre et d'expliquer le rôle d'expériences culturelles populaires et quotidiennes dans la production d'un sentiment d'identification européenne. On peut ainsi montrer comment les pratiques footballistiques, comme joueur ou comme spectateur, tendent à structurer une identification fondée sur un rapport éthique à l'Europe. En effet les conceptions post-matérialistes de l'UE en termes de solidarité (Inglehart, 1971), ne sont pas, ou plus, l'apanage des couches cultivées caractérisées par un haut degré de sophistication politique. Il est en outre frappant de constater comment un rapport enchanté à une « *Europe du foot* » idéalisée comme un espace de paix et d'échange culturel, se conjugue avec une appréciation négative à distance de l'action des gouvernants. Or il convient d'expliquer la prégnance de la relation entre cet enchantement liés aux expériences footballistiques et cette mise à distance des professionnels de la politique, en la rapportant à la position et la trajectoire sociale des enquêtés. Moins ces derniers sont dotés de titres scolaires et autres formes de capital culturel de substitution lié à une socialisation spécifiquement politique au sein de leur famille ou sur leur lieu de travail (Gaxie, 2002), et plus le football apparaît comme un élément de focalisation et de valorisation important. « *Franchement quand je suis au taff avec les collègues c'est plutôt: « Wesh t'as vu le match d'hier ? »* ». Chez Mohammed, 26 ans, d'origine marocaine, cette tendance à minimiser la fréquence de ses conversations politiques évoque une forme de *cynical chic* dont parle Nina Eliasoph pour désigner le style « irrévérencieux » de ceux qui affirment leur ignorance ou leur désintérêt (Eliasoph, 1990). Elle souligne *a contrario* l'existence, à des divers degrés en fonction des enquêtés, d'un sentiment de dépossession et de défiance à l'égard des professionnels de la politique, souvent comparés à des « *mafieux* » au cours des entretiens. Hakim affirme ainsi « *que ce soient les nationaux ou les Européens, c'est la même chose hein… on sait pas trop ce qu'ils font les hommes politiques… pour moi c'est la mafia ! Les gens en prison y en a c'est des bandits, mais alors eux c'est des grands bandits !* ». Or les valeurs qui s'incarnent dans les compétitions footballistiques apparaissent souvent « *plus nobles* » que celles de la compétition politique, pour reprendre les mots de Medhi, 24 ans, d'origine tunisienne, commercial au chômage malgré son BTS. Hakim affirme en effet que, contrairement à la politique, comparée à une « *guerre […] avec trop de coup de putes entre eux* », « *le foot ça peut rassembler plein de gens, c'est beau, ça fait de la paix en Europe…* ».

À travers l'expression d'un jugement unanime chez les enquêtés, nous pouvons apprécier comment l'institutionnalisation de compétitions européennes de football constitue un élément de valorisation positive du processus de construction européenne. De manière plus localisée, l'intérêt pour les championnats de football labellisés comme « européens » contribue à sensibiliser les jeunes adultes interrogés aux questions liés à l'élargissement de l'Union. Comme le souligne Andy Smith, les compétitions européennes donnent l'occasion de se confronter à l'étranger au sein d'un espace européen, mais celui-ci n'apparait pas toujours si « insaisissable » (Smith, 2002, 76). En effet, l'introduction footballistique à l'Europe conduit plusieurs enquêtés à une remise en cause des frontières politiques de l'UE. L'appartenance de la Turquie à l'UEFA est ainsi présentée comme un élément de justification en faveur de l'intégration de cette nation au sein de l'Union, ce qui contribue alors à produire, orienter ou conforter des opinions plus spécifiquement politiques. Comme le souligne Rachid, 25 ans, intérimaire dans le nettoyage d'origine algérienne, issu d'une famille nombreuse et résidant dans un quartier populaire de Paris : « *Elle fait partie de la Ligue européenne de football, comme Israël... alors que géographiquement... ça on le dit pas souvent mais il faut le dire, faut pas l'oublier* ». Nous pouvons ainsi mettre en avant le rôle de socialisation politique de substitution d'une institution dont le fonctionnement n'échappe pas à l'emprise du champ politique européen. Etudier les représentations ordinaires de l'UEFA nous renvoie donc aux rapports des citoyens aux institutions, à une certaine verticalité du processus d'identification à l'Europe. Ce rôle est d'ailleurs officiellement pris en compte par la Commission européenne, dans la mesure où « *le sport n'est pas uniquement une activité économique mais aussi une part de l'identité européenne* »[2]. Mais ce processus peut aussi se fonder sur une communauté d'expériences sociales entre citoyens ordinaires, liées aux diverses formes de pratiques footballistiques, comme joueur, spectateur et/ou supporter. Rachid met ainsi en avant son expérience des particularismes nationaux liés au football et souligne le sentiment d'enrichissement culturel qu'ils en ont retiré : « *Même pour dire j'ai rencontré des jeunes anglais qui venait en France, on a joué au foot et c'étaient pas la même façon de jouer c'était vachement intéressant... les qualités de jeu et tout, c'est différent... rencontrer une autre culture c'est bien, surtout pour les anglais, le football c'est une religion carrément !* ». Et parler de football n'exclue pas, loin de là, les possibilités de montée en généralité sur un enjeu tel que celui de la souveraineté nationale, comme le prouve l'enchaînement de la conversation : « *Ce qui est important de comprendre c'est que l'Europe, c'est pas la destruction des cultures nationales, qu'il n'y a pas abandon des choses particulières à chaque nation d'origine...* ». Aussi le respect des particularismes nationaux liés à ces pratiques culturelles populaires peut traduire l'expression d'un certain souverainisme. Carlos, 29 ans, ouvrier franco-portugais résidant dans un quartier populaire de l'agglomération strasbourgeoise, s'interroge sur le mode d'une affirmation cachée : « *Si tu mets le drapeau européen au dessus du pays et tu mets l'hymne européen...*

---

[2] Tel qu'il apparaît dans un document consultatif publié par la Commission dés 1998. Cette prise de position s'objective dans le transfert des affaires sportives, suite à la prise de fonction de la Commission de Romano Prodi en 1999, du Directorat Général « Concurrence » vers le Directorat général « Éducation et Culture ». La Commission des Communautés européennes, *The European Model of Sport. Consultation Document*, Directorat Général X, 1998.

*alors comment la France elle va jouer la Coupe du monde ?* ». Néanmoins, nous n'avons pas relevé de prises de positions nationalistes belliqueuses, loin des stéréotypes sur les *hooligans* en déplacement à l'étranger.

Nos jeunes enquêtés voyageant assez peu dans le cadre de leurs loisirs, comme de leur profession, ils offrent une représentation d'autant plus idyllique de leurs expériences personnelles que celles-ci sont relativement rares ou hypothétiques. À travers la mobilisation d'expériences triviales comme « *se saouler la gueule avec des anglais* » ou « *accoster des filles dans la rue* », l'Europe apparaît comme une réalisation incarnant des valeurs d'ouverture à l'autre, d'échange, de dialogue entre les peuples et de partage culturel. Or un tel conglomérat de représentations humanistes se construit aussi par opposition à d'autres systèmes de valeurs. Cette dernière s'affirme de manière explicite chez Medhi, dont le rapport éthique à une « *Europe des cultures* » s'oppose à une attitude hostile au libéralisme économique associé à la construction d'une « *Europe du fric* », liée de manière réflexive à la socialisation politique primaire d'un fils d'« *anciens militants communistes-anti-impérialistes* » : « *L'Europe c'est… euuhh… un échange de culture plus facilement… J'sais pas, c'est bien quoi ! […] l'Europe j'la vois plus à travers un enrichissement culturel et humain, plus que comme une puissance économique mondiale… moi ça me touche pas trop ça… la vraie richesse de l'Europe elle est dans l'assoss'des cultures quoi !* ». Chez la plupart des enquêtés, le sport phare du « vieux Monde » reste le support d'expression privilégié d'un rapport éthique à une Europe humaniste et cosmopolite, dont la représentation se construit aussi par opposition à des systèmes de valeurs considérés comme soutenant le repli nationaliste et le rejet de l'autre. Pour Rabah, l'Europe doit « *combattre* » les États-Unis à travers une stratégie plutôt « contre-impérialiste » qu'« anti-impérialiste » : « *Disons que c'est une concurrence pour faire un Empire contre les États-Unis… Mais je suis pour l'Europe, dans le fond c'est pas mal comme idée quand même ! Sinon vas-y… les États-Unis ils vont tout nous baiser leur mère !* ». Cette représentation de l'opposition aux États-Unis renvoie même chez certains enquêtés à leur perception des origines de la construction l'UE, comme c'est le cas de Désiré, 27 ans, serveur au chômage, d'origine camerounaise et martiniquaise : « *Bah l'Europe c'est un peu pour ça à la base non ? C'est pour contrer les États-Unis non ?* ». Cette représentation plus ou moins imaginaire d'une opposition binaire, dont la prégnance doit être circonstanciée par le traitement de certains conflits armés dans l'agenda médiatique, contribue largement à structurer le rapport éthique à l'Europe des jeunes Français issus de l'immigration. Mais ce rapport d'identification par enchantement reste très sensible à la teneur des enjeux évoqués.

### *La* « **question de l'Islam** » *et le désenchantement du rapport d'identification par à Europe*

Le contenu et le degré de développement des réponses aux questions ouvertes du guide d'entretien renvoient largement à la saillance des enjeux liés à la construction de l'Union européenne chez les membres de la population interrogée. Or cette saillance dépend étroitement de la relation entre les caractéristiques sociales des enquêtés et l'émergence de certaines thématiques dans l'agenda médiatique, dans la mesure où certains débats publics sont réactivés par l'actualité liée au terrorisme islamiste et à la présence musulmane en Occident (Brouard et Tiberj, 2005). Ce faisant, les réponses aux questions liées à l'élargissement de l'Union européenne des jeunes de confession musulmane, qui composent une large majorité de l'échantillon, se focalisent d'emblée et spontanément sur l'entrée, ou plutôt le rejet de la Turquie pour des raisons religieuses. L'analyse compréhensive des entretiens fait ressortir un certain désenchantement du rapport d'identification à l'UE lorsque le discours des enquêtés se confronte de lui même aux limites d'une conception universaliste, type « *assoss' des cultures* », du processus de construction européenne. Et ces limites s'imposent plus particulièrement lorsqu'ils évoquent leur perception de leurs croyances religieuses, ou de celles de leurs pairs, comme mises à l'index pour leur incompatibilité avec certaines valeurs dominantes, ou du moins, représentées comme telles. En effet, l'élargissement de l'Union vers la Turquie est perçu comme « *impossible* » pour des raisons religieuses, malgré la participation des équipes turques aux compétitions UEFA, comme l'exprime Hakim : « *Ils sont musulmans et l'Europe à la base c'est quand même un truc chrétien, catholique, athée aussi... alors que là bas et ben y a plus de 90 % de la population ils sont musulmans et c'est des croyants tu vois... à mon avis c'est à cause de ça qu'ils peuvent pas rentrer* ». Cette perception, rarement réfléchie ni réflexive, des représentations politiques de l'Islam considérées comme dominantes, passe souvent par les affects. Or ce désenchantement de l'identification à l'Europe réactive autant qu'il est entretenu par leur défiance à l'égard des politiques, dénoncés sur le mode d'un complot perpétué par des « *puissants* » indéfinis, évoqués à la troisième personne du pluriel lorsqu'il ne s'agit pas du « *lobby juif* » ou des « *racistes au gouvernement* ». Leur réception des représentations politiques de l'Islam offertes par les médias généralistes implique un sentiment d'exclusion des musulmans du processus de construction européenne, comme chez Hakim : « *les histoires de lutte contre les juifs, les kamikazes... tout ça quoi... parce qu'ils ont retourné le cerveau des gens sur l'Islam... c'est comme quand on montre les Tchétchènes aussi... ils disent : « vous voyez les portes de l'Europe c'est ça ! Alors attention !* » ». Nous pouvons constater la force des représentations dominantes dans le champ politique français, d'une Europe tout à la fois chrétienne et laïque, jusque chez les individus les moins politisés des milieux populaires. Celles-ci s'imposent dans le discours de certains des enquêtés avec la force de l'évidence et du naturel lorsqu'il s'agit d'expliquer pourquoi les turcs ne seraient pas considérés comme de « *véritables européens* ». Cette représentation de l'islam comme obstacle insurmontable à l'intégration de l'Union par la Turquie est un facteur de rejet de l'identification à l'Europe plus fortement marquée chez les jeunes musulmans, mais pas seulement. Elle tend en effet à s'étendre facilement aux enquêtés appartenant aux « minorités visibles », dans une certaine connivence qui n'est pas nécessairement de classe, mais peut être liée à une communauté d'expériences sociales de discrimination. Désiré, catholique non pratiquant, noir de peau et habitant d'un petit ensemble HLM dans un « *quartier tranquille* », majoritairement pavillonnaire, affirme ainsi : « *Carrément ca me gène pas que la Turquie ils rentrent dans l'Europe, ils se développent et tout c'est bien... mais après on peut pas dire qu'ils sont vraiment européens quand même... Et pourquoi tu dis ça ? Wesh ma gueule c'est des musulmans... t'es ouf (fou) ou quoi ! Y a trop de racistes en plus... c'est comme les noirs, ils en veulent pas !* ». La subjectivité des jeunes issus de l'immigration n'est cependant pas toujours prisonnière des représentations culturalistes d'une « inadaptation » des musulmans à la culture européenne, propre aux entreprises politico-médiatiques de disqualification des émeutes de 2005 (Mauger, 2007), encore saillantes sur l'agenda médiatique à l'époque des entretiens. Les limites de l'élargissement de l'Union ne sont pas toujours envisagées avec fatalisme, comme l'illustre par exemple l'opinion de Rachid : « *Y en a qui sont contre parce que c'est un pays musulman mais faut pas exclure les gens comme ça, faut essayer de comprendre l'Histoire et tout [...] c'est des conneries y a pas de vrais problèmes entre l'Europe et l'Islam, c'est encore un truc de racistes...* ». Tout en soulignant que les représentations de la Turquie perçues comme dominantes en Europe sont des « *caricatures* », Medhi, émet des réserves sur ses propres propos concernant l'identité européenne (ou non) des Turcs, soumettant leur véracité à une connaissance pratique quotidienne et fondée sur des liens affectifs : « *Après j'connais pas trop les ke-turs (turcs) au final... j'ai pas trop de vrais bon potes ke-turs... je sais qu'ils sont un peu conservateurs comme les rabzouzes (arabes)... mais là j'peux pas trop parler en connaissance de cause sur les ke-turs...* ».

Quel que soit leur intérêt pour les questions liées à l'élargissement de l'UE, les affaires européennes restent principalement appréhendées à travers le spectre de leur représentation du champ politique français, leurs prises de position restant prisonnières d'un cadre de réaction, au sens d'Albert Hirschman, spécifiquement national (Deloye, 2007). Selon Rachid, « *c'est les politiciens qui créent un problème par rapport au niveau national du racisme...* ». Mais le désenchantement de son identification par rapport à l'Europe relève aussi de sa perception d'une absence de reconnaissance nationale des compétences d'« *intellectuels* » musulmans sur les questions de l'Islam et donc de l'élargissement de l'UE à la Turquie : « *Ils diabolisent l'Islam, c'est une supercherie... quand t'interroges des musulmans cultivés, qui étudient l'Islam, qui ont des bac + 5, des Deugs, tout ce que tu veux... on interroge pas les gens intelligents, c'est choquant !* ». Ignorants de l'organisation et du fonctionnement des institutions politiques européennes, nos enquêtés se focalisent par défaut sur la politique étrangère française vers les pays musulmans, pour valoriser positivement ou négativement le rôle des politiques dans le processus de construction de l'UE. Dans la mesure où celle-ci est d'abord considérée comme un aspect de la mondialisation (Duchesne et Frognier, 2002), politique européenne et internationale vont souvent de paire, dans une certaine confusion des échelles supranationales. Ainsi s'explique notamment le ralliement très conditionnel et circonstancié de certains des jeunes musulmans interrogés derrière la personnalité Jacques Chirac comme « *politique qui symbolise le mieux l'Europe* ». Nos enquêtés déclarent à l'unisson une certaine sympathie pour l'ancien Président de la République dont l'évaluation positive du rôle politique européen repose sur des considérations liées à la position adoptée face aux interventions américaines dans le Moyen-Orient. Rachid affirme par exemple « *il a bien baisé la France* », mais que « *pour l'Europe, pour la diplomatie en Irak, en Israël, il a tout déchiré, il était trop fort à l'étranger* », tandis qu'Hakim, dans un jugement éthique emprunt là aussi de virilisme machiste, considère qu'« *il a fait le mec... surtout par rapport à l'Angleterre, la guerre en Irak et tout ça...* ». L'intervention militaire en Irak de certains pays européens comme la Pologne et l'Angleterre, qualifiée par Rachid de « *croisade contre l'Islam* », est toujours apparue chez les enquêtés comme un élément de valorisation négative d'une « *mauvaise Europe* », et cela plus particulièrement chez les jeunes de confession musulmane. Leur perception partagée de la division entre les États membres, sur cet enjeu saillant à l'époque des entretiens, contribue à remettre en question leur représentation enchantée et homogénéisante d'une Europe humaniste et cosmopolite. « *C'est pas toujours l'Europe des Droits de l'Homme* », pour reprendre l'expression de Farid, 26 ans, soldat du rang d'origine tunisienne, fortement socialisé par l'institution militaire.

Il faut souligner que c'est bien dans un certain contexte, notamment dans un certain contexte politique, que les agents sont conduits à privilégier certains types d'expériences sociales pour se prononcer sur des objets politiques (Gaxie, 2002). Notre analyse conjoncturelle alimente néanmoins l'hypothèse de tendances lourdes chez les jeunes de milieux populaires issus de l'immigration : une défiance généralisée l'égard du personnel politique national et *a fortiori* d'acteurs européens largement méconnus, qui coexiste avec certains phénomènes de « politisation à éclipses » (Gaxie et Lehingue, 1984) liés à des événements politiques fortement médiatisés, dans la mesure où ils s'inscrivent dans le cadre de l'espace national. On constate en effet une adhésion épisodique à la politique européenne, ou considérée comme telle, des gouvernants nationaux, circonstanciée par leur prise en charge d'enjeux identitaires qui apparaissent particulièrement significatifs et mobilisables pour les enquêtés. Ce faisant, l'affirmation ou le rejet de la « citoyenneté européenne » qui leur est promise, reste largement conditionnée par un sentiment d'identification à une communauté politique nationale, dont l'existence est loin d'être étrangère aux enjeux représentés comme « européens ».

### *Un ré-enchantement conditionné par un sentiment d'identification nationale*

La construction européenne ne donne pas naissance à la nationalité européenne et, ce faisant, ne donne pas à l'Union les moyens de contrôler l'accession à sa propre citoyenneté (Deloye, 2006), principe qui nous renvoie concrètement au rapport de l'individu au collectif auquel il est censé appartenir et au statut qu'il y occupe (Dubois, 2003). Les jeunes Français de milieux populaires issus de l'immigration ne peuvent s'identifier à une communauté politique européenne, que dans la mesure où ils s'affirment comme des « citoyens » sur le plan national. Il s'agit dès lors de montrer quelles expériences sociales fondent une logique de cumul des identifications européenne et nationale, qui se vérifie majoritairement dans le discours de nos enquêtés. Si le racisme que certains des jeunes issus de l'immigration affirment subir au quotidien est traditionnellement présenté comme un obstacle à la citoyenneté nationale, ou du moins une dégradation de celle-ci (Brouard et Tiberj, 2005), le fait que nos enquêtés mobilisent des expériences qui lui sont relatives pour exprimer leur rapport à l'Europe nous renvoie à un double paradoxe. D'une part, la représentation d'un racisme ambiant à l'égard des populations issues des anciennes colonies françaises est loin d'être un obstacle suffisant à l'existence d'un sentiment d'identification nationale, et par extension, à l'Europe. La construction de l'UE s'inscrit en effet dans une histoire nationale elle-même largement reliée au monde *via* le post-colonialisme (Duchesne, Haegel, Frazer, Frognier, Garcia et Van Ingelgom, 2009), comme chez Rachid : « *L'Algérie c'était français depuis le XIX*e *siècle, même mes arrière-grands-parents ils sont français ! Y a des Français qui sont morts en Algérie, et moi… bah voilà je suis un Français pure souche ! […] Donc j'suis européen !* ». D'autre part, les jeunes issus de l'immigration qui déclarent ne pas se sentir « européen » ne sont pas nécessairement les plus attendus, à l'instar de Carlos, qui possède la double nationalité franco-portugaise : « *J'ai jamais pensé être européen en fait, moi je me suis toujours dit portugais et… chais pas, je me sens pas… dans l'ambiance de drapeau avec des étoiles…* ». S'il fait exception au sein de l'échantillon, c'est qu'au-delà des controverses sur la prise en compte des données ethniques, la nature du sentiment d'identification à l'Europe est moins une affaire de couleur de peau, de religion, ou même de pays d'origine que de perception des conséquences de la construction l'UE sur leur situation sociale. Syndiqué à la CGT chez une multinationale qui délocalise, Carlos exprime dans des termes politiquement structurés son attachement au cadre protecteur de l'État nation et son hostilité à une mondialisation associée au libéralisme économique. Chez des individus moins politisés, dont le rapport à l'Europe se fonde d'abord sur la mobilisation d'expériences personnelles plus ou moins enchantées, la logique de cumul des identifications nationales et européennes joue à plein. Cette première identification, déterminée par la représentation de leur propre situation sociale, conditionne la seconde. En situation de précarité, peu confiant dans son avenir professionnel, Mohammed établit lui-même un lien de causalité entre le fait de « *ne pas se considérer comme un français* » et celui de « *ne pas se sentir européen* ». On observe un mécanisme inverse chez Hakim, en situation de relative ascension sociale : « *Ah moi j'me sens français... j'connais rien de chez moi au Mali... j'y vais en vacances de temps en temps, et encore ça fait longtemps... mais la France c'est chez moi aussi, donc j'me sens européen c'est clair...* ».

Mais l'identification à l'Europe se construit aussi dans un certain rapport à l'« autre », qui s'incarne souvent dans la figure de l'immigré économique issu des nouveaux États membres. Malgré l'enthousiasme partagé face aux perspectives d'échanges culturels ouvertes par la construction européenne, certains des enquêtés font preuve d'hostilité à l'égard d'une ouverture trop « rapide » vers les pays de l'Est. Fort d'arguments « historiques », Rachid affirme que « *ces pays là, c'est l'ex-URSS quand même, c'est pas pareil ils ont d'autres coutumes, ça fait pas partie des vieux pays européens* ». De même, Farid énonce une distinction entre « *une Europe moderne* » des pays de l'Europe occidentale et les pays comme la Roumanie, qui seraient « *restés au Moyen Âge* ». Aussi les « *nouveaux immigrés des pays de l'Est* » sont souvent représentés comme la cause réelle ou potentielle d'un désordre économique et social, notamment parmi les plus dominés des jeunes adultes des classes populaires issus de l'immigration : les plus inquiets des conséquences de l'élargissement de l'Union sont les moins dotés en terme de capital culturel, mais aussi ceux d'entre eux qui sont les plus touchés par le chômage. Les immigrés des nouveaux pays entrants sont souvent représentés comme des rivaux sur le marché du travail national, comme chez Rachid : « *Faut pas être stupide, les gars de l'Est ils ont peut-être des salaires de merde mais c'est parce qu'ils savent pas bosser... les slaves bah j'ai rien contre eux mais désolé ils viennent faire de la concurrence c'est sûr… mais avec eux le boulot il est toujours en retard, t'as pas envie de les payer bien, tu regardes c'est bâclé donc c'est pas intéressant, surtout si en plus c'est au black* ». Ils s'appuient souvent sur des préjugés d'un racisme plus ou moins dénié qui participent d'un conflit de définition entre nationalités et ethnies, Hakim assimilant comme d'autres les Roumains aux *roms* : « *C'est quoi c'est la Roumanie et tout ça… pfff franchement c'est bien mais c'est chaud quand même hein!… T'as vu les parcmètres qu'ils sont en train de défoncer et tout ça là wesh… ! C'est pas que j'suis raciste mais franchement… woulah (j'te jure) c'est chaud!* ». On constate donc comment les enquêtés expriment leur identification à l'Europe face à une figure de l'« autre » considéré comme moins intégré que soi. À cet égard, on peut se demander, à la suite de Georg Simmel, si le conflit n'est pas une source de régulation qui structure les relations collectives et renforce, quand il ne crée pas l'identité sociale (Simmel, 1999).

Les jeunes Français de milieu populaires issus de l'immigration apparaissent en quête de protection sociale et de représentation dans le cadre de l'espace politique national, voir dans un second temps, européen. Or cette demande sociale apparaît à la fois comme fondant et étant justifiée par certaines aspirations identitaires, dans un pays où les modes de construction de l'identité nationale sont, de manière générale, en cours de redéfinition et de reformulation (Ribert, 2006). Chez Hakim, la représentation du peu d'espace réservé aux « minorités visibles » dans le champ politique peut ainsi contribuer à entretenir un sentiment d'exclusion, et constituer un élément structurant de son rapport d'identification à une communauté politique nationale, et par extension, européenne : « *Wesh par exemple t'as déjà vu un renoi (noir) se présenter aux élections présidentielles? À l'Assemblée nationale y en a pas… au Parlement européen y en a pas non plus j'crois… Si y a Harlem Désir! Ouai mais lui on s'en bat les couilles… personne le connaît, on parle pas de lui… c'est pas comme les States, déjà y a la meuf là… celle qu'est cheum (moche)… à l'ONU y a Kofi Anan! Lui on l'entend le mec… là en France ils ont mis la meuf là… la sénégalaise là… mais elle sert à rien… c'est juste de la pub!* ». Du côté des « nouveaux représentants » de l'Union, « devenir européen » revient à acquérir un ensemble de ressources symboliques qui permettent à ceux qui sont marginalisés dans leur propre pays de contester l'ordre établi au niveau national (Favell, 2000). Du côté des « nouveaux » représentés, on ne peut que souscrire à l'hypothèse inspirée de Norbert Elias, selon laquelle la nation apparaît comme une matrice de formation d'un « nous » qui se voit relayée, voire renforcer, par l'intégration au niveau du continent, dans un processus de limitation de l'individualisme (Duchesne, 2005). L'enchantement ou le ré-enchantement de l'identification par rapport à l'Europe des jeunes de milieux populaires issus de l'immigration, semble donc être conditionné par leur sentiment d'être représentés politiquement à l'échelle nationale comme des « Européens de longue date ».

## *Conclusion*

Parmi l'ensemble des « visions profanes » de l'UE recueillies, nous avons pu constater la récurrence de représentations relativement extérieures aux problématiques européennes traditionnelles, souvent ignorés des professionnels et des analystes de la politique, à l'échelle nationale ou européenne. Leur agencement ne nous en révèle pas moins sur la fabrication d'une Europe « par le bas », du point de vue des profanes, des acteurs subordonnés, plutôt que de celui du pouvoir (Le Grignou, 2003). Autrement dit, qu'est-ce qui leur permet de dire ce qu'ils disent ? Et surtout, qu'est-ce qui explique tout ce qu'ils ne disent pas étant donné leur distance aux institutions les plus légitimes ? Les jeunes de milieux populaires issus de l'immigration n'ont pas systématiquement rien à dire sur l'Europe, en tant qu'échelon le plus ésotérique du politique, mais le disent souvent dans un langage qui n'est pas légitime, se focalisent sur un aspect en négligeant les autres. Camille Hamidi souligne bien qu'il est problématique, pour qui travaille sur des individus peu politisés, d'utiliser comme indicateur la qualification produite par les acteurs eux-mêmes, puisqu'un même individu peut précisément labelliser un même discours comme étant politique, ou non, selon les contextes (Hamidi, 2006). Il est néanmoins intéressant de voir comment tous les jeunes interrogés parviennent à donner le change en situation d'entretien et quelles ressources ils mobilisent, aussi éloignées du jeu politique et de ses règles qu'elles puissent paraître. Il ne s'agit pas loin de là, de considérer le football, l'islam ou quelconque nationalisme du pays d'origine, comme de nouveaux « opiums du peuple », là où sévit le relâchement de la norme électorale (Braconnier, Dormagen, 2007), *a fortiori* lors des scrutins européens. Il importe plutôt d'explorer la piste de leurs effets politiquement structurants, en relation avec d'autres facteurs de socialisation.

Le déploiement d'une sociologie compréhensive des rapports à l'Europe doit permettre de dépasser les constats qui les résument à l'expression d'un point de vue politique général sur l'UE. La compréhension de rapports éthiques à l'Europe qui passent par l'émotion, constitue un prélude à l'analyse de leur retraduction dans des termes plus spécifiquement politiques, dont la teneur varie justement en fonction de la socialisation des individus, du type d'univers d'existence qui les caractérise. Une histoire familiale marquée par le militantisme communiste, un parcours professionnel ayant occasionné l'adhésion au syndicalisme ouvrier, favorisent la traduction des rapports éthiques et pratiques à l'Europe fondés sur des expériences quotidiennes, en prise de position contre une Europe libérale et en faveur de l'interventionnisme public. À l'inverse, l'absence de socialisation spécifiquement politique peut impliquer une certaine adhésion au libéralisme économique, la concurrence et la fin des monopoles étatiques étant considérés comme favorisant la baisse des prix. Une appartenance confessionnelle plus marquée, voire un certain traditionalisme comme produit de la socialisation familiale ou du groupe de pair, peut aussi favoriser une conception plus souverainiste de l'Europe. Et l'attitude irrévérencieuse des enquêtés les moins politisés peut tendre à masquer une certaine confiance envers les institutions européennes, aussi éloignées soient-elles, une forme de légitimisme venant atténuer leur sentiment de dépossession. Au-delà de la diversité des rapports à l'Europe qui les caractérisent, la frontière reste assez ténue entre des jeunes qui partagent tous, à des degrés divers, une certaine crainte de l'avenir dont la construction européenne peut constituer un élément d'amplification. Comme l'a montré Céline Belot, parler de l'Europe comme d'une réalité pratique et symbolique c'est toujours largement « parler du futur » (Belot, 2000). Mais sans nécessairement réfuter la thèse, sondages à l'appui, de la montée d'un conflit politique entre les bénéficiaires de l'intégration et les autres (Fligstein 2008), il conviendrait d'en montrer finement les conditions d'émergence.

## *Références bibliographiques*

Barrault L. (2008), « Une interpellation profane du politique. La lettre de jeunes de milieux populaires au Président de la République pendant les émeutes de 2005 », *Réseaux*, vol. 26, n° 151, p. 37-62.

Beaud S. et Pialoux M. (2006), « Racisme ouvrier ou mépris de classe ? Retour sur une enquête de terrain », *in* D. Fassin et E. Fassin (dir.), *De la question sociale à la question raciale ?* Paris, La Découverte.

Belot C. (2000), *L'Europe en citoyenneté. Jeunes Français et Britanniques dans le processus de légitimation de l'Union européenne*, Thèse doctorale de science politique, Grenoble.

Belot C. (2002), « Les logiques sociologiques de soutien au processus d'intégration européenne : éléments d'interprétation », *Revue internationale de politique comparée*, vol. 9, n° 1.

Bourdieu P. (1980), « La jeunesse n'est qu'un mot », *Questions de sociologie*, Paris, Minuit.

Bourdieu P. (1993), « Comprendre », *La Misère du monde*, Paris, Seuil.

Braconnier C. et Dormagen J.-Y. (2007), *La Démocratie de l'abstention*, Paris, Folio actuel.

Brouard S. et Tiberj V. (2005), *Français comme les autres ? Enquête sur les citoyens d'origine maghrébine, africaine et turque*, Paris, Presse Sciences Po, coll. « Nouveaux débats ».

Bréchon P. et Cautrès B. (dir.) (1998), *Les Enquêtes eurobaromètres : analyse comparée des données socio-politiques*, Paris, L'Harmattan, coll. « Logiques politiques ».

Cautrès B. et Denni B. (2000), « Les attitudes des Français à l'égard de l'Union européenne : les logiques du refus », *in* P. Bréchon, A. Laurent et P. Perrineau (dir.), *Les Cultures politiques des Français*, Paris, Presses de Sciences Po, p. 323-354.

Champagne P. (1993), « La vision médiatique », *in* P. Bourdieu (dir.), *La Misère du monde*, Paris, Seuil.

Collovald A. et Sawicki F., (1991), « Le populaire et le politique : quelques pistes de recherches en guise d'introduction ? », *Politix*, vol. 4, n° 13.

Converse P. (1964), « The Nature of Belief Systems in Mass Publics », *in* D. Apter (dir.), *Ideology and Discontent*, New York, The Free Press.

de Certeau M. (1990), *L'Invention du quotidien, 1. Arts de faire*, Paris, Gallimard.

Déloye Y. (2006), « La sociohistoire de l'intégration européenne », *Politique européenne*, n° 18.

Déloye Y. (2007), « Le vote européen entre implication et réaction », *Revue française de science politique*, vol. 57, n° 2, avril.

Medrano J.-D. (2003), *Framing Europe*, Princeton, Princeton University Press.

Dubar C. (2003), « Entretien de recherche en sociologie et relation analytique : des fécondations possibles », intervention à la Conférence annuelle de la Fédération européenne de la psychanalyse, Sorrente.

Dubois V. (2003), *La Vie au guichet*, Paris, Economica.

Duchesne S. et Haegel F. (2001), « Entretiens dans la cité. Ou comment la parole se politise », *Espaces Temps*, n° 76/77, p. 95-109.

Duchesne S. et Frognier A.-P. (2002), « Sur les dynamiques sociologiques et politiques de l'identification à l'Europe », *Revue française de science politique*, vol. 52,n° 4, août, p. 355-373.

Duchesne S. (2005), « Des nations à l'Europe » ou « l'Europe contre les nations » ? Pour approche dimensionnelle et longitudinale des identifications nationales et européennee. Contribution au colloque *L'Union européenne et son contexte institutionnel : Union politique et légitimité*, Université Catholique de Louvain la Neuve.

Duchesne S. et Van Ingelgom V. (2008), « L'indifférence des Français et des Belges (francophones) pour leurs voisins Européens : une pièce de plus au dossier de l'absence de communauté politique européenne ? », *Politique européenne*, n° 26, p. 143-164.

Eliasoph N., (1990), « Political Culture and the Presentation of a Politic "Self". A study of the public sphere in the spirit of Erving Goffman », *Theory and Society*, n° 19.

Favell A. (2000), « L'européanisation ou l'émergence d'un nouveau « champ politique » : le cas de la politique d'immigration », *Cultures et Conflits,* n° 38-39.

Favell A. (2008), *Eurostar and Eurocities: Free Moving Urban Professionals in an Integrating Europe*, Londres, Blackwell.

Fligstein N. (2008), *Euroclash. The EU, European Identity and the Future of Europe*, Oxford, Oxford University Press.

Gabel M. (1998), « Public support for European integration », *The Journal of Politics*, vol. 60, n° 2.

Galland O. (2001), « Adolescence, post-adolescence, jeunesse : retour sur quelques interprétations », *Revue française de sociologie*, vol. 42, n° 4.

Gamson W. (2002), *Talking Politics*, Cambridge, Cambridge University Press.

Gaxie D. (2002), « Appréhensions du politique et mobilisations des expériences sociales », *Revue française de science politique*, vol. 52, n° 2/3.

Gaxie D. et Lehingue P. (1984), *Enjeux municipaux, la constitution des enjeux politiques dans une élection municipale*, Paris, PUF-CURAPP.

Gaxie D. et Hubé N. (2007), « Projet Concorde. Les conceptions ordinaires de l'Europe. Une approche de sociologie politique compréhensive », *Politique européenne*, n° 23.

Grignon C. et Passeron J.-C. (1989), *Le Savant et le populaire : misérabilisme et populisme en sociologie et en littérature*, Paris, Gallimard, coll. « Hautes études ».

Hooghe L. et Marks G. (2004), « Does Identity or Economic Rationality Drive Public Opinion on European Integration ? », *PS : Political Science and Politics*, vol. 37, n° 3, p. 415-420.

Hamidi C. (2006), « Éléments pour une approche interactionniste de la politisation. Engagement associatif et rapport au politique dans des associations locales issues de l'immigration », *Revue française de science politique*, vol. 56, n° 1.

Inglehardt R. (1971), « Changing Values Priority and European Integration », *Journal on Common Market Studies*, vol. 10, n° 1.

Lagroye J. (2003), « Les processus de politisation », *in* J. Lagroye (dir.), *La Politisation*, Paris, Belin, coll « Socio-histoires ».

Lahire B. (2006), *La Culture des individus*, Paris, La Découverte, coll. « Textes à l'appui, Enquête de terrain ».

Le Grignou B. (2003), *Du côté du public. Usages et réceptions de la télévision*, Paris, Economica.

Mauger G. (2001), « Précarisation et nouvelles formes d'encadrement des classes populaires », *Actes de la recherche en sciences sociales*, n° 136.

Mauger G. (2006), *L'Émeute de novembre 2005*, Paris, Éditions du croquant.

Mayer N. (2002), « Les hauts et les bas du vote le Pen », *Revue française de science politique*, vol. 52, n° 5-6.

Mc Laren L. (2006), *Identity, Interests and Attitudes to European Integration*. Basingstoke, UK, Palgrave Macmillan Ltd,

Moucharik S. (2008), « Classes populaires : peut-on enquêter sur les subjectivités politiques à partir d'un concept a priori ? », *Les Mondes du travail*, n° 6, p. 47-61.

Muxel A. (2001), *L'Expérience politique des jeunes*, Paris, Presses Sciences Po.

Noiriel G. (2001), « Les jeunes d'origine immigrée n'existent pas », *État, Nation et Immigration, Vers une histoire du pouvoir*, Paris, Belin.

Percheron A. (1989), « Âge, cycle de vie, génération, période et comportement électoral », *in* D. Gaxie (dir.), *Explication du vote. Un bilan des études électorales*, Paris, Presses de Sciences Po.

Polo J.-F. (2005), « Avrupa Fatihi. Les enjeux européens du sport en Turquie », *in* C. Guionnet et L. Arnaud, *Les Frontières du politique*, Rennes, PUR, p. 209-232.

Ribert E. (2006), *Liberté, égalité, carte d'identité : les jeunes issus de l'immigration et l'appartenance nationale*, Paris, La Découverte, coll. « Textes à l'appui, Enquête de terrain ».

Ribert E. (2009) « À la recherche du sentiment identitaire des Français issus de l'immigration », *Revue française de science politique*, n° 3, p. 569-592.

Rozenberg O. (2009), « L'influence du Parlement européen et l'indifférence de ses électeurs : une corrélation fallacieuse ? », *Politique européenne*, n° 28, p. 7-36.

Schwartz O. (2002), *Le Monde privé des ouvriers*, Paris, PUF.

Simmel G. (1999), *Sociologie : études sur les formes de socialisation*, Paris, PUF.

Smith A. (2002), *La Passion du sport. Le football, le rugby et les appartenances en Europe*, Rennes, PUR.

Katharine **Throssell**

# One thing leads to another: European and National Identities in French school children

*This article aims to contribute to the theoretical understanding of European identity in drawing on material from an original in-depth qualitative study on the learning of the nation by young children in France. It suggests firstly that there seems to be a form of European identity that is operating for these children, but that it is very different to their French national identity. European identity proceeds from a self-identification of the children "as" Europeans and not "with" Europe. For them it is thus a personal identity, which does not refer to a collective, and which feeds on knowledge rather than experience and imagination. The European identity of these children, born in an already integrated Europe, seems to be a continuation of their nationality: they are European because they are French. The fact that these identities appear to differ in both nature and function contributes to their lack of antagonism.*

***De fil en aiguille : l'identité nationale et l'identité européenne chez les écoliers français***

*Cet article se veut une contribution au débat théorique sur la notion de l'identité européenne. Il s'appuie sur des données qualitatives originales et approfondies, récoltées lors d'une enquête sur l'apprentissage de la nation par les jeunes enfants en France. Il suggère qu'il semble bel et bien exister une forme d'identité européenne chez ces enfants, mais qu'elle diffère de manière importante dans sa nature et sa fonction de leur identité nationale. L'identité européenne procède d'une auto-identification des enfants « comme » Européens, et non avec l'Europe. Il s'agit d'une identité individuelle, qui ne renvoie pas à un collectif et se nourrit de connaissance plutôt que d'expérience vécue et d'imagination. L'identité européenne de ces enfants, nés dans une Europe intégrée, apparaît ainsi comme un prolongement de leur nationalité : ils sont Européens parce qu'ils sont français. Les fortes différences de nature entre ces deux identités expliquent leur absence d'antagonisme.*

***politique européenne***, n° 30, 2010, p. 131-152.

European identity is certainly one of the more controversial areas of study relating to Europe. There is contention about whether "European identity" exists (Breakwell, 1996; Duchesne and Frognier, 2005, 5), if it does what it is (Risse, 2003; Bruter, 2004; Castano, 2004; Grundy and Jamieson, 2007; Mumendy and Waldus, 2004; Duchesne and Frognier, 2002, 2005), if it doesn't why it doesn't (Smith, 1993; Murphy, 1999; Breakwell, 2004; Meinhof, 2004,) and what it might eventually evolve to be (Smith, 1992; Habermas, 2001; Nicolaïdis, 2005). However, there is a world of difference between academic writings on an identity that is seen to be evolving, as the European Union itself evolves, and the perceptions of those for whom Europe and being Europe is a given. Indeed, for many children born after the signing of Maastricht Treaty, the European Union, with its symbols, its flag and its currency, are part of the daily landscape. This article proposes to examine the ways in which young children in France understand Europe and whether (and how) they see themselves as European. Given that much of the literature addresses the question of the relationship between European identity and national identity (Smith, 1992; Duchesne and Frognier, 1995; Castano; 2004) this article also looks at the similarities and differences between national (in this case French) and European identification – as it is used as a subjective self-identifier – as well as the interactions and interdependencies between the two.

The interest of approaching this topic via childhood socialisation goes beyond simply charting the opinions of those for whom Europe is unproblematic. Firstly, children are remarkably good at revealing social trends and pressures that adults have perhaps become more adept at concealing. This is because they are in the process of learning and organising their systems of belonging which as such are potentially more easily interrogated than are those of adults – which makes them particularly interesting for the study of identity. Secondly, a number of researchers have underlined the freshness and unpredictability of children's perspectives which, because not yet totally in the domain of "learned responses" can be particularly revealing (Connell, 1971; Coles, 1986; Hengst, 1997). Finally, children develop in interaction with various socialising agents (particularly family, school and the media) and these agents tend to represent, more or less critically, the "common sense" of society, whether it be in terms of identity, norms, values or assumptions. Tensions and changes that are occurring in the wider society are therefore likely to be transmitted, consciously or unconsciously to children as they struggle to integrate different ideas into their evolving vision of the world.

The methodology for this study was specifically developed to address the difficulties of interviewing children. It was based on dual stage semi-directive interviews that mobilised projective materials such as stories, drawings, games and photos to engage the children and keep them interested. Each child was interviewed twice, with roughly a week interval, in order to ascertain the stability of their responses (and the effect of the interview situation), but also to enable further exploration of key issues where necessary. The participating children were all born in France (to French or foreign parents) and efforts were made to ensure the group was socio-economically and culturally diverse. A total of 15 children aged 7-10 years old were interviewed for this project, 7 of whom were girls. This age group was chosen because much of the classical literature on political socialization has tended to focus on older children or adolescents (Percheron, 1974; Muxel 1991), and it was felt there was a need to recognise that younger children also have an important and active role in their own political socialization (which covers the formation of political identities) and their voice ought to be heard in this domain. From our exploratory interviews, it was clear that around the age of 8 the child was generally in a position to reflect critically on questions and articulate meaningful and consistent answers, which nevertheless had the spontaneity and surprise that makes this kind of data so rich. The interviews used in this paper were conducted in the home (subsequent phases of research have included school based observation). Topics covered in the interviews included France and being French, national groups and other countries, politics, elections and war, as well as Europe and being European.

Interviews were also conducted with the children's parents to gain an understanding of the child's home context and the feelings of the parents regarding their own national identity and its transmission. These were not "control" interviews as such, our objective not being to "test" the children's knowledge or identification against that of their parents. It must be stressed that this research is conducted in a purely qualitative framework; our objective is to explore how issues of identity and belonging are articulated by these children and to explore the systems of meaning that accompany these articulations. Therefore we do not pretend that with such a small group we can make large scale generalisations, we simply hope that our data-focused approach will lead us to formulate hypotheses that contribute to the generation rather than simply the evaluation of theoretical understandings of European and national identity.

The way the children's comments are used here reflects the fundamental concern of this article with European identity itself, rather than with the children's development or socialisation. Our approach aims to value the child's perspective on these issues, but the object here is that perspective and not the way in which it is formed. This is why we mobilise the children's interviews here and not those with the parents. This is not to say that the processes of socialisation are unimportant – they are fundamental and central to our research more broadly[1] – we simply focus on a different aspect in this article. Likewise, the children's comments are analysed according to the broad patterns that emerge across the group, rather than in terms of individual (or social) experience. Elsewhere in our research we focus more on the analysis of the "child-in-the-environment", which considers each participating child as a case study – as a person – in a social economical cultural and familial context (Barrett, 2007). However, in this article we chose to concentrate on the broad images of Europe and being European that emerge in these children's comments overall.

Moreover, it appears that this focus on European identity as such is necessary given that many of the previous studies that have aimed to address the question of European identity in youth and childhood, have tended to focus on measuring its development. Often stemming from developmental or social psychology, their focus has been on identity development or cognitive functioning, rather than on the nature (or existence) of European identity itself. Thus these studies have tended not to question the nature or content of this identity and may even reflect problems or assumptions in the concept found elsewhere in the literature. For example, they may adopt the assumption of an incompatibility between national and European identity (Lastrucci, 2002) or treat European identity as essentially geographical and overlook its political aspects (Barrett, 1996), or even evacuate the need to interrogate the notion of European identity entirely and content themselves with

---

[1] The research presented here is part of a broader comparative study on children's national identity in England and France that is currently underway.

observing it (Pergar, Kuscer and Prosen, 2005). Although we take a different approach to this question, we suggest as others do (Barrett,1996; Pergar, Kuscer and Prosen, 2005), that young children seem to have a sense of being European.

In the case of the children we spoke to in France, this identity was observed in the subjective self-categorisation of themselves as *European.* All but two[2] of the children interviewed for this study identified themselves as European in response to the discussion about Europe[3] and sometimes did so spontaneously beforehand. The self-categorisation as "European" combined with its subsequent explanation, indicates that these children have a certain understanding of what Europe is, however partial. Certainly, the assumption that a statement such as "I am European" reflects "proper identification" (Bennett and Sani, 2008) is problematic, and its resolution depends largely on the conceptualisation of identification and categorisation, whether they are considered entirely distinct (Bennett and Sani, 2008), or profoundly connected (Tajfel and Turner, 1979). Self-Categorisation Theory considers the act of self-categorisation to reflect identification with the content of that category, as Breakwell puts it "identification with a category entails self-definition in terms of category characteristics", problematic for the author in the case of Europe because she sees the category as "empty" (2004, 34). Regardless of whether we accept this qualification of emptiness, it is clear that the content of the European category, the imagining of a European group, is a major source of the theoretical debate surrounding this identity. This is largely because we assume identity to imply a clear idea of what we are identifying with.

However, it may be possible to consider the statement "I am European" as indicative of one's identification *as European*, rather than as an identification *with Europe* or *with Europeans*. The distinction between identifying *with* and identifying *as,* discussed by Citrin and Sides (2004, 165) may mean that there is a kind of European identity that rests on individual rather than collective identification: based on an

---

[2] These two exceptions were a child who said she had never heard of Europe at all and who therefore didn't know if she was European (and didn't care), and from a child who although she knew about Europe said she wasn't French and therefore not European.

[3] The prompts for this part of the discussion were: "What can you tell me about Europe? Is it possible to be European? What does that mean? Do you think you are European?" These were used as cues for discussion rather than simple directive questions.

understanding of the characteristics necessary for self-categorisation but lacking in the projection of group membership to others who share those characteristics. This is radically different from that fundamental and much quoted characteristic of national identity – the imagined community (Anderson, 1983). This would suggest that European identity does not function at the same level, or is not the same kind of identity as that stemming from the nation. This possible understanding of European identity has potentially important consequences for its interaction with other identities, particularly national identity, and its function for these children and their vision of Europe.

In our analysis of the material collected in the interviews, several dimensions of the way children referred to themselves as European emerged as key. These elements are relevant for ongoing theoretical discussions on the nature of European identity, as well as its relation to national identity and so each will be discussed in its theoretical context. Here we see that the children used "being European" as a form of individual identification (I), based on learned information about themselves and Europe (II), which in turn influenced their understanding and vision of Europe itself (III).

### *European identity for me not for us*

Possibly the most important distinctions that can be drawn between the way the children referred to their national identity and their European identity, were to do with salience and projection. These children rarely spontaneously described themselves as being "European" (although it did happen in some cases), whereas many did spontaneously refer to their national origin. However, when we discussed Europe more directly, the children would readily describe themselves as European and would even do so with some enthusiasm. That Europe is not something that arises spontaneously in interviews is reflected in other empirical studies of Europe and European identity (Meinhof, 2004). These studies suggest that themes concerning Europe do not tend to surface spontaneously in interviews, despite the fact that they do mobilise opinion and affect when they are discussed directly[4].

---

[4] This is why we chose to begin our discussion of Europe with specific questions (although there were also projective materials designed to encourage elaboration on these questions), *cf.* note 2.

Overall, both identities seem to be something one is born into. However, where French-ness is tied to people and experience (being born in France or having French parents), European-ness is exclusively linked to France. These children's overwhelming explanation for "being European" is the fact that they are French, and France is in Europe. Their connection to Europe is thus a logical extension of their connection to France. Thus we can see that in confirmation with what others (Duchesne and Frognier, 1995; Castano, 2004) have suggested, European identity seems to pass through, rather than run against, national identity. However, although the former does seem to be rooted in the later and they may appear to be nested, upon closer examination there are some profound differences in the ways they are used by the children.

Perhaps the most important difference is who these identities were seen to apply to. As we might expect, the adjective "French" was used to describe the individual but it was also used spontaneously in the plural throughout the interviews to describe the group – "the French". The children used it to count people they knew who were or weren't French, to describe characteristics of the group (the best cooks in the world according to Jérémie, aged 8, the son of a CEO and mother at home). Being "French" is an identity that applies as easily to a group as to an individual, indeed mostly it applies to the individual because it applies to the group and vice versa. This is a typical example of the importance of the collective aspect of national identity – the identification of the self with a national group supposes (as Benedict Anderson so famously theorised, 1983) the imagination of that group as an entity into which one can project oneself. Concretely this means having a mental picture of what this group is like and what it isn't like; an imagining that is clearly at work in the way these children see France.

However, this does not seem to be the case for their identification with Europe. This latter is exclusively used in these interviews to describe either the individual or (in one case) France. The declaration "I am European" does not necessarily imply the existence of a group beyond the direct link between the individual and the entity "Europe" – it does not for example imply the existence of a group of "Europeans". For example, Martin (aged 7, the son of two advertising executives) explains his description of himself as European because he has French parents, was born in France and France is in Europe. Being "European" is here fundamentally – and overwhelmingly – associated with France. Most revealing is that this connection, which seems to pass from the individual, through the nation to Europe, can also be applied to other countries, and thus peoples, accepting for example that sometimes there are English people who are European too (Amélie, aged 7, the daughter of journalists). However, the idea that they (the English) are European and we (the French) are Europeans does not seem to imply that we are all Europeans together – because of the importance of the national group in the link to Europe. Thus the identifier "European" is applied to individuals and national groups but not to an international group of "Europeans".

This evidently seems to emphasise the concomitance and interdependence between national identity and European identity (Duchesne and Frognier, 1995; Castano, 2004). Certainly, that the latter seems, from the study of these interviews, to rely on the former for its existence, is difficult to reconcile with a vision of European identity destined to surpass the nation. However, the lack of a European imagined community that would bring together different national groups, doesn't seem to be a problem for the adoption of this identity on an individual level. These children tended to see being European as a logical extension of their French identity, but which implies nothing more than that, no overarching connexion with an imagined European group. Jérémie for example said that being European meant being part of one of the 26 countries. We can see that even those answers that might imply a European collective are framed in reference to the individual and their country rather than a European group.

The vision of European identity founded on the "family of cultures" (Smith, 1993, 133) or shared culture and history (Dumont, 1999), does not seem to be active in the way these children use and understand "being European". Rather, it seems to reflect the idea of European-ness as being fundamentally plural rather than unified and as such articulated through a belonging to one of several European peoples (Nicolaïdis, 2003), and breaking with the assumption that this is a traditional collective identity inspired by that of the nation. However, this doesn't mean that the referent for this categorisation is empty as has been suggested (Breakwell, 2004), it simply does not have the same kind of foundation as national identity.

### *Europe is easy*

National identification is often characterised by its "banality" and its elusive nature (Billig, 1991; Reicher and Hopkins, 2001). Although this feeling of national belonging seems to be fundamental and obvious, a detailed explanation of exactly what it means is often difficult to articulate, it seems self-evident until directly examined. This was certainly confirmed in the comments of certain children about French national identity. For example Nimo, (aged 8, the son of a documentary maker and an accountant) explained that he couldn't describe what France is exactly: it just is what it is.

In contrast with the difficulty the children had in articulating France, Europe was seen as easy to describe. It elicited factual, learned responses, often drawing on things like the number and names of countries in Europe, the shared currency etc. Their comments about France on the other hand, drew on a range of different types of knowledge including personal experience and stories told by others, as well as school-learnt facts. This meant that discussions about Europe became more a question of getting the right answer – a very different dynamic from the rest of the interview. This could involve listing the countries that were in Europe or which had the euro; for example Aïda (aged 9, the daughter of artists) said that she had written all the countries in Europe down and she had a list so she could easily say what Europe was. By way of contrast, the comments this same girl made about France, although still in a factual (rather than purely evaluative) register are much more personal. For example she says that in France there are many places that she loves, like the Louvre and the Eiffel tower. Her comments about France tended to be more evaluative, more qualitative and more personal that those about Europe.

There is a distinction to be made between associations that are based on the logical application of learnt formula and those that are based on experiences or personal relationships which is made clear in the way these children use these identities. For example, Europe tended to illicit responses such as - "it's a continent"[5] (Vincent, 9 the son of a single mother who works in administration), a comment that was very frequent among the children, or "it's like a country but very, very big,

[5] « C'est un continent ».

with other countries in it"[6] (Mathilde, 9, whose parents work in low-paid clerical and security jobs), or "it has a flag, it's blue with lots of little stars"[7] (Justin 7, single mother who is a CEO). France on the other hand was associated with more emotive and personal comments such as "long live France, France is good"[8] (Nimo) or "it's pretty, I like France it's my country"[9] (Ariane, aged 9, whose parents are both senior managers).

If Europe was "easy" for those who had learned it, it was not easy for everyone; two of the children had little or no idea of what it was, one saying "I don't know, I've never been to Europe, it's far away" (Fatimatou, age 7, whose parents are both immigrants from the Ivory Coast who work as cleaners). Bina (aged 8, whose parents are immigrants from India and whose father is a tailor) had heard of Europe and saw it as being deeply connected to France, but ended up terribly confused trying to articulate the relationship between them: "Europe is all of France, it's more than France… it's all of the countries and all of France... it's big, with lots of countries, not all the countries, but in France there are other countries, if you go to Germany you're still in France, and England, right?"[10]. This same confusion related to embeddedness was also demonstrated by Justin, a child of an upper middle class family whose mother (a CEO) appeared reasonably knowledgeable and interested in Europe, as did his older brother (Marc aged 10). This may suggest that this confusion is simply due to age (which we may link to the importance Piaget accorded to the ability to understand geographical hierarchies, Piaget 1951) as these children are also amongst the youngest of the group. However, there are two counter examples to this hypothesis; Martin and Amélie, both also 7 years old, who have a clear idea of what Europe is and what it means to be European.

An alternative hypothesis for the explanation of the confusion in these children could be that the latter is due to socio-economic factors. Indeed, where the children demonstrated this kind of confusion or lack

---

[6] « C'est comme… c'est un pays mais en très très très grand avec plusieurs pays dedans ».

[7] « Il y a un drapeau, c'est bleu avec plein de petites étoiles ».

[8] « Vive la France, la France est bien ! ».

[9] « C'est joli, j'aime bien la France, c'est mon pays ».

[10] « L'Europe, c'est toute la France, c'est plus que la France, c'est tous les pays et toute la France… c'est grand, il y a beaucoup de pays, pas tous les pays, mais dans la France il y a des pays… si on part en Allemagne, c'est quand même en France, et l'Angleterre, non ? »

of knowledge, the parents were also either lacking in knowledge or lack of interest (with the exception of Justin). This reflects the possibility that this confusion or lack of interest in Europe may also be due to socialisation factors linked to the social situation of the family. This would sit well with the much explored hypothesis in the literature that Europe is a concern of elites (see the article by Duchesne, Haegel, Frazer, Van Ingelgom, Garcia and Frognier in this issue). Although this group is too small to draw any conclusions on this point, it may suggest that socio-economic factors, as well as parent's education and interest in Europe may be important in the development of children's sense of being European. It is logical that this should have an important impact given what we know about the essential role of parents in helping children interpret and internalise elements of information learnt in school or acquired elsewhere (Corsaro, 2005; Lemish, 2006).

That European identity may depend more on "learning" does not imply any kind of diametrical opposition with national identity, as comments about France draw on information that is learnt and applied, and comments about Europe are not void of affect. However, it is clear that comments about France are accompanied by significantly more elements of personal experience, affective links to significant others and so forth. However, it does not follow that the categorisation of oneself as European must be necessarily superficial. Lack of personal association does not necessarily imply a lack of attachment or an empty identification. Of course, gauging the meaningfulness of categories is extremely difficult, which is why one of the tasks used in the interview was designed to specifically gauge relative attachment to different symbolic elements in the child's environment and to do so non-verbally. The child was asked to place a number of picture cards around a drawing of him/herself, putting things that s/he liked very much very close to the self, and things disliked or hated as far away as possible and to explain why as they did so. The children were then asked in the next session what they remembered from this activity. This follow-up served to evaluate to what extent the placement had been meaningful for the child. During this activity many children demonstrated clear affection for Europe (the European symbols were a map and a flag of Europe).

Benoît, aged 8, the son of an architect and a musician, for example demonstrated both a logical projection from being French to being European and strong affective reactions to Europe. During the interviews he said that Europe is a continent and that France is in Europe, so that if you are French you are also European, adding that he liked Europe very much. This affection was confirmed by his placement of Europe during the picture card task, in which he put the symbols of Europe amongst his most liked things and in the next session remembered having put them there (which suggests the placement was more than just chance). Another example of this combination of logical self-categorisation and affective response is Aïda, who probably had the most detailed and school based knowledge of Europe (it was she who boasted about having the list of countries referred to earlier). Yet she also saw France and Europe as intricately connected, even confusing some of their symbols (she sees Marianne as a symbol for Europe). During the picture card task she also put the European symbols close to her and remembered putting them there. However it is worth noting that she is one of children who demonstrated the most attachment to France in both her overt pride of and preference for her country. Unlike all the other children who said it would be worse to burn the European flag than the French flag because Europe is bigger and would hurt more people, she said that the French flag would be worse because France is a rare country.

This indicates just how complicated the relationship between knowledge and affect is. Founding one's identity on the application of rules (such as France is in Europe therefore...) rather than on personal experience by no mean implies indifference or dislike, indeed it is possible that the children respond positively to Europe and the idea of being European because they have ready responses to it. It also suggests that affect for France is not incompatible with affect for Europe, possibly even necessary for it.

One curious example of this was Vincent (nearly 10, the son of a single mother who works in administration), who demonstrated strong positive affect for Europe that he explained by his strong negative affect for France. He said that he loves Europe and hates France – although he only hates France because of M. Sarkozy for whom he as an extreme antipathy (which he apparently learnt from his mother). He said for example that in the absence of Sarkozy, France would be the most important thing for him, in the projective exercise he expressed this by putting the card for France over the top of the image of himself – to indicate an extremely strong connection. Thus he may have even seen this as a temporary shift in affection, using Europe as an affective replacement for France whilst the latter was unavailable for political reasons. He described Europe as a continent with other countries in it, and saw it as being deeply connected to France – when asked to draw things we might use to recognise France, he drew "stars for Europe"[11] – indeed it is this connection that allows him to project his affection for France onto it. Thus it seems that his attachment for Europe is in this case based on its deep association with France as well as his own tumultuous relationship with his country.

### *Europe unbounded*

A direct implication of the absence of an imagined European group and the idea that European-ness comes from the connection between countries rather than people, concerns the role of the other. This mythical figure which by opposition traditionally serves to unify the national "we" is seen as fundamental for theorists in social psychology but is also used by political scientists (most famously by Carl Schmitt). Thus, in the studies on European identity there is a tendency to look for an "other", either consolidating Europe from without, or destabilising Europe from within (Wodak, 2004, 123; Risse, 2004).

However it is interesting to note that in these interviews, because "European" is used as an individual rather than a collective identity, there is logically no apparent border between "us" and "them". When asked who is in Europe or who could be in Europe, the answers were often extremely broad. For all their factual knowledge of the European Union several children thought Australia was in Europe. Even if this were due to a desire to include the interviewer (Australian) in the group, the fact that this didn't pose a problem is indicative of how unrestrictive Europe appears to be. In terms of other potential European countries, decisions to include or not include were generally made on geographical criteria – which didn't necessarily apply to the Australian example simply because many children evidently didn't know where Australia was and described it as "close". America for example was seen as complicated because of its remoteness; several children used images of physically dragging America into Europe to show that such a thing wouldn't be

---

11 « Des étoiles, pour l'Europe ».

possible. For some children however there was more evidence of inclusion being based on collective decision making between countries already in Europe: for Ulrich (aged 9, the son of artists) Egypt could enter Europe if everyone agreed it was a good idea. This indicates an awareness of Europe as something more than a geographical entity, and even perhaps the decision making processes in the European Union, but it clearly reflects the pre-eminence of the nation in this. But it is possible to read the potential inclusion of countries that are both similar and foreign – such as Australia or America – or the perceived importance of the member countries' agreement on new members, as an indication that there may indeed be some content to this "empty" container (Breakwell, 2004). It is possible that being European may mean simply belonging to a country one knows to be "in Europe" without implying anything in terms of culture or essence of the European group. Yet this does not exclude the possibility that for some children Europe itself may have other connotations in terms of "western culture" or democracy that are not necessarily conferred on those who are "Europeans".

If "being European" is a personal rather than a collective identity then the need for boundaries is defunct – there is no relevant outgroup to speak of. Thus, these children seem to see being European as significantly less exclusive than being French – which is in contrast based on being born in France, having French parents or even being white. Moreover, given that an important aspect of the process of European integration was the construction of Europe as a "normative order" composed of values such as peace, democracy and human rights (Gillespie and Laffan, 2006), it is important to notice that these values (with the possible exception of peace which is commonly seen as a reason for unification) do not even figure in the comments of the children, much less enable them to distinguish insiders from outsiders. This is likely to be due to the way in which Europe is taught in primary school. According to recent research on the question (Bozec, 2007) Europe is generally approached from a geographical perspective, with individual teachers choosing whether to discuss Europe as a Union of countries and the historical reasons and goals of that union (this is generally introduced in the later years of primary school). Certainly it seems that the French curriculum does not stress the teaching of Europe as a group of like countries with a common history or culture or values (Bozec, 2007), which might explain why these children don't use this as a barrier to exclude.

Other theorists have a slightly different reading of the way in which Europe is taught. In her review of school textbooks in France, Germany and the UK, Soysal (2003, 2004) observed that Europe is described as being founded on peace and civic ideals but that these fundamental principles are also seen as universal. Thus unlike nations, Europe does not engage in wilful othering, it defends European values such as democracy wherever it may, and in the process it endeavours to wipe clean the past of former others – such as the Vikings and other key figures of national animosity. Major national events (such as the French revolution or the conflict over Alsace-Lorraine) are thus seen essentially within the European context and are thus void of any specificity or uniqueness. However, it is possibly because these events are "normalised" in the telling, and the values associated with Europe are simultaneously said to be universal, that the children don't use them as a criteria for defining Europe, or a European ingroup.

Curiously enough, the ambiguity between the universal and the particular that appears when the ingroup is associated with a particular vision of universal values is also present in the comments of the children regarding France. It may be therefore linked to French republican national identity and the importance of universalism. This connection would help us understand why many of the studies on European identity in France document a certain ease with which the French extrapolate from France to Europe, seeing the latter almost as a direct continuation of France (Chryssochoou, 1996; Duchesne, 2006). Soysal also underlined that unlike in other European countries, in French textbooks Europe is on equal footing with the nation. She suggests that Europe is portrayed as French, by implication an extension of the nation (Soysal, 2003, 64). This is an example of the extent to which the national context "frames" the ways in which we learn to perceive and understand Europe and being European (Diez Medrano, 2003).

### *Conclusion*

Here we have observed a form of European identity that appears to be at once deeply linked to national identity and to be of a very different nature. The European identity that is manifested by these children is clearly not of the same stuff as national identity. As we have seen it here, it is not imagined as a community but rather as a characteristic of the self, it is not seen as limited, nor as sovereign (to the extent that the nations still play a major role in decision making for the children) (Anderson, 1983, 7). Moreover, after initial assumptions that these identities would necessarily be in conflict, increasingly the shift is towards recognising that these are not entities of the same nature (Nicolaïdis 2003, 2005), which helps explain why they are more complementary than antagonistic (Duchesne and Frognier, 1995; Castano, 2004).

This project has allowed us to make several interesting observations regarding European identity. The first evidently is that it does exist for these children, and not just as linked to some future entity but linked to a Europe that is for them as real as France (although undoubtedly less present in their daily lives). This is why we have chosen to privilege the term "identity" over "identification" despite the theoretical discussions that have favoured the latter in order to emphasise the idea of a "process" (Duchesne and Frognier, 2007, 2). Here we are precisely trying to show that the opposite is true; French children learn that they are European because France is in Europe in a natural logical formula that is as unchangeable, as unquestionable as their being French. They do not know, for the most part, that Europe is being constructed, or that it is fragile. They were born into it as surely as they were born French, and that is how they see it, just another element of their world and part of who they are.

The most fundamental of the differences that emerged between national identity and European identity was that in the context of these interviews, European identity did not appear to refer to a collective. It was exclusively used to link the individual with Europe, always drawing on the nation and national identity to do so. It was not used to refer to the group of people who live in Europe, in the same way that "the French" refers to the people who live or were born (depending on the criteria given by the children) in France. This means that such central aspects of national identity as boundedness and membership of a political community don't seem pertinent to European identity as it is manifested here. This seems to reflect much of the literature on

European identity that emphasises the role of the connection between nations, as Europe being a "union of peoples" of "demoi" (Nicolaïdis, 2003). However, it is important to emphasise that although this might suggest the primacy of the national framework, it doesn't negate the existence of a functioning form of European identity in these children.

To once again take up the distinction made by Citrin and Sides (2004) we might say that these children identify *as* European but they identify both *as* and *with* the French. This is because the latter is imagined as a group into which the self might be projected whereas the former is an identity that applies to the self because certain logical criteria are met (such as "belonging" to a member country). We might even be able to go further and suggest that this is because these two entities exist differently for the children. Europe exists because it is definable, taught and learnt as a continent or a number of countries grouped together, with symbols that accompany it. France exists because it is imagined, it is experienced and narrated in a way that Europe isn't – for the moment.

In his article "Rethinking the concept of European identity" (1999), Alexander Murphy suggests that if we consider European identity less in state based terms we might see the concept have more salience. He suggests that "a growing number of Europeans are thinking of Europe as a meaningful social-territorial construct albeit not as a super-state" (1999, 54) and argues that we should open up the idea of European identity to move away from identities that are "analogous with the State" (1999, 61). This would mean seeing it rather as referring to an idea of Europe that is deeply embedded in contemporary cultural, social, economic and political discourses and that is, as a result, an object to which identity can be attached. What is clearly missing here is the idea that these contemporary discourses are nationally focused and constructed, they thus guide an identification with Europe that is "framed" by the nation (Diez Medrano, 2003). It may be cultural or political, or both, but it is above all likely to be rooted in and to reflect a national project.

We have seen that national paradigms are insufficient for understanding European identity because of the differences between these two entities; yet they are also so profoundly linked that it would be impossible to understand European identity without reference to the nation, national identity and the national context. This somewhat paradoxical situation makes European identity difficult to grapple with certainly.

However, the danger is that we fail to recognise this as a form of identity because it does not conform to the schemas we know well. Being European does seem salient for these children so ignoring it or deeming it to be somehow non-valid because it doesn't follow the same patterns as national identity, would be to do an injustice to these individuals who clearly see themselves as European. It would also limit our understanding of what it means to be European today. An over expectation that European identity should adopt the forms and characteristics of national identity would be to potentially ignore its specificities and the ways in which it coexists with and is nourished by national identity.

## APPENDIX

### Graph of the social situation and age of participants

These are estimates based on the interviews and observation of the family home.
**Cultural capital** - parents' education, access to books, television, types of toys available (imaginative, intellectual, electronic), cultural references (museums/ literature/general knowledge).
**Economic capital** - parents' professions, location, type and comfort of residence.

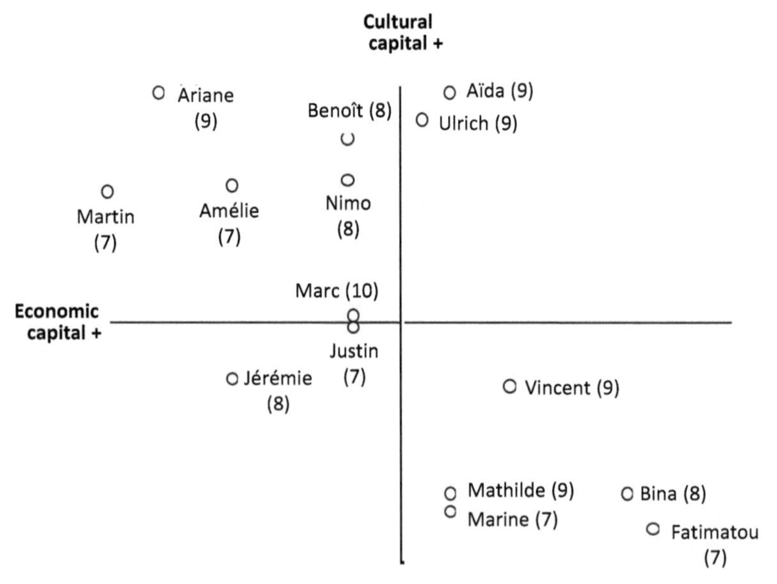

## *References*


Anderson, B. (1983). *Imagined Communities.* London: Verso.

Barrett, M. (1996). "English Children's Acquisition of European Identity" in G. Breakwell and E. Lyons (eds.), *Changing European Identities: Social Psychological Analyses of Social Change.* Oxford: Butterworth-Heinmann.

Bennett, M. and Sani, F. (2008). "Social Identities in Childhood: When does the Group become a Part of the Self-concept?", *Social & Personality Psychology Compass,* 2: 1281-1296.

Billig, M. (1995). *Banal Nationalism,* London: Sage.

Bozec, G. (2007). "L'Europe et les Européens à l'école : des 'nous', des 'autres', des absents? », *Deuxième colloque de la SEE - Grenoble, les 6 et 7 décembre.*

Breakwell, G. M. (1996). "Identity Processes and Social Changes" in G.M. Breakwell and E. Lyons (eds.), *Changing European Identities: Social Psychological Analyses of Social Change.* Oxford: Butterworth-Heinmann.

Breakwell, G. M. (2004). "Identity Change in the Context of the Growing Influence of European Union Institutions", in R. K. Hermann, T. Risse and B. M. Brewer (eds.), *Transnational Identities: Becoming European in the EU.* Oxford: Rowman and Littlefield.

Bruter, M. (2004). "On What Citizens Mean by Feeling 'Europea': Perceptions of News, Symbols and Borderless-ness", *Journal of Ethnic and Racial Studies,* 30, 1: 23-39.

Castano, E. (2004). "European Identity: a Social-psychological Perspective", in R. K. Hermann, T. Risse and B. M. Brewer (eds.), *Transnational Identities: Becoming European in the EU.* Oxford: Rowman and Littlefield.

Chryssochoou, X. (1996). "How Group Membership is Formed: Self categorisation or Group Beliefs? The construction of European Identity in France and Greece", in G. Breakwell and E. Lyons (eds.). *Changing European Identities: Social Psychological Analyses of Social Change.* Oxford: Butterworth-Heinmann.

Cinnirella, M. (1996); "A Social Identity Perspective on European Integration", in G. Breakwell and E. Lyons (eds.) *Changing European Identities: Social Psychological Analyses of Social Change.* Oxford: Butterworth-Heinmann.

Citrin, J. and Sides, J. (2004)."More than Nationals: How Identity Choice Matters in the New Europe" in R. K. Hermann, T. Risse and B. M. Brewer (eds.), *Transnational Identities: Becoming European in the EU.* Oxford: Rowman and Littlefield.

Connell, R. (1971). *The Child's Construction of Politics.* Melbourne: Melbourne University Press.

Conner, W. (2003). "When is a Nation?", *Ethnic and Racial Studies,* 13, 1: 92-103, january.

Deloye, Y. (1997). *Sociologie historique du politique.* Paris: La Découverte.

Diez Medrano, J. (2001). "Nested Identities: National and European identity in Spain" *Ethnic and racial studies*, 24, 5: 753-778.

Diez Medrano, J. (2003). *Framing Europe*. Princeton: Princeton UP.

Duchesne, S. and Frognier, A.-P. (2002). "Sur les dynamiques sociologiques et politiques de l'identification à l'Europe", *Revue française de science politique*, 52, 4: 355-373.

Duchesne, S. and Frognier, A.-P. (2008). "National and European Identifications: A dual relationship". *Comparative European Politics*, 6: 143–168.

Duchesne, S. (2008). "Waiting for European Identity... Preliminary thoughts about the identification process with Europe", *Perspectives on European Society and Politics*, 9, 4: 397-410.

Duchesne, S. and Van Ingelgom, V. (2008). "L'indifférence des Français et des Belges (francophones) pour leurs voisins européens : une pièce de plus au dossier de l'absence de communauté politique européenne ?", *Politique européenne*, 26: 143-164.

Dumont ,G. F. (1999). *Les Racines de l'identité européenne.* Paris: Economica.

Gillespie, P. and Laffan, B. (2006). "European Identity: theory and empirics" in M. Cini and A. Bourne A (eds.), *Palgrave Advances in European Studies.* Basingstoke: Palgrave Macmillan.

Grundy, S. and Jamieson, L. (2007). "European Identities: from Absent-minded Citizens to Passionate Europeans", *Sociology*, 41: 663 - 680.

Habermas J. (2001). "Why Europe Nees a Constitution", *New Left Review,* september-october, accessible atwww.newleftreview.org/?getpdf=NLR24501

Haas, E. B. (1993). "Nationalism: An Instrumental Social Construction", *Millennium Journal of International Studies,* 22, 3: 505-545.

Hogg M., Terry D. and White K. (1995). "A Tale of Two Theories: A Critical Comparison of Identity Theory with Social Identity Theory", *Social Psychology Quarterly*, 58, 4: 255-269, december.

Kastoryano, R. (2000). "Des multiculturalismes en Europe au multiculturalisme européen", *Politique étrangère*, 65, 1: 163-178.

Lacroix, J. (2004). *L'Europe en procès : quel patriotisme au-delà des nationalismes ?.* Paris: Éditions de Cerf.

Lastrucci, E. (2002). "Youth and European Identity", in E. Nassman and A. Ross (eds) *Children's understandings of the New Europe.* Oakhill: Trentham Books Ltd.

McLaren, L. (2006). *Identity Interests and Attitudes to European Integration.* Basingstoke: Palgrave Macmillan.

Meinhof, U. H. (2004). "Europe Viewed from Below: Agents, Victims and the Threat of the Other", in R. K. Hermann, T. Risse and B. M. Brewer (eds.), *Transnational Identities: Becoming European in the EU*. Oxford: Rowman and Littlefield.

Mummendey, A. and Waldzus, S. (2004). "National Differences and European Plurality: Discrimination or Tolerance between European Countries", in R. K. Hermann, T. Risse and B. M. Brewer (eds.), *Transnational Identities: Becoming European in the EU*. Oxford: Rowman and Littlefield.

Murphy, A. (1999). "Rethinking the concept of European Identity", in G. H. Herb (ed.), *Nested Identities: Nationalism Territory and Scale*. Oxford: Rowman and Littlefield Inc.

Muxel, A. (1991). « Le moratoire politique des années de jeunesse », in A. Percheron and R. Rémond, *Âge et Politique*. Paris: Economica, 203-232.

Nicolaïdis, K. (2003). "Our European Demoi-cracy: Is this constitution a third way for Europe?", in K. Nicolaïdis and S. Weatherill (eds.), *Whose Europe?, National Models and the Constitution of the European Union*. Oxford: Oxford University Press.

Nicolaïdis, K. (2005). "UE: Un moment Tocqueville", *Politique étrangère*, 3: 495-509.

Piaget, J. (1951), "Le développement, chez l'enfant, de l'idée de Patrie et des relations avec l'étranger", *Bulletin international des sciences sociales,* 2: 561-58, automne.

Percheron, A. (1974). *L'Univers politique des enfants*. Paris: Presses de la Fondation nationale des sciences politiques-Armand Colin.

Percheron, A. (1993). *La Socialisation politique,* textes réunis et présentés par N. Mayer et A. Muxel, Paris: Armand Colin, coll. "Sociologie".

Pergar Kuscer, M. and Proser, S. (2005). "Different Identities in Primary School Children", in A. Ross *et al.* (eds.), *Emerging Identities Among Young Children: European Issues*. Stoke-on-Trent: Trentham Books Ltd.

Reicher, S. and Hopkins, N. (2001). *Self and Nation: Categorisation, Contestation and Mobilisation*. London: Sage.

Risse, T. (2002). "Nationalism and Collective Identities: Europe versus the Nation State", in P. M. Heywood, E. Jones and M. Rhodes, *Developments in European Politics,* 2, Basingstoke: Palgrave Macmillan.

Risse, T. (2003)). "European Institutions and Identity Change: What have we learned?" available at http://web.fu-berlin.de/atasp/texte/030730_europeaninstandidentity_rev.pdf

Soysal, Y. (2003). "European Identity and Narratives of projection", in K. Nicolaïdis and S. Weatherill, *Whose Europe? National Models and the Constitution of the European Union*. Oxford: Oxford University Press.

Soysal, Y. and Schissler, H. (2004). *The Nation, Europe and the World,* New York: Berhghan Books.

Smith, A. (1992). "National Identity and the Idea of European Unity", *International Affairs*, 61, 1: 55-76.

Smith, A. (1993). "A Europe of Nations or the Nation Europe?", *Journal of Peace Research*, 30, 2: 129-135.

Smith, A. (1991). *National Identity.* Reno: University of Nevada Press.

Tajfel, H. (ed.) (1982). *Social identity and Intergroup Relations.* Cambridge: Cambridge University Press.

Géraldine **Bozec**

# L'Europe au tableau noir. Comment les instituteurs français enseignent-ils l'Union européenne aujourd'hui ?[1]

*Cet article propose une analyse de la manière dont l'Union européenne est enseignée aujourd'hui par les instituteurs français. Il montre que les programmes scolaires ne mettent pas en relief l'Union européenne comme communauté politique, la présentant essentiellement comme une collection de pays sans signification spécifique. Ils ancrent de manière prévalente le cadre national dans les repères des enfants, tout en faisant une nouvelle place à un universalisme associé désormais au monde entier. Les instituteurs témoignent du même tropisme national dans leur enseignement, mais cette attitude relève avant tout de routines professionnelles car des clivages idéologiques importants existent entre eux sur la nation et sur son importance. Des différences d'attitudes envers l'Union européenne sont aussi repérables, mais elles se heurtent au poids des programmes scolaires et des ouvrages pédagogiques, au refus de faire entrer la politique dans la classe et au caractère relativement flou du projet européen aux yeux des instituteurs. Au final, ces logiques combinées rendent l'UE difficile à traduire sur un plan pédagogique autrement qu'en la présentant à travers les pays qui la composent.*

**_Europe on the blackboard._**
**_How do French primary teachers teach the European Union today?_**

*This article offers an analysis of the way French primary teachers teach Europe today. It shows that the school curriculum does not emphasize the EU as a political community, but rather presents it as a collection of countries without a specific signification. The curriculum emphasizes the prevalence of the national frame in the*

[1] Je tiens tout particulièrement à remercier Sophie Duchesne, pour ses lectures attentives et ses commentaires sur ce texte. Je remercie également Sylvie Strudel, pour ses remarques sur la toute première version de ce texte, présenté au deuxième colloque international de la Section d'études européennes de l'Association française de science politique, intitulé « Amours et désamours entre Européens. Pour une sociologie politique des sentiments dans l'intégration européenne » (Grenoble, 6-7 décembre 2007).

*orientations of children, whilst according a new place to a vision of universalism now related to the global world. The teachers themselves demonstrate this same orientation towards the national level in their teaching, but this attitude is more a result of professional routines because significant ideological cleavages exist between them concerning the nation and its importance. It is also possible to identify different attitudes towards the EU, but these attitudes come into conflict with the weight of the school curricula and teaching materials. They also conflict with the essentially blurry notion of the European project in their eyes and the refusal to engage in politics in the classroom. Finally, the combination of these different rationales renders the EU difficult to transpose into a pedagogic project beyond simply presenting it via its different constituent countries.*

## *Introduction*

Le système éducatif a joué un rôle décisif, en France comme ailleurs, dans la formation et le renforcement de l'État nation (Green, 1992). Servant l'essor du capitalisme (Gellner, 1989), le développement d'une culture nationale par l'école visait également un objectif politique : définir l'espace et les formes du pouvoir et de l'identité politiques en encourageant une allégeance nationale et en familiarisant les élèves avec leur futur rôle de citoyens (Déloye, 1994, 2007 ; Thiesse, 2001, 240-242). Cette mission de l'école a pris un relief particulier en France. Conçue comme un microcosme de l'espace public légitime, l'institution scolaire a été un des lieux centraux où se sont cristallisés les conflits sur le régime politique, et au-delà, sur la définition de la citoyenneté et de la nation (Déloye, 1994).

Réaffirmée avec force un siècle plus tard, à partir des années 1980, la mission civique de l'école française s'inscrit aujourd'hui dans un contexte très différent. La construction européenne, mais aussi la mondialisation et l'essor des discours et des mobilisations relatifs aux droits de l'homme tendent à élargir l'espace de l'identité et de l'action civiques des citoyens. L'orientation nationale de la socialisation civique scolaire se trouve ainsi questionnée (Schissler et Soysal, 2005).

Les interrogations sur la contribution de l'école au développement de la citoyenneté européenne se sont multipliées, au niveau communautaire et national, particulièrement depuis les années 1990 qui ont vu la consécration officielle d'une « citoyenneté de l'Union ». Les institutions communautaires se sont saisies du sujet de l'éducation à la citoyenneté européenne avec beaucoup de prudence, tant les réticences des États membres à l'égard d'un domaine – l'éducation – touchant à la construction de leur identité culturelle et politique étaient fortes. Pour autant, elles ont tenté de soutenir des actions éducatives, à partir de la fin des années 1980, permettant de renforcer la « *dimension européenne dans l'éducation* » et notamment la sensibilisation des enseignants et des élèves à l'identité et à la citoyenneté européennes[2]. (Baeyens, 2000 ; Girod, 2006).

Comment les autorités éducatives et les enseignants français se sont-ils adaptés de leur côté à cette nouvelle réalité constituée par la construction européenne et le développement d'une citoyenneté européenne ? La présente analyse[3] porte sur la manière dont l'Union européenne est enseignée dans les dernières classes du primaire[4], en s'intéressant en premier lieu aux disciplines scolaires qui ont été au cœur de l'élaboration du message civique délivré par l'école : l'histoire, la géographie et l'éducation civique.

Le contenu civique de l'enseignement élémentaire est plus rarement étudié que celui de l'enseignement secondaire. Pourtant, sans préjuger du maintien à l'identique des représentations et des attitudes qui se forment pendant l'enfance, on peut faire l'hypothèse, en raison même de leur antériorité, qu'elles ont un poids non négligeable sur la socialisation politique future (Percheron, 1978, 11-46). Peut-on donc relever, chez les acteurs scolaires, une volonté de promouvoir l'Europe dès l'école élémentaire comme nouvel espace d'identité et de citoyenneté

---

[2] La résolution adoptée par le Conseil des Ministres de l'éducation de la Communauté européenne en 1988 (*Journal officiel*, n° C 177 du 06/07/1988, p. 0005-0007) est la première à reconnaître officiellement la nécessité de « renforcer chez les jeunes le sens de l'identité européenne » et à énoncer des mesures en la matière.

[3] Elle s'appuie sur les résultats d'une recherche doctorale en cours qui porte plus globalement sur le type de communauté politique qui est valorisée à l'école élémentaire, à travers les discours des acteurs du champ éducatif et les instructions officielles d'une part, les perceptions et les pratiques des instituteurs d'autre part. Pour plus de détails, voir la thèse en cours d'achèvement (titre provisoire : *La République sur ses gardes. L'apprentissage de la citoyenneté à l'école élémentaire dans les discours et les pratiques contemporains*, thèse pour l'obtention du doctorat de science politique, Institut d'études politiques de Paris).

[4] Ce sont les programmes de 2002 qui sont ici au cœur de l'analyse. Ils étaient en effet en vigueur au moment où l'enquête de terrain auprès des enseignants a été réalisée. Le champ d'étude est restreint au cycle 3 (CE2, CM1, CM2) ; l'histoire et la géographie n'existent pas en tant que telles, comme véritables disciplines, avant le CE2.

communes ? Hier hussards de la République, les instituteurs sont-ils devenus aujourd'hui des militants de l'Union européenne ?

Avant d'examiner leurs pratiques d'enseignement et d'essayer d'en rendre compte, on présentera un des éléments centraux susceptibles d'informer ces pratiques : ce qui leur est prescrit en la matière par les instructions officielles. Comment les programmes scolaires traitent-ils de l'enseignement de l'Europe ?

## *L'Europe dans les programmes scolaires*

### *Une collection d'États*

Les contenus de l'enseignement primaire ont peu évolué de la Troisième République aux premières décennies qui ont suivi la Deuxième Guerre mondiale. L'une des finalités majeures de cet enseignement était de diffuser une connaissance globale de la nation et de promouvoir l'attachement envers celle-ci (Ozouf, 1964 ; Fumat, 1978). L'histoire enseignée véhiculait l'idée d'une France immémoriale, enracinée dans une origine gauloise, élargissant progressivement son espace grâce aux rois bâtisseurs de territoire et d'État, et devenant à partir de la Révolution l'incarnation, privilégiée entre les nations, des principes démocratiques et des droits de l'homme (Citron, 2008 ; Ferro, 1981 ; Nora, 1986 ; Perrot, 1973). L'éducation civique visait quant à elle à inculquer certaines vertus de la morale individuelle et à encourager l'attachement à la patrie et les devoirs envers celle-ci (Déloye, 1994 ; Baubérot, 1997). De son côté, la géographie scolaire apprenait aux enfants à reconnaître un espace national bien délimité, varié d'un « petit pays » à l'autre, mais profondément uni (Chanet, 1996 ; Dancel, 1999 ; Thiesse, 1997).

Entre 1969 et 1980, l'histoire, la géographie et l'éducation civique, ont été regroupées dans un vaste ensemble dénommé « activités d'éveil » (avec les sciences expérimentales, les disciplines artistiques et manuelles). Leur contenu est resté sans programme précis pendant toute cette période et, de fait, elles étaient moins enseignées qu'auparavant (Girault, 1983). À partir des années 1980, elles sont restaurées comme enseignements

[5] Pour ce qui concerne l'éducation civique, elle est revalorisée dans le cursus scolaire par Jean-Pierre Chevènement en 1985. Depuis, sa place dans les enseignements de l'école élémentaire a constamment été mise en avant.

spécifiques à l'école élémentaire, dotés d'horaires et de programmes spécifiques[5]. Le thème de l'Europe fait son entrée dans le curriculum scolaire à cette époque, dans les trois disciplines. Mais dans le cadre de programmes traitant essentiellement de la France, il demeure très périphérique.

Une dizaine d'années plus tard, alors que l'idée de citoyenneté européenne vient d'être consacrée par les institutions communautaires, la situation a peu évolué. Les programmes adoptés en 1995 mentionnent « *la construction européenne* » ou « *l'Union européenne* » (MEN, 1995, 68-70) sans les décrire davantage et préciser leur sens. Compte tenu de leur caractère sommaire (à l'image de la plupart des programmes scolaires), cela n'est pas surprenant ; néanmoins, leur contenu indique assez clairement que l'UE n'y est pas conçue comme un sujet majeur et qu'elle n'est pas présentée comme une nouvelle communauté politique. Une place prépondérante continue d'être accordée à l'étude de la France en histoire et en géographie. En outre, dans le programme de géographie, l'UE n'est pas privilégiée par rapport à l'étude du continent européen dans son ensemble. L'UE est aussi strictement arrimée au principe national. Les intitulés des sections où le thème est présent – « *Le XXe siècle (1914-19...) : la France dans un monde bouleversé* » pour l'histoire (MEN, 1995, 68) et « *La France en Europe* » pour la géographie (MEN, 1995, 70) – témoignent en effet d'un regard qui reste franco-centré. En géographie, il s'agit de « *montrer* [l'] *intégration* [de la France] *dans l'Union européenne* ». C'est la France qui appartient à l'UE : les Européens comme co-citoyens ne constituent pas un groupe identifiable. Les élèves doivent étudier « *la carte de l'Europe* », savoir délimiter « *l'Union européenne* » et identifier les « *États européens* » (MEN, 1995, 70). L'UE (comme le continent européen) est ainsi étudiée à travers ses États, dans une conception qui reste centrée sur l'État nation. Elle n'apparaît guère comme une nouvelle forme de communauté politique : le thème est singulièrement absent du programme d'éducation civique.

Les programmes scolaires publiés quelques années plus tard, en 2002, marquent une certaine évolution. L'une des nouveautés de ces programmes est de faire une place plus explicite et plus forte qu'auparavant à une dimension européenne et mondiale. Cela se marque notamment dans les intitulés de certaines sections des programmes, qui cessent de faire référence à la France : en histoire, le « *XXe siècle et le monde actuel* » (MEN, 2002a, 214) remplace « *la France au XXe siècle* » ; en géographie une section s'intitule « *Espaces européens, une diversité de paysages* » (MEN, 2002a, 214), au lieu de « *la France en Europe* », titre utilisé en 1995. En continuité avec ces intentions globales, l'Union européenne acquiert plus de place dans les contenus d'enseignement : son étude est réintroduite en éducation civique ; elle est accrue et précisée en géographie.

Néanmoins, des continuités importantes existent entre ces textes récents et les programmes scolaires antérieurs. En effet, si la place de l'Union européenne dans les programmes s'accroît, elle reste limitée. Aucune grande section ne lui est spécifiquement consacrée. En géographie, le thème demeure traité parallèlement à l'ensemble du continent européen. L'étude de l'UE doit en outre rester « *sommaire* ».

L'Union européenne continue également d'apparaître dans les textes de 2002 comme un groupe d'États, dont le sens demeure indéfini. La brièveté qui caractérise la manière dont sont habituellement décrits les sujets d'étude dans les programmes scolaires n'est pas seule en cause. Les programmes de 2002 sont plus détaillés que les précédents et ils sont aussi accompagnés de documents d'application en histoire et en géographie. Or ces derniers ne donnent pas d'indications plus précises sur la nature et le sens de l'UE : ils la définissent comme un « *projet économique et géopolitique* », sans plus de commentaires (MEN, 2002b, 27). À la fin de la présentation de chaque discipline, les programmes identifient dans un encadré synthétique ce que l'élève doit « *avoir compris et retenu* » : pour ce qui est de l'Union européenne, l'élève est censé avoir retenu de ses leçons de géographie « *les États qui* [y] *participent* » (MEN, 2002a, 222).

Ces caractéristiques sont dans une certaine mesure à relier à la nature de la géographie scolaire, depuis longtemps dominée par l'étude des paysages et par l'identification des grands ensembles et des grandes divisions géographiques, notamment des États. À travers l'enseignement géographique, l'UE peut donc difficilement être abordée autrement qu'à partir des États. Mais ces orientations se retrouvent également dans le programme d'éducation civique. Celui-ci fait également de l'UE un groupe de pays sans signification spécifique. L'élève doit adopter une attitude positive à l'égard de ces pays : le désir de mieux les connaître. Il est en effet indiqué que les enseignants « *développent la curiosité de leurs élèves sur les pays de l'Union européenne dans les séquences de géographie et dans celles consacrées à l'apprentissage d'une langue étrangère* » (MEN, 2002a, 180).

*Europe et histoire : un discours scolaire contradictoire*

Un autre élément des textes de 2002 contribue à priver l'Union européenne de consistance propre et de signification : son retrait de l'enseignement de l'histoire. Les textes contiennent quelques références à la construction européenne, mais renvoient son étude à la géographie. Les documents d'application identifient, pour chaque période historique, un petit nombre de « *repères chronologiques* » et de « *personnages et groupes significatifs* » ; ceux qui sont indiqués en gras sont considérés comme indispensables. La « *mise en marche de l'Europe* » en 1957 et la « *création de l'euro* » en 2002 font partie des dates qui sont identifiées, mais elles sont « facultatives » (MEN, 2002b, 16). Les fondateurs de l'Europe, les figures politiques majeures qui ont ensuite contribué à l'intégration européenne ne sont pas cités dans la liste de personnages, même comme repères non indispensables. Les rédacteurs des programmes ont peut-être voulu éviter les redondances entre l'histoire et la géographie, mais l'absence de l'Union européenne dans le programme d'histoire n'est pas sans conséquences. Cela ne favorise pas son appréhension comme projet politique et en fait une réalité largement désincarnée, privée des référents symboliques forts (évènements et personnages historiques) qui donnent corps à une collectivité.

Les rédacteurs des programmes semblent cependant s'employer à fonder une histoire européenne pour les périodes antérieures à la construction européenne. En effet, la France n'est plus la seule entité du récit historique scolaire. Pour certains phénomènes historiques (tels que le développement du christianisme au Moyen Âge, les idées nouvelles de la Renaissance, les grandes découvertes et l'esclavage aux Temps Modernes, le développement industriel et urbain, la colonisation et les aspirations démocratiques au XIX^e siècle), ce sont l'Europe et les Européens qui deviennent le cadre et les acteurs de l'histoire (MEN, 2002b, 11-15). L'intention des rédacteurs de ces textes est-elle d'encourager chez les élèves l'idée d'une certaine unité culturelle européenne, fruit de l'histoire, dans le but de favoriser aujourd'hui un sentiment d'appartenance à l'Union européenne ?

Si tel est le cas, l'entreprise manque largement de cohérence interne puisque ce discours d'unification par l'histoire s'arrête au seuil du XX^e siècle. Il n'est pas relayé par le récit de l'unification politique du continent à travers l'histoire de la construction européenne. Au contraire, l'accent est mis pour l'histoire proche sur la division de l'Europe : les deux conflits mondiaux et « *l'extermination des juifs par les nazis* » font en effet l'objet d'une étude privilégiée pour le XX^e^ siècle (MEN, 2002a, 214-215). Le mode de présentation du siècle dernier pourrait alors contribuer à nourrir chez les enfants des affects négatifs envers certains pays européens, tout particulièrement l'Allemagne[6].

Par ailleurs, les éléments d'unité historique et culturelle mis en relief dans les programmes scolaires français entrent dans une certaine mesure en contradiction avec la devise officielle de l'UE – « Unie dans la diversité » – et avec ses frontières actuelles. Par les références à la Renaissance, au christianisme et aux cathédrales du Moyen Âge (sans mention de la religion orthodoxe), à la révolution industrielle, à la démocratie et à la colonisation au XIX^e^ siècle, l'histoire commune ainsi tracée concerne pour l'essentiel l'Europe occidentale.

*Une collectivité incertaine*

Au total, telle qu'elle apparaît dans les programmes scolaires, l'évocation de l'Union européenne paraît peu propice à la construction d'un sentiment d'appartenance européenne. L'identité européenne a souvent été décrite comme étant principalement fondée sur une projection vers le futur plus que sur le sentiment de partager une histoire commune singulière[7]. Toutefois, en n'attribuant aucun sens particulier à la construction européenne, fut-il flou, indécis, multiple, les programmes ne contribuent pas à encourager cette orientation des enfants vers un futur européen.

La formation d'un « nous » ne requiert-elle pas aussi « *un environnement socialisé, caractérisé par ses gens, une convivialité et un univers de quotidienneté* » ? (Baugnet, 2006). Parce que l'Union européenne apparaît avant tout dans les programmes de 2002 comme une collection d'États et que ses grandes figures politiques ne sont pas évoquées, les « gens » de l'Europe sont singulièrement en retrait dans cette image.

Le curriculum trace toutefois un chemin possible vers une forme de « convivialité européenne » : outre la curiosité pour les pays de l'UE, le

---

[6] Dans son étude des représentations de jeunes enfants français, Katharine Throssell signale d'ailleurs la persistance des associations de l'Allemagne à son passé nazi (Throssell, 2007).

[7] Ce lien avec le futur apparaît notamment dans les perceptions des citoyens (Belot, 2000) ou dans les représentations des fonctionnaires européens (Abélès et Bellier, 1996).

programme d'éducation civique préconise de développer les « *contacts directs (par correspondance ou courrier électronique) avec d'autres classes d'enfants européens* » (MEN, 2002a, 180). On peut s'interroger sur le rôle de ce type de liens horizontaux dans la construction d'un « nous » européen. Si ces échanges accrus peuvent aboutir à une représentation des Européens plus affective et plus concrète, les assimiler à des « proches » par le biais des relations vécues, ils ne semblent toutefois pas suffisants. Le sentiment d'appartenance à une communauté politique ne découle-t-il pas, en suivant David Easton (1965, 185), du sentiment de faire partie d'un groupe spécifique, différent des autres et partageant un destin politique commun ? C'est la question du lien spécifique entre Européens – par rapport aux relations susceptibles d'exister par ailleurs avec d'autres pays du monde – qui se trouve posée[8].

*Entre la nation et l'humanité universelles, une Europe sans relief*

Le faible relief pris par l'Union européenne dans l'enseignement élémentaire nous semble devoir être rattaché à une conception de la mission civique de l'école qui reste ancrée dans le couple nation-universel, couple dont une partie de la signification a aujourd'hui évolué. Dans un contexte actuel de mondialisation, une alternative est en théorie ouverte : soit on dépasse la nation comme cadre prévalent de la citoyenneté et de l'appartenance communes, soit on tente de la concilier avec l'universel. C'est cette deuxième option qui semble choisie par les concepteurs des programmes de 2002.

À côté des aperçus sur des phénomènes historiques européens et mondiaux, le récit scolaire de l'histoire, reste, à l'école primaire, largement national. Les auteurs des programmes d'histoire s'emploient à ancrer la nation dans les repères des enfants : parmi la liste de dates et de personnages, ceux à retenir impérativement sont quasi-exclusivement

---

8 La problématique des relations horizontales et affectives entre Européens a été abordée lors du deuxième colloque international de la Section d'études européennes de l'Association française de science politique, intitulé « Amours et désamours entre Européens. Pour une sociologie politique des sentiments dans l'intégration européenne ». Les communications présentées lors de ce colloque soulignaient dans l'ensemble la faiblesse d'un sentiment de communauté entre Européens (voir les publications d'une partie d'entre elles dans *Politique européenne* (2008), n° 26/3, « Amours et désamours entre Européens. Vers une communauté européenne de citoyens ? »).

nationaux. Comme dans les manuels scolaires du secondaire (Schissler et Soysal, 2005), ces événements et ces figures sont largement démythifiés, le ton employé pour les décrire ne dénote aucune coloration affective ou élogieuse. Le récit historique scolaire n'épargne d'ailleurs pas en 2002 le « mythe national » (Citron, 2008) en soulignant les oppressions dont s'est rendu coupable l'État français, même sous sa forme républicaine, à travers l'histoire, à l'intérieur comme à l'extérieur de son territoire[9]. En bref, l'histoire scolaire n'évoque plus seulement la France et ne le fait plus dans les mêmes termes, mais elle reste une histoire où le national reste l'angle de vue et le support principaux.

Au-delà de l'épaisseur des siècles, c'est la dimension universaliste de la nation qui est particulièrement mise en avant. Le programme d'éducation civique, par exemple, associe fortement la France aux principes universels de démocratie et des droits de l'homme : « *Être citoyen en France* » (titre de la troisième section du programme) revient principalement à découvrir une histoire française qui est celle de l'affirmation progressive de ces principes (MEN, 2002a, 179-180). La participation à la vie démocratique et la défense de l'idéal des droits de l'homme sont ensuite suggérées comme des activités civiques positives. Il s'agit donc en éducation civique de susciter l'attachement de l'enfant à des principes politiques qui ne sont pas désincarnés et qui ne sont pas rattachés à l'Europe, mais à la nation. Cette image universaliste de la nation n'est pas nouvelle : elle a caractérisé le discours scolaire depuis la Troisième République (Déloye, 1994, 111-118 ; Lelièvre, 2001).

Les textes de 2002 mettent aussi en avant, plus en filigrane, une deuxième figure de l'universalisme, qui se rapporte cette fois à l'humanité entière et qui est plus contemporaine car elle répond aux évolutions du contexte international. Cela est particulièrement repérable en histoire et en éducation civique. En histoire, la description générale du xxe siècle donne lieu à un commentaire où l'unification européenne acquiert un sens positif de pacification et de réduction des inégalités entre régions du monde (MEN, 2002b, 16). Toutefois, l'UE perd ici sa particularité car elle est rapprochée dans ce passage de l'action d'organisations internationales telles que l'ONU. En éducation civique, l'UE est abordée dans la dernière section du programme intitulée « *S'intégrer à l'Europe,*

---

[9] À travers, par exemple, le traitement des thèmes de la collaboration sous le régime de Vichy, de l'esclavage, ou de la colonisation.

*découvrir la francophonie, s'ouvrir au monde* » (MEN, 2002a, 180). À travers cet intitulé, l'Europe semble acquérir un statut privilégié : le terme employé (« *s'intégrer* ») est révélateur d'une logique plus inclusive. Néanmoins, en étant traitée parallèlement à d'autres ensembles supranationaux, la spécificité de l'UE reste faible. Le contenu de la section montre d'ailleurs qu'elle constitue un collectif incertain, alors que la francophonie et le monde représentent des entités plus identifiables. Ne sont évoqués pour l'Europe que les pays qui la composent. La francophonie est quant à elle « *une communauté de langues et de cultures* ». Concernant le monde, les auteurs des programmes évoquent différents éléments qui en font une collectivité potentielle : le partage de problèmes communs (« économiques et culturels », « l'environnement »), les droits humains (à travers l'évocation des droits de l'enfant), et les « solidarités nécessaires » du fait des inégalités entre régions du monde. Le programme d'éducation civique suggère ainsi une nouvelle identité civique pour le futur citoyen, élargie au monde entier, et certaines pratiques civiques associées, telles que le respect de l'environnement, la défense des droits de l'homme ou l'implication en faveur de l'aide aux pays les plus pauvres.

L'école doit donc initier l'élève à deux collectifs privilégiés : la nation et l'humanité entière. Entre ces deux figures de l'universel, cadres potentiels d'un engagement civique identifiable, l'Europe est absente. Seul le national est cependant véritablement associé au vocabulaire de l'identité et de l'appartenance : à la nation seulement on « *appartient* » ; à l'égard du monde, on doit se sentir « *solidaire* » ou on doit « *s'ouvrir* » (MEN, 2002a, 179-181).

Au total, l'enseignement de l'Europe est donc largement freiné par un langage de l'universel qui s'étend au monde entier, et plus fondamentalement, par la primauté qui reste accordée au national dans les repères identitaires et affectifs des enfants. Que l'école primaire doive avant tout construire l'appartenance à la nation n'a jamais été véritablement contesté dans les débats publics sur l'école, et n'a jamais été remis en cause par les autorités éducatives. Mission principale de l'école primaire de la Troisième République, la formation d'une conscience nationale l'est restée avec le développement de l'enseignement secondaire comme enseignement de masse. Un partage des rôles a été instauré et a perduré au fil des décennies : au primaire le national, au secondaire une ouverture plus importante à l'Europe et au monde[10]. Les principaux acteurs dans l'élaboration du programme de 2002 n'ont pas rompu cette tradition, bien au contraire. Les programmes de 2002 ont été rédigés par un groupe d'experts, dirigé par Philippe Joutard, historien et recteur d'Académie, en liaison avec le bureau des écoles et le Conseil national des programmes. Dans une interview accordée aux *Cahiers d'histoire* en 2004, Ph. Joutard affirme explicitement que la construction de l'identification à la nation à travers l'enseignement primaire a représenté un objectif majeur et a fait l'objet d'un consensus parmi les membres du groupe d'experts. L'Union européenne n'est guère évoquée dans cette interview (Pingué et Joutard, 2004). Le privilège du national dans les programmes du primaire repose ainsi sur une volonté politique consciente.

Au-delà du poids du national, un autre élément pourrait jouer un rôle pour rendre compte du faible relief de l'Union européenne dans les programmes scolaires : les acteurs du ministère les plus acquis à la cause européenne pourraient redouter les réactions négatives des enseignants face à une politique volontariste et clairement affichée de promotion de l'Union européenne par l'école. L'organisation en 2005 de journées d'étude intitulées « *« Faire » des Européens ? L'Europe dans l'enseignement de l'histoire, de la géographie et de l'éducation civique* » à l'initiative de l'Inspection générale de l'Éducation nationale et du Centre d'histoire de Sciences Po a suscité, selon un des participants au colloque, des courriers de protestation. Les organisateurs y étaient accusés de vouloir transformer les enseignants en « *petits télégraphistes de Maastricht* » (Bergounioux *et al.*, 2006). Les fondateurs de la Troisième République pouvaient compter sur des instituteurs largement acquis à la cause de la nation républicaine ; aujourd'hui, les acteurs de l'Éducation nationale savent sans doute que l'Union européenne telle qu'elle se construit fait l'objet de désaccords importants dans la profession.

---

[10] Si la part consacrée à l'Europe dans les programmes du secondaire est sensiblement plus importante que dans le primaire, deux études montrent cependant qu'à ce niveau aussi, le poids du national est prégnant. Le contenu des programmes et des manuels scolaires du secondaire (en histoire, géographie et éducation civique) fait apparaître une oscillation entre une projection positive sur la construction européenne, pensée comme un miroir de l'État nation, et un refus de concurrencer la primauté de la nation (Baeyens, 2000). Une analyse fondée sur une approche de politiques publiques montre que la promotion de la citoyenneté européenne à travers l'enseignement civique du secondaire se heurte en France à la fois à des obstacles institutionnels et à la permanence des idiomes nationaux de la citoyenneté (Girod, 2006).

***L'Europe enseignée : entre différenciation et convergence relative des pratiques d'une classe à l'autre***

Comment les instituteurs se saisissent-ils de ces instructions officielles ? Enseignent-ils l'Union européenne et comment ?

L'enquête dans les écoles a reposé sur des entretiens, conduits entre 2004 et 2006 ; le thème de l'Europe y était abordé, mais n'était pas central dans le questionnement[11]. L'enquête comprenait également des observations dans les classes, mais nous n'avons pas eu l'occasion d'observer des séances consacrées à l'Union européenne[12]. Nos informations proviennent essentiellement sur ce point des pratiques rapportées par les enseignants lors des entretiens et du contenu des cahiers d'élèves en notre possession[13].

*Des pratiques diverses*

Les pratiques d'enseignement ayant trait à l'Union européenne sont diverses. On peut relever trois types de pratiques, qui se différencient en

---

11 Les entretiens ont été conduits auprès d'une trentaine d'instituteurs, différenciés en termes d'âge, de sexe, de type d'entrée dans le métier, de rapport à la religion, d'origines sociales, d'opinions politiques, etc. L'entretien était constitué de deux parties. Dans un premier temps, les interviewés devaient réagir à des rédactions qui avaient été écrites en classe par leurs élèves à l'occasion de l'enquête, à partir d'une consigne (« *dire qui ils sont en parlant des groupes auxquels ils appartiennent* ») et d'une liste d'exemples qui était commentée par l'enseignant lui-même. Cette liste comprenait des références à différents groupes (la religion, la classe sociale, l'appartenance ethnique, le quartier, la ville, la France, être « citoyen du monde », etc.). Un item sur l'Europe était inclus : « je suis citoyen de l'Union européenne ». Dans un second temps de l'entretien, les instituteurs répondaient à une série de questions sur leurs pratiques et leurs représentations (concernant notamment l'éducation à la citoyenneté, les contenus en histoire et en géographie, etc). Une question formulée de manière très générale portait sur l'Europe (si le thème n'avait pas été évoqué spontanément précédemment) : il s'agissait de demander à l'enseignant s'il parlait de l'Europe aux enfants et s'il jugeait cela important.

12 Non seulement parce que la question de l'enseignement de l'Europe n'était pas au cœur de la recherche, mais surtout parce que de manière générale, il était difficile d'être présent au « bon moment », c'est-à-dire lorsque les pratiques d'enseignement et les comportements les plus significatifs d'un point de vue civique et politique étaient observables. La plus grande partie du temps en classe est consacrée à des apprentissages instrumentaux, en français et en mathématiques.

13 Nous avons pu collecter les cahiers d'élèves de cinq classes de notre enquête. Une quinzaine de cahiers d'élèves ont été collectés par ailleurs, hors du cadre de l'enquête de terrain ; dans ce cas, le profil des enseignants n'est pas connu. L'homogénéité de contenu que l'ensemble de ces cahiers révèle sur certains points permet de tirer quelques conclusions.

fonction de la place quantitative qui est accordée au thème dans l'enseignement, mais aussi du mode de présentation de l'UE.

Dans une large mesure, cette diversité n'est pas liée au type de public scolaire, à sa composition sociale et ethnique : les classes où l'Union européenne a constitué un sujet d'enseignement important, présenté de manière largement positive, sont situées dans des écoles de zone d'éducation prioritaire (ZEP) comprenant une forte proportion d'enfants de parents immigrés, ou dans des écoles localisées dans des quartiers plus favorisés et moins mixtes d'un point de vue ethnique. La variété des pratiques n'est pas non plus à rapporter à l'âge de l'enseignant, ni à son parcours professionnel (passage par l'école normale, par l'IUFM ou titularisation liée à l'expérience, expérience dans un autre domaine que l'enseignement).

Dans certaines classes, l'Union européenne a été abordée en détail et décrite de manière très positive. C'est le cas par exemple de la classe de Monique. Âgée de 42 ans, Monique travaille dans une école mixte d'un point de vue social et ethnique, située dans un village à proximité de Nice. Elle est devenue enseignante il y a quatre ans, après une expérience dans le secteur privé, dans le domaine du marketing. Dans le cahier d'élève issu de sa classe de CM2, l'UE occupe la plus grande part des travaux de géographie. Elle est associée à de multiples significations positives : au-delà de la création d'un espace sans frontières, sont mis en avant, par les documents que l'enseignante a choisis et fait lire à ses élèves, la démocratie, la paix, la modernisation économique, la solidarité en faveur des pays et des régions les moins développés, la lutte contre les inégalités sociales et la protection de l'environnement. Les institutions européennes sont également rapidement présentées à travers un texte qui les décrit de manière très simplifiée. En éducation civique, Monique a évoqué le référendum sur le traité constitutionnel qui devait avoir lieu cette année-là. Un document photocopié traitant de la Constitution est inclus dans le cahier. Il la présente de manière particulièrement dépolitisée : la raison d'être de la Constitution est d'adapter les règles de fonctionnement de l'UE à une Europe qui comprend désormais vingt-cinq membres ; rien n'évoque le débat en cours sur le contenu de la Constitution. Les élèves de la classe de Monique ont également dû conduire une recherche exhaustive sur un des pays membres de l'UE : présenter sa capitale, sa (ses) langue(s), ses religions, certaines de ses caractéristiques politiques et culturelles. Une rédaction rédigée par l'élève conclut le cahier de géographie, avec pour sujet « *Qu'as-tu retenu de ton cours sur l'UE ?* ». L'élève a bien retenu ses leçons : il énumère en effet les divers bienfaits de l'Europe, en particulier le fait de ne pas « *payer la douane* », « [d']*aider les pays les plus pauvres* », « [d']*éviter la guerre* » et de construire la « *fusée Ariane* ». Il termine sa rédaction par « *moi je trouve que c'est bien l'Union européene* (sic) », et récolte un « *A* » avec la mention « *Très bien* ». La manière de présenter l'Europe en classe semble donc avoir été chargée d'affects et de tonalité positive dans certaines classes.

Dans d'autres classes, l'UE a aussi fait l'objet d'une description relativement détaillée, mais le traitement du sujet a été plus factuel et moins coloré positivement. Les élèves ont dû apprendre les différentes étapes de la construction européenne, les pays membres de l'UE et de la zone euro, le nom et la principale fonction des institutions politiques. Dans ces classes, l'UE apparaît principalement comme une réalité économique. Ce type de présentation se retrouve par exemple dans la classe de Gaëlle, âgée de 31 ans, qui enseigne à Brest en CM2, dans une école de ZEP comprenant un tiers d'enfants de parents immigrés. Le contenu des documents et des exercices inclus dans le cahier de ses élèves privilégie la dimension économique : la « *puissance économique* » de l'UE est donnée à voir, la liberté de circulation des hommes et des marchandises et les projets économiques européens (à travers l'exemple d'Airbus) sont évoqués.

Dans d'autres classes encore, situées dans des écoles au public différencié, les travaux sur l'Union européenne ont été beaucoup moins développés, voire inexistants. Une seule page évoque le sujet dans les cahiers. Elle comprend une carte avec les pays membres de l'UE et une courte chronologie de la construction européenne.

À côté de ces enseignements, certains instituteurs se sont également investis dans des projets spécifiques. C'est le cas d'Olivier et de Patrick, qui travaillent dans la même école de ZEP à Brest et qui enseignent actuellement en CE2-CM1 et en CM2 respectivement. Olivier, 33 ans, est professeur des écoles depuis quelques années, et Patrick, 52 ans, fait partie de l'Éducation nationale depuis presque vingt ans. Tous deux ont décidé l'an dernier de participer à un programme Comenius, avec d'autres collègues motivés par un projet de ce type. Ils ont ainsi été amenés à échanger avec leurs collègues européens, et à effectuer des visites dans les établissements partenaires (en Suède, en Italie et en Angleterre). Des correspondances scolaires entre élèves ont également été mises en place. À travers ce projet, c'est essentiellement une Europe des différences nationales qui est donnée à voir aux élèves. Il s'agit de faire découvrir aux enfants que dans d'autres pays « *c'est différent* » sans que cela soit « *moins bien* ». L'Europe est ici une des voies pour faire comprendre cette relativité. Olivier explique par exemple que les fêtes ont été le thème des échanges entre les élèves cette année-là : cela a permis à ses élèves de prendre conscience de la diversité des pratiques culturelles, selon les pays, relatives notamment aux fêtes de Noël. Les enfants ont échangé des colis contenant divers objets typiques de ces fêtes dans leur pays. Des « colis lexique » étaient également envoyés avec des mots de vocabulaire dans la langue nationale sur différents thèmes (jours de la semaine, par exemple) et leur traduction en anglais. Pour Olivier, le projet Comenius permet aux élèves de connaître les spécificités de chacun des pays, de « *voir ce qui va bien* » et « *moins bien* » en France et ailleurs. Patrick évoque également cette diversité culturelle et mentionne, en plus du projet Comenius, le choix de romans anglais, suédois et italiens en littérature. Monique a elle aussi mis en place des correspondances entre élèves, mais dans un cadre plus informel : les enfants de sa classe correspondent régulièrement avec des élèves issus de trois autres pays européens (la Pologne, l'Allemagne et l'Espagne). L'enseignante explique aussi que ces échanges ont été l'occasion de « *comparer* » les pays entre eux, en particulier en termes de niveau de vie, d'organisation de la scolarité, de modes de vie.

Dans certaines classes, l'Union européenne acquiert donc davantage de sens : certains enseignants présentent en effet l'UE de manière positive en y associant différentes références, en particulier à la démocratie, à la paix et à la solidarité économique. Dans d'autres classes, l'UE apparaît comme un groupe de pays dont le sens n'est pas donné, ou dont la principale signification est d'être avantageux sur le plan économique.

Dans les classes où existent des correspondances scolaires avec d'autres établissements en Europe, les élèves sont davantage sensibilisés à la diversité culturelle européenne : ils acquièrent une connaissance plus précise et aussi plus concrète de différents pays européens à travers des relations humaines. Ces échanges peuvent aussi les conduire à ressentir un sentiment de proximité plus fort vis-à-vis des enfants issus d'autres pays européens. Pour autant, cette mise en contact privilégiée avec des pays et des enfants européens a aussi un statut fragile : une des significations principales données à ces projets étant la sensibilisation des élèves aux différences culturelles, ces activités peuvent aussi concerner d'autres pays du monde. Par exemple, les correspondances scolaires avec trois pays européens mises en place par Monique et considérées par elle comme un des points clefs de son enseignement de l'Union européenne concerneront l'année suivante la Réunion et l'Australie, parce qu'elle en a l'occasion. Les activités scolaires sont en partie affaire d'opportunité, et le privilège de l'Europe dans ces relations horizontales créées entre enfants peut se défaire d'une année à l'autre. Dans le même sens, Patrick décrit le projet Comenius en parlant d'une ouverture à l'Europe mais aussi au monde en général. Après avoir mentionné les romans européens qu'il donne à lire à ses élèves, il précise qu'il aimerait bien leur faire lire aussi des « *romans sud-américains* ». La spécificité de l'Europe comme incarnation privilégiée de la diversité culturelle et de l'ouverture à l'autre est donc faible.

*Une convergence relative : le primat du national*

D'une classe à l'autre, il existe donc des différences de pratiques importantes concernant l'enseignement de l'Union européenne. On observe toutefois aussi une certaine convergence. L'approche par les pays qui composent l'Union européenne est en effet le point commun qui se retrouve dans toutes les classes. Dans tous les cahiers où le thème de l'UE est traité, une carte permet de localiser et de nommer les différents pays membres, et, parfois, d'identifier leur drapeau. Dans la très grande majorité des cas, les cahiers comprennent aussi un tableau indiquant la superficie, la population, la capitale, et quelquefois le niveau de richesse des pays de l'UE. L'enfant est ensuite invité à comparer les différents pays entre eux sur ces caractéristiques ou à identifier le pays le plus peuplé/le plus petit, etc. Le travail personnel de recherche effectué par chaque élève sur un pays membre dans la classe de Monique a également été réalisé dans plusieurs classes de l'enquête.

Enseigner l'Union européenne consiste donc, dans une large mesure, à faire mieux connaître ses différents pays. La présentation des étapes clés de la construction européenne va aussi en grande partie dans le même sens d'une approche par les pays : elle commence certes par la CECA et/ou le Traité de Rome, mais la suite de l'histoire est centrée sur les inclusions successives de différents pays. L'Union européenne, à travers toutes ces pratiques, apparaît donc comme un ensemble de nations.

Un autre point commun est la prédominance de la nation française dans le récit historique scolaire et dans la présentation qui est faite de la démocratie. L'histoire que les instituteurs enseignent reste essentiellement nationale. Le changement de point de vue apporté par les programmes de 2002 pour certains phénomènes historiques, consistant à centrer désormais le récit sur l'Europe et les Européens, est passé largement inaperçu des instituteurs. Sur ce point, l'histoire enseignée est identique d'une classe à l'autre et ressemble largement à ce qu'elle fut trente ans auparavant[14] : en dehors des périodes des « grandes découvertes », de la Renaissance et des deux guerres mondiales (pour lesquelles les figures et les événements évoqués sont européens, ou mondiaux), le cadre de l'histoire est strictement hexagonal. Les instituteurs de l'enquête ancrent leur récit du passé dans le territoire de la Gaule puis de la France, ce qui donne l'image d'une continuité de la nation dans le temps et la dote d'une forte épaisseur historique et culturelle. La vision de la démocratie et des droits de l'homme qui se dégage des pratiques d'enseignement en histoire et en éducation civique est également associée en grande partie à la nation. L'éducation civique dispensée par une grande partie des instituteurs de l'enquête met en relief les droits de l'homme et de l'enfant, mais cet apprentissage n'est pas déconnecté de la France du fait de l'importance prise, dans leurs pratiques d'enseignement, par la présentation de la Déclaration des droits de l'homme française. En outre, seules les institutions politiques nationales sont abordées de manière relativement détaillée dans certaines classes. La responsabilité du citoyen est mise en valeur à ce niveau, le vote et les élections étant systématiquement évoqués. La présentation des institutions européennes est au contraire très sommaire et centrée sur le rôle respectif des différentes institutions et leur localisation dans les « *capitales* » de l'Europe. Le citoyen européen a très peu de place dans cette image qui est donnée de l'UE ; il n'est apparu dans l'enseignement que de manière exceptionnelle, parce que le référendum sur le traité constitutionnel était organisé cette année-là. C'est donc la France qui continue d'incarner en premier lieu la démocratie et les droits de l'homme. Au total, l'appartenance nationale continue ainsi d'être transmise à travers tout un ensemble de contenus, au-delà de la seule langue, où la France reste l'entité collective essentielle.

---

[14] Comme le montre la comparaison entre les cahiers d'élèves actuels et les quelques cahiers d'élèves des années 1980 en notre possession.

### *Rendre compte des pratiques : attitudes envers l'Europe, poids des instructions officielles et des routines professionnelles*

*Le poids des orientations et des idéologies politiques : les logiques à l'œuvre dans la critique ou la valorisation de l'UE*

Les pratiques d'enseignement relatives à l'Union européenne paraissent en partie liées aux attitudes des instituteurs à l'égard de l'Europe. Elles mettent ainsi en jeu leurs orientations et leurs représentations politiques. Les entretiens ont été conduits à des moments où l'actualité européenne était particulièrement vive : en particulier, une dizaine d'entretiens ont été menés au printemps 2005, dans le contexte du référendum européen, et une dizaine un an après, au printemps 2006. Dans le discours de plusieurs instituteurs, ce contexte se fait directement sentir, les interviewés exprimant leur opposition ou leur approbation à l'égard du référendum, et plus largement, de l'UE telle qu'elle se construit.

Ces clivages sur le référendum de 2005 ne sont pas surprenants. Les syndicats enseignants ont été partagés sur ce vote : Sud-Éducation appelait à voter « non »[15] ; le syndicat majoritaire chez les instituteurs, le SNUIPP (rattaché à la FSU) rejetait le traité sans donner de consigne de vote[16], tandis que le SE-UNSA[17] et le SGEN-CFDT[18] exprimaient des réserves sur le texte mais, le considérant comme une étape nécessaire, défendaient une adhésion à celui-ci. Malgré ces différences de positionnement, les syndicats se retrouvaient sur la défense d'une meilleure prise en compte dans le traité de la dimension sociale de l'Europe. Au-delà des syndicats, les sondages d'opinion disponibles montrent que les enseignants – tous niveaux d'enseignement confondus[19] – se distinguent par

---

[15] Voir la prise de position exprimée le 25 mars 2005 sur le site web du syndicat : http://www.sudeducation.org/article292.htlm

[16] Voir le texte du 20 mai 2005 publié sur le site web du syndicat et présentant les positions du SNUIPP et de la FSU : http://www.snuipp.fr/spip.php?article2435.

[17] Voir l'éditorial de Luc Bérille, secrétaire général du SE-UNSA, dans la revue du syndicat, *L'Enseignant*, n° 84, mai 2005.

[18] Voir la prise de position de Jean-Luc Villeneuve, secrétaire général du SGEN, dans la revue *Profession éducation*, n° 146, avril 2005.

[19] Ces données sont tirées de l'enquête post-électorale présidentielle 2007 réalisée par l'IFOP pour le Cevipof avec le soutien du ministère de l'Intérieur (CEVIPOF/ministère de l'Intérieur, 2007). La catégorie des instituteurs n'est pas isolée du reste du monde enseignant.

un niveau d'adhésion à la construction européenne considérablement élevé[20]. Dans le même temps, une forte majorité d'entre eux (63 %) expriment une crainte à l'égard de la menace que pourrait faire peser la construction européenne sur la protection sociale en France[21]. L'orientation du vote enseignant sur le référendum de 2005 témoigne d'oppositions internes à la profession (CEVIPOF/ministère de l'Intérieur, 2007, vol. 2, p. 205) : une courte majorité a voté « oui » (46 %, contre 42 % pour le « non »).

Aucun des enseignants de notre enquête n'exprime d'opposition à l'idée générale d'unification européenne, bien au contraire. Ce sont les orientations prises par cette unification qui sont rejetées par certains. Les instituteurs les plus critiques sont ceux qui sont les plus politisés et qui se situent à l'ultra-gauche. Gaëlle, par exemple, a accordé une certaine importance au thème de l'Union européenne dans son enseignement. Mais, comme on l'a vu, sa présentation du thème a été très factuelle et dominée par une approche économique de l'UE. Militante à Sud-Éducation et dans une association de défense des sans-papiers, Gaëlle fait part en entretien de ses réticences face à l'Union européenne. Elle a voté « non » en 2005, ne se démarquant pas en cela de la position officielle de son syndicat :

> *Gaëlle* – [En géographie] on a fait le monde. On a commencé par faire l'Europe, ça, ça me…
> *Q* – Oui, justement je voulais te poser la question…
> *Gaëlle* – L'Union européenne, euh… C'était moins mon truc (rire) Faut le faire. C'est compliqué parce que après y a les idées politiques par rapport à l'Union européenne, tu vois, donc forcément on est enseignant avec ce qu'on vit aussi, avec ce qu'on est.
> *Q* – Tu veux dire que l'Union européenne t'es pas trop engagée pour ?

---

[20] Les enseignants sont 79 % à penser que « *le fait pour la France de faire partie de l'Union européenne est une bonne chose* », contre 50 % en moyenne dans l'échantillon global (CEVIPOF/ministère de l'Intérieur, 2007, vol. 1, p. 24).

[21] Les enseignants se situent là à un niveau intermédiaire (63 %), les professions libérales et les cadres supérieurs étant moins nombreux à exprimer cette crainte (55 %), les artisans, commerçants et chefs d'entreprise encore moins (48 %), par opposition aux employés (73 %) et aux ouvriers (74 %). La question précise était la suivante : « *Certaines personnes peuvent avoir des craintes concernant la construction européenne. Pour chacun des aspects suivants, dites-moi si vous en avez personnellement peur ou non. Qu'avec la construction européenne, il y ait moins de protection sociale en France* » (CEVIPOF/ministère de l'Intérieur, 2007 : vol. 1, p. 26).

> *Gaëlle* – Je trouve ça vachement bien l'Europe, je trouve ça vachement bien que ça existe, mais enfin l'Europe telle qu'on est en train de la construire, non, j'ai voté « non » au traité de la Constitution européenne. Et ça par contre je veux pas leur dire, je veux pas qu'on leur dise parce que ça, je trouve que ça va trop loin.

Ce type d'attitude critique vis-à-vis de l'Union européenne a certaines conséquences sur la manière dont elle est enseignée. La critique anti-libérale de l'UE favorise un traitement du thème moins positif, moins engagé et plus factuel, les enseignants ayant peur d'exprimer leurs opinions politiques sur le sujet. La dimension économique de l'UE est mise en avant, tandis que les questions sociales et les thèmes touchant à la solidarité sont évités.

À l'inverse, d'autres interviewés évoquent en entretien leur attachement à l'Union européenne, leur vote positif au référendum ou leur déception par rapport au résultat du scrutin. Suite à une question lui demandant pourquoi elle aime tant travailler sur l'Union européenne en classe, Monique, qui dit voter à droite tout en faisant part de sa distance avec la politique, répond d'emblée qu'elle « *vote « oui » pour l'Europe* » et qu'elle est « *très européenne* ». Armelle exprime aussi en entretien son attachement à l'Union européenne. Cette enseignante âgée de 43 ans, qui se positionne à gauche de l'échiquier politique, enseigne depuis plus de vingt ans, après être passée par l'école normale. Elle travaille actuellement, comme Martine, dans une école mixte d'un point de vue social et ethnique, située à Paris. Lors de l'entretien, Armelle regrette que l'Europe n'ait pas été un thème de la consigne repris dans les rédactions rédigées par ses élèves de CM2 à l'occasion de l'enquête : « *visiblement ils ne se sentent pas européens du tout* », dit-elle, alors qu'elle a beaucoup travaillé sur l'UE en géographie et en éducation civique au dernier trimestre. Interrogée alors sur l'importance de l'enseignement de l'Europe, elle fait allusion, avec une certaine amertume, au résultat du référendum : « [L'Europe], *c'est l'avenir, enfin je croyais que c'était l'avenir parce qu'y a des gens qui le pensent pas* », dit-elle.

Les instituteurs les plus favorables à l'Union européenne appartiennent à la droite ou à la gauche modérées et à différentes générations. L'Europe est pour eux associée à différents éléments positifs. Dans le discours de Monique, l'Europe est avant tout le cadre de vie futur de ses élèves comme de ses propres enfants, l'environnement socio-économique qui sera le leur une fois adultes :

> Ayant des enfants petits, je me dis que quand ils vont être grands, ils seront bien contents de pouvoir aller faire leurs études où ils veulent, travailler où ils veulent et qu'il faut que les gamins se rendent compte que maintenant on ira en vacances en… je sais pas, en Roumanie, on ira faire ses études en Belgique et puis on se mariera avec une Allemande etc. C'est important qu'ils se rendent compte.

Monique dit avoir constamment cherché à expliquer à ses élèves, lors des séances sur l'UE, que celle-ci serait désormais leur horizon de vie. La diversité culturelle en Europe est également valorisée dans son discours, comme elle l'est dans le discours d'autres enseignants, orientés politiquement à gauche. Ce qui caractérise les propos de ceux-ci est l'accent mis, à travers l'Europe, sur le dépassement des nationalismes et des appartenances à des groupes restreints. Dans l'entretien d'Armelle, par exemple, l'Europe est valorisée comme détachement supplémentaire – implicitement, par rapport à l'abstraction qu'a déjà représenté la nation – de l'individu par rapport à ses appartenances, ethnique ou religieuse. Après avoir évoqué le résultat du référendum de 2005, Armelle poursuit ainsi :

> *Armelle* – Je trouve important que de se définir autrement que par sa communauté, ou bien sa couleur de peau ou bien ses convictions religieuses.
> *Q* – Et là c'est vrai, ça ne faisait pas ça… ?
> *Armelle* – Oui. La notion de citoyenneté, de citoyenneté européenne, moi elle m'est chère, donc c'est vrai que j'essaie de la faire vivre en classe. Visiblement c'est pas passé. (rire)

Armelle décrit alors longuement et de manière très négative le poids de plus en plus important pris par l'Islam et la couleur de peau dans son école : les enfants des minorités religieuses et raciales s'identifieraient de plus en plus sur la base de ces groupes. L'Europe émerge donc ici comme un groupe légitime parce qu'elle est perçue comme fondée sur un lien non communautaire.

Pour une autre enseignante, Rose, l'Europe représente un dépassement des nationalismes qui ont marqué le XX^e^ siècle, en particulier des antagonismes entre Français et Allemands. Rose, 38 ans, enseigne dans une école de Brest, composée majoritairement de classes moyennes. Originaire du Limousin, elle est devenue professeur des écoles il y a quatre ans, après avoir été maître auxiliaire en anglais et en allemand pendant une dizaine d'années. Les propos qu'elle tient sur l'Europe se chargent d'une intense tonalité affective. Rose a grandi à proximité d'Oradour-sur-Glane ; elle explique que les sentiments négatifs à l'encontre des Allemands étaient répandus dans son milieu familial et local et que son choix d'étudier la langue allemande au collège a fait l'objet de critiques. Elle a ensuite été confrontée à des préjugés sur les Allemands lorsqu'elle l'a enseignée à des élèves. L'Europe acquiert dans son discours une valeur positive de paix et d'acceptation de l'autre national :

> Je trouve que bon il faut qu'ils [les élèves] soient démocrates mais au sens plus large que la France. Européen aussi, ouvert pour éviter tout ça. Pour éviter ça, pour éviter de renouveler tout ça, hein, c'est clair. C'est vraiment… ça c'est clair. Pour avoir justement vu tout ce que la rancœur peut donner.

Pour ces enseignants, apprendre l'Europe aux enfants signifie mettre en relief une appartenance plus large et plus inclusive que les groupes nationaux, ethniques ou religieux. Le thème européen acquiert davantage de place dans leur enseignement que dans les classes d'enseignants plus critiques ou plus indifférents à l'égard de l'Europe. Il est également possible que leur discours positif sur l'UE comme forme de dépassement des frontières entre les groupes ait pu être exprimé en classe, d'une manière ou d'une autre[22].

*Un objet politique qui demeure cependant relativement flou : défense ou critique universaliste de l'Europe et indifférence à son égard*

Au-delà de ces différences d'attitudes, l'Europe reste toutefois un objet politique relativement flou. En effet, certains enseignants font preuve d'une méfiance envers l'Europe pour les mêmes raisons qui poussent d'autres enseignants à y être attachés. Ces instituteurs, qui se situent aussi à gauche, se différencient en effet peu des enquêtés décrits précédemment, qui insistent sur l'Europe comme moyen de dépasser des affiliations considérées comme restreintes et intolérantes. C'est le cas de Céline, 29 ans, qui se dit à gauche, et qui effectue sa première année d'enseignement dans une école située dans un quartier très favorisé à Paris, avant de rejoindre une école de ZEP de la banlieue parisienne. Son

---

22 Nous ne sommes toutefois pas en mesure de le confirmer car nous n'avons eu l'occasion d'entendre ce type de commentaires en classe. Les cahiers d'élèves n'en portent pas trace non plus, mais cela est à relier au fait que les écrits scolaires privilégient les connaissances précises et factuelles (même si le choix de ces connaissances et leur mode de présentation ne sont pas neutres).

discours sur l'Europe est empreint d'indifférence, sinon de méfiance. Pendant l'entretien, Céline se réjouit chaque fois qu'elle constate que les rédactions de ses élèves reprennent l'idée de « citoyen du monde » (présente dans la consigne) plutôt que les items sur l'appartenance nationale, ethnique, religieuse ou sociale. Pour elle, cela montre que les enfants se « *sentent humains avant tout* ». Interrogée sur l'Europe, Céline semble la considérer comme une autre forme de frontière, qui ferait barrage au sentiment d'appartenance au monde entier. C'est ce qui nous semble animer son refus d'accorder un privilège à l'enseignement de l'Europe et sa volonté de mettre en avant une dimension mondiale :

> *Q* – C'est important de parler de l'Europe aux enfants ?
> *Céline* – Dans les programmes, on doit. Moi je l'ai quasiment pas fait. Pour moi c'est plus important de parler du monde en entier que de l'Europe. Je devrais pas dire ça mais ça me semble pas hyper important. D'ailleurs on sent pas chez eux, comme chez les adultes, une adhésion à l'Europe. On le sent plus dans le monde en entier que dans cette partie de l'Europe. Y'en a qu'un qui en a parlé [dans les rédactions]. Un seul.

L'apprentissage privilégié de l'Europe à l'école présente en fait le risque, pour certains enseignants, de promouvoir une nouvelle forme de fermeture. Le discours de Magali, 30 ans, qui enseigne à Nantes dans une école située en ZEP et qui se positionne à gauche, va dans ce sens. Questionnée sur le rôle de l'école par rapport à l'Europe, Magali fait part de sa méfiance. Le nationalisme belliqueux entretenu par l'institution scolaire dans le passé est mis en parallèle avec l'instrumentalisation éventuelle de l'école actuelle pour favoriser une identité européenne intolérante vis-à-vis de l'extérieur :

> *Magali* – Moi je parle par rapport à des références historiques où l'école a été pendant un temps un vrai formateur de petits soldats. Ouais, c'est un peu dans cette idée là de dire que si l'école forme des Européens, c'est des Européens ouverts, pas des Européens… Je suis prudente contre l'utilisation qui peut être faite de l'école en fait. Bon les programmes actuels tels que je les perçois moi me semblent pas être… Mais c'est… Ouais, j'ai une espèce de vigilance quand même un peu vis-à-vis de… du sentiment d'appartenance à une catégorie et à un groupe et euh… et du côté groupe que l'on doit défendre, parce qu'on appartient à ce groupe là.

L'Europe suscite en fait des investissements contradictoires, au nom de la défense du même modèle civique. Armelle, Rose, Céline ou Magali témoignent d'une vision universaliste et individualiste de la citoyenneté :

éduquer les enfants d'un point de vue civique, c'est avant tout pour elles leur apprendre à être ouvert aux autres et à les considérer comme des semblables, quelles que soient leurs appartenances. Cette conception partagée conduit pourtant à des appréciations divergentes de l'Europe, qui peut être soit considérée avec méfiance comme une nouvelle barrière à l'égard du reste du monde, soit être perçue avec enthousiasme comme symbolisant le dépassement des communautés plus restreintes. La nature même du projet européen est ici en jeu : il est en effet ambivalent de ce point de vue tant il mêle des logiques tendant à l'ouverture ou à la fermeture (Delanty, 2006).

Des enseignants proches d'un point de vue idéologique peuvent donc investir l'Europe de manière opposée, ce qui montre à quel point elle demeure en partie une construction politique floue. Le caractère indéfini du projet européen est aussi ce qui commande un troisième type d'attitude envers l'Europe, différent du rejet ou de l'adhésion : l'indifférence. Alors que le contexte des entretiens mettait en relief la question européenne, une partie des instituteurs n'évoquent l'Union européenne que lorsqu'ils sont directement interrogés sur ce thème. Leurs réponses sont brèves et dépourvues d'implication affective. L'UE n'est ici qu'un point du programme scolaire. Certains de ces enseignants disent même ne pas l'avoir abordé en classe, ne pas y avoir « *pensé* ». L'Europe est décrite par ces instituteurs « indifférents » comme « *abstraite* », « *lointaine* », « *vague* » pour les enfants. Cette description apparaît de prime abord surprenante dans la mesure où, d'un strict point de vue géographique, l'Europe n'est pas, à la différence d'autres régions du monde, particulièrement « lointaine ». En outre, les enfants ont plus de connaissances sur l'Europe que semblent le supposer ces enseignants[23]. Par la télévision, Internet ou les voyages, l'image qu'ils en ont n'est pas non plus nécessairement « abstraite », d'autant que ces enfants n'ont connu que l'euro, marque tangible et concrète de l'unification européenne dans leur vie quotidienne. Cette perception d'une Europe abstraite et lointaine reflète la diffusion, dans les milieux scolaires, du discours pédagogique qui met en avant, avec Jean Piaget, l'image d'un

---

[23] Voir l'article de K. Throssell dans ce même numéro : son étude porte sur des enfants plus jeunes (entre 7 et 9 ans) que ceux des classes de notre enquête, or l'Europe est davantage abordée dans les dernières classes du primaire. Pourtant, même les enfants qu'elle interroge ont des connaissances sur l'Europe.

enfant qui ne se décentre que progressivement de son environnement immédiat (famille, quartier, etc). Mais dans les entretiens de certains enseignants qui travaillent dans des écoles de quartiers populaires, cette idée semble aussi dotée d'une forte connotation sociale : si l'Europe est « lointaine », c'est parce que les horizons des enfants des familles populaires s'arrêtent aux portes du quartier. Commentant la rareté des références à l'Europe et au monde dans les rédactions de ses élèves, Sabine, 28 ans, qui enseigne depuis deux ans dans une école de ZEP à Nice, évoque ainsi l'ignorance d'une partie des élèves de son école d'environnements plus larges que le quartier :

> *Sabine* – l'Union européenne, le monde pour eux c'est un peu loin. Tu sais, y en a, dans les classes, ils savent même pas que leur quartier X fait partie de la ville de Nice, donc à partir de là… Ca leur parle pas.

Le contexte d'enseignement peut donc influer sur les pratiques éducatives relatives à l'Europe, en décourageant certains enseignants des écoles populaires de passer trop de temps sur un sujet qui leur paraît éloigné des références qui font sens pour leurs élèves. Ceci est cependant aussi à relier au projet européen lui-même et à la manière dont il est présenté aux citoyens. Ces mêmes instituteurs n'hésitent pas en effet à faire découvrir à leurs élèves, dans d'autres domaines, des univers éloignés de leur monde quotidien supposé. Au-delà des différences d'attitudes, la difficulté qu'ont les enseignants à donner sens à l'Europe en classe autrement qu'en la présentant comme une association de pays nous semble donc liée au caractère encore flou du projet européen pour les citoyens d'aujourd'hui. Liée à l'intégration croissante du monde mais limitée à une zone géographique particulière, incarnant une forme de supranationalité tout en n'ayant pas fait disparaître les États-nations comme autorités politiques majeures et incarnées dans l'imaginaire citoyen, l'Union européenne reste une construction ambivalente. Les élites politiques françaises (Rozenberg, 2005) comme européennes n'ont pas construit de discours sur l'UE qui permettrait de lui donner une signification forte. Pour ces raisons, l'UE est susceptible d'être investie de manière contradictoire par des enseignants qui pourtant se ressemblent, ou d'être considérée comme un objet trop vague, pour les enfants mais aussi en premier lieu pour les instituteurs.

*Une représentation partagée: l'UE comme réalité irréversible, les citoyens impuissants*

Outre leur difficulté à donner sens à une construction qui demeure en partie floue à leurs yeux, une autre logique commune est repérable dans les attitudes des enseignants à l'égard de l'Europe et pèse sur leurs pratiques éducatives: les instituteurs partagent l'idée que l'unification européenne est un processus irréversible. Quoi que l'on peut penser d'elle, on ne peut y échapper: l'UE est déjà là et elle sera, sans qu'on puisse y faire quelque chose, une part incontournable de l'environnement des enfants. C'est pour cette raison aussi qu'il faut l'enseigner, quel que soit le regard, indifférent, positif ou critique, que l'on porte sur elle. Cette représentation sous-jacente est repérable dans de nombreux entretiens, y compris dans ceux d'enseignants très investis dans l'enseignement de l'Union européenne: pour Monique, par exemple, « *on l'a, l'Union européenne, qu'on le veuille ou non* ». L'unification européenne est un processus sur lequel les enseignants sentent qu'ils ont peu de prise, pas plus qu'en auront leurs élèves plus tard. Les instituteurs n'en tirent pas un discours revendicatif: ils manifestent par leurs propos la dépossession des citoyens que représente encore aujourd'hui l'Union européenne. C'est sans doute ce sentiment diffus d'impuissance qui permet en partie de comprendre pourquoi les enseignants présentent peu l'Union européenne comme un système politique, n'en font pas ou peu étudier les institutions et ne mettent pas l'accent sur l'idée de citoyenneté européenne dans leurs pratiques d'enseignement effectives.

*Le poids des programmes scolaires et des routines professionnelles: le tropisme national non contesté*

La convergence relative des pratiques d'enseignement est aussi en grande partie à rapporter au contexte professionnel dans lequel sont plongés les enseignants. Les instituteurs sont tenus de suivre des programmes scolaires, qui, tout en leur laissant une marge d'action importante compte tenu de leur caractère sommaire, leur servent de cadre de référence. Ils utilisent également des manuels scolaires et d'autres outils pédagogiques pour préparer leurs séances. D'un ouvrage pédagogique à l'autre, il existe des différences certaines dans le mode de présentation de l'Europe et dans l'image de la nation qui est construite.

Cependant, ces ouvrages suivent dans une large mesure le découpage et les sujets d'étude identifiés dans les programmes scolaires, et, à leur image, insistent dans l'ensemble peu sur l'Europe comme communauté politique. De la même manière, conformément aux textes officiels, le cadre national est dans ces ouvrages la référence dominante, à la fois comme lieu de l'histoire et espace de citoyenneté.

L'ouverture des programmes scolaires à une dimension européenne et mondiale étant récente et limitée, la socialisation professionnelle des instituteurs les a habitués à ce tropisme national. En outre, la plupart des instituteurs ont eux-mêmes connu, par leur propre socialisation scolaire, un enseignement quasi-exclusivement axé sur le national. En définitive, la prédominance du national dans l'enseignement nous paraît en grande partie relever d'effets de routine et d'un processus de reproduction impensé. Les entretiens font apparaître de profondes divergences entre les instituteurs sur la question de l'appartenance nationale, à la fois sur son importance et sur son contenu. Mais ces clivages n'ont pas l'implication qu'on pourrait supposer en matière de pratiques d'enseignement, pratiques qui restent en grande partie dominées par des routines professionnelles. Au niveau des textes officiels, le cadrage national des contenus d'enseignement a fait l'objet d'une démarche consciente et volontaire. Du côté des instituteurs, des logiques et des routines professionnelles sont en jeu, et elles sont différentes de celles qui président à l'élaboration des politiques scolaires et à la formulation publique des problèmes éducatifs (Balland, 2009). Les instituteurs de notre enquête ne semblent pas s'interroger beaucoup sur le sens et les conséquences de leurs pratiques d'enseignement pour la socialisation civique des enfants. Ils manquent de temps pour la réflexion pédagogique et, à l'école élémentaire, c'est l'acquisition des compétences fondamentales et instrumentales, en français et en mathématiques, qui les préoccupe le plus. Il faut dire aussi, comme on l'a déjà souligné, que l'idée que l'école primaire doive avant tout apprendre à l'enfant à appartenir à la nation n'a jamais fait l'objet de contestations fortes et visibles dans le débat public et passe au contraire souvent pour une évidence[24]. Les enseignants du primaire

---

[24] Le débat actuel sur l'identité nationale le montre bien. Si le sens et le contenu de « l'identité nationale » sont débattus, l'idée qu'une des finalités majeures de l'école est de contribuer à sa construction est peu remise en cause. Ce sont les pratiques d'enseignement

ne trouvent donc pas, dans leur environnement professionnel et plus largement, sociopolitique, d'éléments forts pouvant les conduire à questionner les référents identitaires qu'ils produisent par leur enseignement. Qu'ils valorisent la nation ou une collectivité universelle, les instituteurs continuent ainsi à nourrir par leurs pratiques d'enseignement, sans avoir pleinement conscience des implications identitaires et civiques de ces pratiques, l'apprentissage de l'appartenance à la nation.

*L'Europe et la politique : frein à l'enseignement et dépolitisation*

Le poids des routines professionnelles ne concerne pas seulement la persistance du national dans les contenus d'enseignement. Il semble aussi se manifester dans l'évitement de la dimension politique de l'Union européenne.

Une partie des enseignants font part de leur difficulté à parler d'un tel sujet en classe parce que l'UE fait l'objet de conflits politiques, en particulier dans le contexte spécifique pendant lequel se sont déroulés les entretiens. Ils craignent que leur propre opinion se donne à voir dans la présentation qu'ils pourraient faire du sujet. Cela les conduit à éviter certaines discussions avec les élèves, ou à présenter l'Union européenne essentiellement sous un jour factuel, voire à ne pas en parler du tout en classe. Gaëlle, on l'a vu, juge le traitement du sujet « *compliqué* ». Elle refuse de faire part à ses élèves de son opinion négative sur les orientations actuelles de l'UE et reconnaît qu'elle aborde le thème « *assez froidement* » en classe. René, 54 ans, enseignant à Nice dans une école mixte socialement, dit ne pas parler de l'Europe aux élèves car il s'agit d'un « *sujet brûlant* ». Un peu plus tôt lors de l'entretien, il employait la même expression pour l'histoire après 1945, qu'il choisit de ne pas enseigner parce que « *ça peut être considéré comme politique* ». Marc, enseignant dans une école de ZEP située à Nantes, qui dit ne plus voter depuis longtemps mais se sentir proche de l'extrême gauche aujourd'hui, fait part en entretien de ses réserves sur l'Union européenne actuelle. Interrogé sur l'enseignement de l'Europe à l'école, il évoque les difficultés

---

proposées (par exemple le chant de la Marseillaise par les élèves, proposé par Eric Besson, voir le site officiel du débat :) et leur signification pour l'image qui est donnée de la nation qui sont les plus contestées. La faiblesse des discussions sur l'Europe dans ce débat est frappante.

pouvant entourer la discussion sur ce sujet en classe. Il juge également le sujet « *compliqué* » (il le présente d'ailleurs comme tel à ses élèves). Il en parle en classe, mais présente l'UE avant tout à travers ses différents pays et comme une réalité économique. Aller plus loin présenterait le risque d'introduire la politique en classe. Marc donne en exemple la question de l'entrée de la Turquie dans l'Union européenne :

> *Marc* – C'est pas un truc [parler de l'Europe à l'école]... c'est pas un truc facile parce qu'à cet âge là les gamins ils posent plein de questions. Et quand y'en a un « la Turquie va entrer dans l'Europe », c'est pas facile de répondre parce que y'aurait une dose de politique dans la réponse et même si on dit qu'on peut parler de politique, faut quand même éviter, même si c'est à la fois sans prendre parti et sans donner des éléments qui sont des prises de parti de certains de nos dirigeants, on a vite fait d'avoir peur de dire une bêtise ou de dire quelque chose qui puisse traduire une interprétation.

Les enseignants assument cependant parfois leur prise de position, en évoquant leur engagement pro-européen pour expliquer leur implication dans l'enseignement de l'Europe ou dans des projets européens. Mais leur mode de présentation de l'UE contribue largement à la dépolitiser. L'Europe est certes présentée ici de manière très positive, mais elle est aussi décrite comme une réalité factuelle : elle n'est jamais évoquée comme un projet dont les finalités sont controversées et qui fait l'objet de conflits dans le monde politique.

Cette dépolitisation de l'Union européenne se retrouve dans d'autres secteurs de l'action publique[25]. Dans le contexte scolaire, elle renvoie cependant à des logiques spécifiques, et en premier lieu aux réticences des enseignants face à l'entrée de la politique dans la classe. La norme de neutralité politique, qui relève largement dans le monde scolaire d'une routine rhétorique et pratique, signifie bien plus que la non-expression par l'enseignant de son opinion personnelle. Dans la pratique, les discours tenus en classe et les enseignements ont un contenu politique manifeste. Mais les instituteurs évitent toutefois largement de discuter en classe des enjeux qui font l'objet de controverses politiques bien visibles dans le débat public et/ou n'en présentent aux enfants que les aspects les plus factuels ou les plus consensuels. Et ces

---

25 Par exemple au niveau des politiques publiques de développement local, marquées par le rôle important joué par une expertise largement dépolitisée (Guérin-Lavignotte, 1999).

enjeux ne sont pas rapportés aux acteurs et aux groupes qui se mobilisent à leur sujet dans la sphère politique (Bozec, 2008). La présentation de l'Europe à l'école est révélatrice de ces logiques.

## *Conclusion*

L'Union européenne a pris une place croissante dans les instructions officielles, et elle est aujourd'hui la plupart du temps un objet d'enseignement dans les classes. Aux deux niveaux, l'Union européenne apparaît essentiellement comme un groupe de pays et non comme une nouvelle identité civique pour le futur citoyen.

Un des éléments clefs permettant de rendre compte du faible sens civique et identitaire que revêt l'Union européenne est la persistance du cadre national, dans les textes officiels comme dans les classes. Les logiques à l'œuvre ne sont pas cependant les mêmes d'une sphère à l'autre. Dans les programmes scolaires, le privilège accordé au cadre national repose sur une démarche volontaire et consciente, tandis qu'au niveau des enseignants, il est avant tout affaire de routines professionnelles.

La convergence relative que l'on observe dans les pratiques d'enseignement traitant de l'UE semble en partie liée aux programmes scolaires et au contenu des ouvrages pédagogiques, qui mettent en avant une approche par les pays et insistent moins sur l'UE comme communauté politique. En outre, ces pratiques scolaires ne sont pas incohérentes avec la manière dont est perçue l'Europe par les enseignants : travailler sur les différents pays de l'Union européenne permet à la fois ne pas s'engager sur le terrain politique, de tenter de refléter, même de façon limitée, la diversité culturelle en son sein ou de la « rapprocher » des enfants en lui donnant un sens plus concret. C'est aussi la faible lisibilité du projet européen pour les citoyens en général – et les enseignants ne se démarquent pas en cela de leurs co-citoyens – qui le rend si difficile à traduire sur un plan pédagogique autrement que comme une collection de pays.

Seuls les enseignants les plus favorables à l'UE, en raison de leurs orientations et de leur idéologie politiques, juxtaposent à cette approche par les pays un discours positif plus spécifique sur l'Europe, qui mêle des références à la paix, à la démocratie, à la solidarité économique et à la diversité culturelle. Le discours sur l'Europe comme dépassement des communautés est également susceptible d'avoir eu une résonance dans les propos tenus en classe. Cependant, dans toutes ces classes aussi, l'Europe est peu présentée comme une communauté de citoyens. Quelle que soit leur position sur l'Union européenne (adhésion, méfiance ou indifférence), les enseignants partagent en fait l'idée que l'Europe est une réalité irréversible, sur laquelle les citoyens ont peu de prise.

## *RÉFÉRENCES BIBLIOGRAPHIQUES*


Abélès Marc et Bellier Irène (1996), « La Commission européenne : du compromis culturel à la culture politique du compromis », *Revue française de science politique*, vol. 46, n° 3, p. 431-456.

Baeyens Hélène (2000), *Les Stratégies de socialisation scolaire à l'unification européenne : une dynamique saisie à partir des programmes et manuels scolaires de géographie, d'histoire et d'éducation civique des années 1950 à 1998*, Thèse de Doctorat de Science Politique, Université de Grenoble 2.

Balland Ludivine, *Une sociologie politique de la crise de l'Ecole : de la réussite d'un mythe aux pratiques enseignantes*, Thèse de doctorat de science politique, Université de Paris X-Nanterre.

Baubérot Jean (1997), *La Morale laïque contre l'ordre moral*, Paris, Seuil.

Baugnet Lucy (2006), « Les configurations identitaires », *in* Alexandre Dorna (dir.), *Pour une psychologie politique française*, Paris, Éditions In Press, vol. 1.

Belot Céline (2000), *L'Europe en citoyenneté*, Thèse de doctorat de science politique, Université Pierre Mendès France, Grenoble.

Bergounioux Alain, Cauchy Pascal, Sirinelli Jean-François et Wirth Laurent (dir.), *« Faire » des Européens ? L'Europe dans l'enseignement de l'histoire, de la géographie et de l'éducation civique.* Actes des journées d'études des 22 janvier et 19 mars 2005, Paris, Delagrave.

Bozec Géraldine (2008) « L'enfance et le politique », *La Pensée*, n° 354.

CEVIPOF/ministère de l'Intérieur (2007), *Enquête post-électorale présidentielle 2007*, vol. 1 et 2, consultable en ligne : http://www.cevipof.msh-paris.fr/PEF/2007.htm

Chanet Jean-François (1996), *L'École républicaine et les petites patries*, Paris, Aubier.

Citron Suzanne (2008), *Le Mythe national : l'histoire de France revisitée*, Paris, Les Éditions de l'Atelier-Les Éditions ouvrières.

Dancel Brigitte (1999), « L'École de la Troisième République dans une France « une et indivisible » », *in* Claude Carpentier (coord.), *Identité nationale et enseignement de l'histoire. Contextes européens et africains*, Paris, L'Harmattan, p. 51-65.

Delanty Gerard (2006), « Borders in a Changing Europe : Dynamics of Openness and Closure », *Comparative European Politics*, vol. 4, p. 183-202.

Déloye Yves (1994), *École et citoyenneté. L'individualisme républicain de Jules Ferry à Vichy*, Paris, Presses de la FNSP.

Déloye Yves (2007), *Sociologie historique du politique*, Paris, La Découverte.

Easton David (1965), *A Systems Analysis of Political Life*, New York, John Wiley and Sons.

Ferro Marc (1981), *Comment on raconte l'histoire aux enfants à travers le monde entier*, Paris, Payot.

Fumat Yveline (1978), « La socialisation politique à l'école du « Tour de France de deux enfants » aux manuels de 1977 », *Revue française de pédagogie*, juillet-septembre, p. 71-82.

Green Andy (1992), *Education and State Formation. The rise of Education Systems in England, France and the USA*, Londres, Marc Millan Press.

Gellner Ernest (1989), *Nations et nationalismes*, Paris, Payot.

Girault René (1983), *L'Histoire et la géographie en question : rapport au ministre de l'Education Nationale*, Paris, CNDP.

Girod Marion (2006), *Les Politiques d'éducation à la citoyenneté européenne : étude comparée France-Angleterre*, Thèse de doctorat de science politique, Université Robert Schuman, Strasbourg.

Guérin-Lavignotte Élodie (1999), *Expertise et politiques européennes de développement local*, Paris, L'Harmattan.

Lelièvre Claude (2001), « Culture et nation dans l'école de la République une et indivisible », *in* Claude Charpentier (coord.), *Contenus d'enseignement dans un monde en mutation : permanences et ruptures*, Paris, L'Harmattan, p. 331-341.

Ministère de l'Éducation nationale (1995), *Programmes de l'école primaire*, Paris, CNDP.

Ministère de l'Éducation nationale (2002a), *Qu'apprend-on à l'école élémentaire ? Les nouveaux programmes*, Paris, CNDP/XO Éditions.

Ministère de la Jeunesse, de l'Éducation nationale et de la Recherche/Direction de l'enseignement scolaire (2002b), *Histoire et géographie. Cycle des approfondissements (cycle 3)*, Paris, CNDP.

Nora Pierre (1986), « L'histoire de France de Lavisse », *in* Pierre Nora (dir.), *Les Lieux de mémoire*, tome 2, « La Nation », Paris, Gallimard.

Ozouf Jacques et Ozouf Mona (1964), « Le thème du patriotisme dans les manuels scolaires », *Le Mouvement social*, octobre-décembre, p. 5-31.

Percheron Annick (1978), *Les 10-16 ans et la politique*, Paris, PFNSP.

Perrot Danièle (1973), *La Thématique politique des manuels d'histoire du cours élémentaire de l'enseignement public*, Mémoire pour le DES de science politique, Université de Rennes 1.

Pingué Daniel et Joutard Philippe (2004), « L'histoire dans les nouveaux programmes (2002) de l'école primaire. Entretien avec Philippe Joutard », *Cahiers d'histoire*, n° 93.

Rozenberg Olivier (2005), *Le Parlement français et l'Union européenne (1993-2005) : l'Europe saisie par les rôles parlementaires*, Thèse de doctorat de science politique, Institut d'études politiques de Paris.

Schissler Hanna et Soysal Yasemin Nuhoglu (2005), *The Nation, Europe and the World : Textbooks and Curricula in Transition*, New York- Oxford, Berghahn Books.

Thiesse Anne-Marie (1997), *Ils apprenaient la France : l'exaltation des régions dans le discours patriotique*, Paris, Éditions de la MSH.

Thiesse Anne-Marie (2001), *La Création des identités nationales : XVIIIe-XXe siècle*, Paris, Seuil.

Throssell Katharine (2007) « European Childhood, or a Study of how "they" are "us" », communication au deuxième colloque international de la Section d'études européennes de l'AFSP, *Amours et désamours entre Européens. Pour une sociologie politique des sentiments dans l'intégration européenne*, 6-7 décembre, Grenoble.

Adrian **Favell**

# European identity and European citizenship in three "Eurocities": A sociological approach to the European Union

*This text is a complement to the book* Eurostars and Eurocities *in which the practices and sentiments of those who might be considered archtypal new Europeans are analysed - that is, the views of the ultra-mobile Europeans who have moved to live and work and work in another member state of the EU. The research is based on 60 interviews with residents of three of the major hubs of European mobilty: the "Eurocities" of Amsterdam, London and Brussels. Focusing on those who moved, most often because of a desire to get away from the restrictive circumstances they felt in their own home country, the article analyses the opinions of these individuals about Europe. It shows the low consistency of their attitudes towards the EU, which contrasts with their intense usage of the new possibilities that the EU offers its citizens. This however is not the case concerning the political rights guaranteed by the Maastrict Treaty. Eurostars rarely vote in the cities where they live, and if they are interesteed in politics, for the majority it is politics in their home country. It is in their daily life, as consumers, neighbours, public service users and cultural entrepreneurs that they exercise their European citizenship. This is also how they legitimate the European project, rather than in developing a so-called "European identity". The findings thus end by questioning arguments concerning the notorious "democratic deficit" of the EU.*

***Identité et citoyenneté européennes dans trois « Eurocités ». Une approche sociologique de l'Union Européenne.***

*Ce texte complète le livre* Eurostars and Eurocities *dans lequel sont analysées les pratiques et les sentiments de ceux qu'on peut considérer comme l'archétype des nouveaux Européens, à savoir, les Européens mobiles partis s'installer dans un autre pays de l'UE. La recherche repose notamment sur soixante entretiens avec des résidents des trois points centraux de la mobilité européenne que sont les trois « Eurocités » : Amsterdam, Londres et Bruxelles. L'article analyse les opinions sur l'Europe de ceux qui sont partis, le plus souvent dans le désir d'échapper au cadre étroit de leur nation d'origine. Il montre la faible consistance des attitudes des*

***politique européenne***, n° 30, 2010, p. 187-224.

*Eurostars à l'égard de l'UE, qui contraste avec la réalité de l'usage intensif qui est le leur des possibilités nouvelles qu'elle offre à ses citoyens. Sauf pour ce qui touche aux droits politiques ouverts par le Traité de Maastricht : les Eurostars ne votent pas dans les villes où ils sont installés, et s'ils s'intéressent à la politique, c'est pour la majorité d'entre eux celle de leur pays d'origine. C'est dans leur vie quotidienne, en tant que consommateurs, voisins, usagers des services publics locaux et entrepreneurs culturels qu'ils exercent leur citoyenneté européenne. C'est ainsi qu'ils légitiment le projet européen, plutôt qu'en développant une soi-disant « identité européenne », mettant ainsi en question le fameux « déficit démocratique » de l'Union européenne.*

THE INVENTION of European citizenship has created a range of extraordinary economic and political rights for foreign citizens, that might arguably be considered the world's first example of fully institutionalised trans – or post – national political rights beyond the nation-state.[1] Yet despite an avalanche of theoretical and normative reflection on the potentialities of European citizenship, and a growing body of quantitative research on European identity linked to official sources of data such as Eurobarometer, there has been relatively little grounded sociological work on the political participation of European citizens. To advance this question, I here present material from an unpublished chapter of my book *Eurostars and Eurocities: Free Movement and Mobility in an Integrating Europe* (Favell, 2008), as well as data from an accompanying quantitative survey, *Pioneers of European Integration* (Recchi and Favell, 2009). I offer new evidence about the usage of European citizenship rights by individuals who might be considered amongst the most highly Europeanised of EU citizens.

*Eurostars and Eurocities* is an ethnographic and documentary study of the experiences of foreign European citizens living and working in three of the EU's major hubs of internal mobility: Amsterdam, London and Brussels. A total of 60 lengthy personal interviews with individuals and couples were conducted in the early 2000s in the three cities. These are the people who might be considered prototypical European citizens. They are the very image of the European Commission's highest ideals

[1] I would like to thank the editors of the journal and this special edition, as well as the anonymous referees for advice and suggestions on this paper. Thanks also to Ian Manners who gave a very helpful close reading of the text at an earlier stage in its development.

of free movement, having exercised their European right to move internationally and build a life and career in another member state. The qualitative study was supplemented by a cross-national network based quantitative survey, the *PIONEUR* project (*Pioneers of European Integration*), which interviewed 5000 European citizens *from* the five (then) largest EU member states living as foreigners *in* the five largest member states (i.e., France, Germany, Italy, Spain, U.K.).[2]

As this article first shows, it is not hard to find these ideal type Europeans expressing a kind of European identity as a way of making sense of their life and work choices and mobility. However, as we explore their attitudes and (especially) behaviour more closely, these Eurostars are also perplexingly apathetic about the exercising of European citizenship rights to participate formally in local and European elections in their country of residence. This varies across the cities, and according to the political issues faced locally.

Theories of European citizenship and surveys of European identity often flatten and misrepresent the experience and significance of European freedom of movement. To get beyond the clichés, it is essential to listen to the voices of European citizens; to understand the nuances of their political attitudes, as well as the impact of different city contexts. As well as stressing the comparison across the three cities, I bookend the article with the transcript of an interview also not included among *Eurostars and Eurocities* many *in situ* "tales". This form of presentation also follows the style of the book, where each analytical chapter is followed by an interview that reflects back on the discussion, but also deepens and extends it. The interview here, with the well-known Brussels activist and politician Rik Jellema, thus offers a story which puts flesh and blood on many of the political *enjeux* raised by the life and experiences of European free movement, as well as an acute analysis of the political scenario faced by foreign European residents in the city of Brussels. Part of my method is to suggest that a fully contextualised, *everyday* account of political participation such as this is needed to grasp what is really wrong (and right) with European citizenship. We

---

2 "Pioneers of European Integration 'from below': Mobility and the Emergence of European Identity among National and Foreign Citizens in the EU", Framework V project (2003-6), directed by Ettore Recchi, University of Florence. See our website: http://www.obets.ua.es/pioneur.

should not forget that the true experts on this subject are the European citizens themselves, whose voices are so rarely heard in political science research.[3]

## ***Road to nowhere***

Viewed sociologically, European integration can be understood as essentially driven by mobility across borders (a view first established by Deutsch et al 1957; reprised by Rodriguez-Posé 2002, Fligstein 2008). The canonical freedom of movement of goods, capital, services and persons thus enshrines and facilitates the building of Europe via an essentially *negative* integration logic (Scharpf, 1999). By breaking down borders to free movement of all kinds, the patterns of mobility, exchange and interaction between Europeans are to be *de-nationalised*, hence robbed of the bounded territorial container that has always made the nation-state the pre-eminent economic, social and political unit of society in modern Europe. Not least, the removal of borders aimed at tempering the exclusive nation building dynamics that made inter-state rivalries over the last three centuries the most potent source of war in the continent. Viewed this way, the Europe that is emerging can be defined, not as a nation or state in the making, but rather as an undefined space of expansive freedom and mobility, as much as of peaceful trade and exchange. Insofar as this space is a reality it is so because people have used these opportunities to *do* new things across national borders: go shopping for cheaper petrol or wine; buy property in charming rustic villages; look for work in a cosmopolitan foreign city; move to retire in the sun; take holidays in new destinations; buy cheaper airline tickets; plan international rail travel; join cross-national associations between twinned towns; use a common currency without having 5% "commission" stolen by a bank – and a thousand other actions facilitated by the European free movement accords (on such European citizenship "practices", see also Wiener 1998).

---

[3] One of the obvious inspirations for this approach is Bourdieu *et al* (1993), particularly the practice of publishing transcripts of interviews in full. While I do not subscribe to the activist methodology of that work – which tended to put words and ideas in the mouths of respondents – the attempt to present the situated voices in vivo is a vital idea in the sociological approach I propose here. See note 5 infra for a reference to other methodological choices made in this research.

All of this may well be proceeding fine without yet the need for people to be stopped to ask about how they *feel* about it. Yet somewhere during 1990s, the European institutions became fairly obsessed with the need to define te EUmore positively as an entity itself providing self-conscious "identity"– as an explicitly alternative entity to nation-state identification. They had always been nagged by the sense that someone ought to take seriously Jean Monnet's oft-quoted, but little substantiated, comment that European integration should have begun with culture not economy. As the new millennium approached, a threatening rhetoric emerged at national levels about the EU's so called "democratic deficit", and its alleged emotional disconnect with its citizens (see, for example, Siedentop 2000). In response, the EU institutions began to vigorously promote publicity and policies designed to build consciousness of Europe among its national citizens (Shore, 2000; Forêt 2008).

One consequence was that a lucrative research industry on "European identity" emerged, mostly on the back of the regular Eurobarometer: a questionnaire that charts on an annual basis how popular the EU is today, what they feel about nations, markets or immigrants on a 1-10 scale, whether they would buy an EU constitution with their cornflakes in the morning – and other such questions apparently crucial to the functioning of a modern democracy (archetypal Eurobarometer research on European identity includes: Gabel, 1998; Citrin and Sides, 2004; Green, 2007; Fligstein, 2008, ch.5; on problems with Eurobarometer, see Bréchon and Cautrès, 1997; for alternative methodologies see Duchesne and Frognier, 2002; Díez Medrano, 2003, Bruter, 2005; for overviews, see Herrmann, Risse et al, 2004; Checkel and Katzenstein, 2009). Figures about identification with the EU fluctuate wildly, and are notoriously variable across member states. In most recent times, the worry has turned to near desperation, as European elections produce ever more dismal results, and the clapometer of public opinion shows declining appeal for the EU, even as its citizens exploit ever more vigorously the free moving travel, shopping, retirement and career opportunities that would not exist without it.[4]

[4] Euroscepticism may appear rife in other measures, but when asked about European citizenship in terms of rights, 37% of European citizens think they would be willing to move to another country that offered better conditions, 53% think the "freedom to travel and work in the EU" is the most important single benefit of membership – ahead of the Euro (44 per cent) and peace (36 per cent) – and 57% have travelled internationally within the EU in the last two years (source: Eurobarometer 64:1, 2005).

Low turnouts at European elections, and the growing anti-EU sentiments everywhere following the crushing rejection by core members of the EU constitution in 2005, and record scores for Eurosceptic parties in 2009, only seemed to confirm the chorus of anti-EU feeling across the continent lambasting the European construction. People just do not want to identify with the work of all those bureaucrats in the offices in Brussels, even if they are more than happy to reap the benefits of their efforts. One might describe this as an "attitude problem".

Europe's identity problem is, however, in large part a problem with the notion of "identity" itself, with which commentators, scholars, politicians and journalists, have increasingly wanted to frame the issue (see Brubaker and Cooper, 2000; Favell, 2005). For them, staging the debate in the reductive "hardball" (i.e., highly Americanised) logic of two dimensional, either/or politics, European identity is consistently set up as a rival for the European nation-state, for or against: either to be cheered along as a radical post-national alternative, or (more likely) damned in the name of patriotic nationalism and nation-state exceptionalism. But, as the blatant disjunction between feelings about Europe and exploitation of rights show, the problem may lie with conceiving of integration, not *behaviourally* – in terms of what people are doing, the kinds of social patterns that have emerged and developed as a result of freedom of movement – but *attitudinally*, in terms of a normative projection of social-psychological change.

The European Union's big mistake was to try to market the many supplementary individual rights of free movement offered to nationals of the member states – what became packaged for PR purposes after Maastricht as "European citizenship" (Maas, 2007) – as a genuine form of citizenship. They thus engaged in a dangerous game of rhetoric in relation to this core notion at the heart of the modern nation-state and its emotive allegiances. For what else might European citizenship be except something that transcends and perhaps replaces national citizenship? Scholars played their part, overlaying the debate with grandiose cosmopolitan illusions of a post-national European state and polity, in which EU citizens would gradually learn to leave behind their historical national affiliations (i.e., most famously, Habermas, 1992; Beck and Grande, 2004; see especially the research agenda pursued by researchers at ARENA, Oslo in this vein, i.e., Eriksen, 2005). But notions of European citizenship suggest a fully formed democratic nation-state on the model of classic modern national democracies: a European Union seen in this light can only be judged as fatally flawed in terms of political identification. Hence, we arrive at the "democratic deficit", judging the European construction *as if* it were a historical European nation-state –society, a rhetorical gift to eurosceptics everywhere across the continent (see again Siedentop 2000; and a response in Moravscic, 2002).

On the other side, this has not deterred those who dream of a European citizenship. The EU institutions may as yet have failed to convincingly construct a European population in its own image. But with its multiple arms of university funding in Europe, the US, and further afield, they have been spectacularly successful in constructing a European community of EU scholars, hooked on the pre-packaged Euro-data and Euro-agenda the institutions produce. Since Meehan's pioneering work (1993), a great deal of academic effort has thus been spent in the last two decades by theorists specifying the counterfactual conditions for the development of a "true" European citizenship. European citizenship scholars offer a variety of perspectives, but what links notable name in these debates (i.e., Weiler, 1998; Magnette, 1999; Kostakopoulou, 2001; Bellamy and Castiglione, 2006; Shaw, 2007) is a concern with debating the *normative* philosophical potentials of European citizenship, rather than a focus on evidence about *actual* participation.

For sure, one of the key rights that EU free movers enjoy is the right to vote in both local and European elections in their chosen country of residence. This is indeed one of the most obvious political dimensions of the notion of European citizenship, and the element that links the participatory rights of EU citizens as political actors, with their economic and social rights as consumers and wage earners in a free Europeanised common market. Against this backdrop, it is reasonable to expect that the movers are people who might be considered among the most "highly Europeanised citizens" of the EU – the kind of people who might be thought to care *most* about their putative European citizenship – and that therefore they are a crucial test case for European citizenship. We know the notion often inspires idealistic prescriptions about political participation, rights and democracy beyond the nation-state, but how is it actually experienced and practiced? Both my study and the PIONEUR project offer findings on this subject.

One of the key arguments of previous European identity studies has been to suggest that there is in fact nothing incompatible between national identities and European identities (Risse 2004). Regarding the special case of free movers, then, PIONEUR generated an interesting series of results that suggested in fact that the most plausible socio-psychological role for a European identity is to assist in cognitive dissonance reduction: providing individuals a means to find a midway between their otherwise incompatible national and regional identities, and allowing them to feel comfortable with both (Rother and Nebe, 2009).

Translated into political attitudes, it is thus not hard to find textbook examples of good Europeans in this sense among my own interviewees.[5] David, a successful self-employed management consultant in Amsterdam, is an archetype, an English expat, at home as a European every bit as much as he is integrated into Amsterdam life, yet recognisant of his original national identity. The combination is simply the way he lives his life and conducts his business: the European Union thus makes perfect sense for him. He describes himself as a strong supporter of the EU and "felt very moved when we got the Euro". Saskia in the City of London is a high flying risk assessment specialist from Belgium, who looked first to America for her career, before realising that Europe's quality of life and welfare benefits mattered more to her. She also repeats the kind of argument that the European Commission would dearly love its citizens to adopt. For her, the EU is a supplement to national identity, and a practical necessity for Europe. As a Belgian in the US, she started to feel more European, emphasising the feeling that Belgium has always to be thought of as part of a "larger entity".

But both Saskia, and Franz, a banker in London, affirm a version of European identity that is at odds with the PIONEUR findings about cognitive dissonance. Instead, they are the acme of Europe as the promise of what is referred to in *Eurostars and Eurocities* as a "de-nationalised" kind of individualism. Europe enables them to move away from their national identifications, and live a more individualistic life. Other interviewees point to how their awareness of "being European" relates

---

[5] For extensive details about the range of interviews, the personal backgrounds of interviewees, the sampling methodology in each city, and the interview strategies used, see appendices 1 and 2 of *Eurostars and Eurocities*, pp.232-239. Names of interviewees quoted here are given pseudonyms and blurred identities, with the exception of Rik Jellema, who is a well-known Brussels politician.

to the concrete benefits of not being discriminated vis-à-vis national residents, something they feel is in stark contrast to the treatment of non-European, non-white immigrants. There is also link made in people's minds with emergent regional and city based identifications; being European has also become a broader and more inclusive identification after the Mediterranean, Scandinavian and East-Central European enlargements.

There are different points of view articulated according to context, though. To Belgians in the Netherlands, free movement rights are not linked in their mind to the EU – but to the longer standing customs union within Benelux countries. One or two of my Eurostars also express versions of Euroscepticism, particularly about the loss of diversity that Europeanisation seems to entail. This is most likely in London, where a couple of residents have internalised English Euroscepticism as a proud mark of their successful integration into life in the capital. Some aspects of the European construction do seem to echo the worries most visibly expressed in the French and Dutch constitutional vote that European integration is a cover for homogenising global capitalist interests. Valérie, a French resident in London, who works in the City as a broker, has a strongly held view on this question. It is worth lingering awhile to listen to how she expresses these feelings:

> "I understand the arguments [about the benefits of the EU], but [like the English] I also don't want the Euro. What I think is a shame, is that I've seen during my recent travels [around Europe] that there is more and more uniformity. There's no more individuality. It's really remarkable. You find the same programmes here, in France, in Germany, in Italy. Where is the individual character of each country? OK, the Euro is good for having the same money, but each country I think is going to lose its identity. It's not all a good thing. I don't see what the interest is in everything resembling each other. I don't like to be the same as others. It's for that that I'm here, and so I understand the English attitude, especially since they have their own island. It would be sad to lose that, this culture, when there is already so much uniformalisation."

She blames the EU for processes that appear – as she then points out– to be more to do with globalisation – and the capitalist interests for which she works. As is often the case, the inconsistencies in her behaviour, get rationalised in terms of the socio-psychological babble of "identity".

> "When I arrived here, I felt more Italian than French [she is a French national of Italian family origin]. I don't always recognise myself with French people. I have certain Italian things about my values, the family, in relation to how I was educated, and it *makes sense* because my grandparents came to France but raised their children in an Italian way, and so did my parents. So I don't feel I'm anything. I'm Valerie, *voilà*."

Notably then, it is her "de-nationalised" state that she stresses the most. Yet she doesn't reduce the dissonance here by turning to a European identity, which I suggest might be a solution for some people:

> "Well it might be a *belle idée*, but... We're all different, that has to be appreciated. So, no, I don't feel myself to be European..."

Take the question back towards practicalities, though, particularly the specific regional economies of scale that the European Union offers, and the benefits seem more distinct. A businessman can see these issues in a particularly clear way. Dave, who now runs his own courier business in Brussels after several years working in Amsterdam, has been amazed at the bureaucratic differences between even neighbours as close as Belgium and the Netherlands. He sees the introduction of the Euro in positive terms, because it will make business across borders far more transparent. People shopping around for the best deals – including internationally – will help this work efficiently.

Claudia and Miguel, an Italo-Portuguese couple in Brussels, summarise the point well. Eurostars can take the benefits of European mobility – economic and otherwise – but would rather be cautious about more grandiose academic talk of "identity". When I ask them about their attitudes to Europe, I point out that they themselves as married, and having studied and worked together in a foreign European country, they are a great example of European integration:

> *Claudia* – "Yes, that's very good. That's a thing I would accept voluntarily. It's a good experience [to have moved]. It's great to have benefited from the European space, but..."

> *Miguel*– "I agree in the idea of a European Union. We try to have a European life. We feel European. But I think that it's overblown political rhetoric [*démagogie politique*] of others to talk about a 'European identity'. There will always be national sentiments. I think that's a real failure [of the EU]. We can hope again with the Euro. There will be a little impetus, in that we are all concerned."

The sociological point here can be pressed further in theoretical terms. Behaviour is so much more fundamental than attitudes; this surely is the EU's best hope. The fundamental unit of society is not an opinion or a belief; it is an action or interaction. Of course, you can *ask* people the "identity" question – how do you feel about the EU, does "being European" now come in third, fourth or fifth behind your national identity, regional belonging, favourite football team, or preferred brand of training shoe (and other modern identities that we slip in and out of)? – but the blunt truth is that this extra question is quite simply redundant once you have good behavioural data, that tells you what people actually *do* in an integrating Europe. Political scientists inevitably think first of voting and the "revealed preferences" they supposedly denote, but "being European" nowadays is as much likely to be about this, as it is about all the manifold things that people can now do more easily across borders. These ways of being European – that can all be counted, or interrogated for meaning – are notably also enjoyed by many who overtly profess themselves to be Eurosceptic or to have no European identity at all.

Such action may well be spatially as well as socially structured. Certain research for example, has affirmed that spatial factors (i.e., residence near a border), is linked via experience to positive attitudes on the EU (Gabel, 1998; Berezin and Medrano, 2008). This confirms the older tale that historians such as Hartmut Kaelble (1989) have told about European integration being driven by a regional core, traceable in the regionally-minded urban populations along the central spine of Western Europe, as much as the leading pro-European politicians who came from these parts (see also Therborn,1995, ch.10). In other words, the psychological super-structure – what people think of, and retrospectively rationalise, when asked, as their "identity" – rests on behavioural foundations, that actually might prove to be very material and interests-driven to begin with.

Talk of European identity, then, largely obstructs what we should be studying. But what of European citizenship, conceived in behavioural terms? European residents have the right to vote in local and European election, and surely a strong, self-conscious motivation to participate in their chosen place of residence as Europeans. Have they been exercising their European citizenship – as surely they must, according to the theorists – in voting and electoral participation? It is a far from straight-forward question, as the following evidence shows.

### *Don't worry about the government*

The general evidence for the participation of EU citizens to date in both local and European elections has always suggested it is low. Broad systematic studies, such as the cross-national study of the implementation of European citizens rights by Strudel (2002, 2003), and a study over time of EU citizens participation in Brussels by Bousetta and Swyngedouw (1999), both discovered surprisingly low rates of participation – as well as many institutionalised barriers – among a population who would have thought to be prototypically "highly Europeanised" in their attitudes. This lack of participation – particularly in Brussels where so many of the target voters are involved (in their employment) in the European project – is perplexing and calls for further investigation.

PIONEUR furnishes us with some general evidence on the political orientation of European free movers. Compared with European Social Survey (ESS) findings about the average EU population (the "stayers"), EU movers are more interested in politics (being more highly educated), yet considerably less participative; they are half as likely to have participated in their last home country elections; and they are less likely to be politicised on a series of other measurements of politicisation (on these and other findings, see Muxel 2009). Taking the classic left/right cleavage questions on two dimensions, the survey reveals that the population tends to combine a more left wing attitude to state intervention on social policies and the welfare state,[6] with a more open liberal attitude to moral/cultural questions.[7] That a certain anti-free market attitude on the economy is relatively common is perhaps ironic given the EU is usually perceived as a "neo-liberal" project on the continent. However, findings on the economic question were mixed. Regarding the total of 40% of EU movers who position themselves on the left (which compares to between 25%-33% of Europeans as a whole, and to 22% of EU movers who say they are on the right), more than half were hostile to economic liberalism, while about a quarter accepted it. These two left-wing affiliations then tended to have distinct social profiles, as seen in Table 1. Those against economic liberalism tend to be younger (39%

---

[6] 44% disagreed with the statement: "The less the state intervenes in the economy the better it is for the country."

[7] 48% agreed strongly with the statement: "Gay men and lesbians should be free to live their own lives as they wish."

of those under 40, versus only 23% for), and they have higher than average professional levels (46% of those against belong to the service class, compared to 41% of those for), yet there are more men (58%) than women among the free market left, and their level of education is slightly lower than those in favour of state intervention (50% have a university degree versus 57% of those against economic liberalism).

**TABLE 1: Break down of "left-wing" attitudes among EU movers (%)**

| | Men | < 40 years | Service Class | University degree | Young migrants short stay | High level of politicisation |
|---|---|---|---|---|---|---|
| Left-wing anti free market | 49 | 39 | 46 | 57 | 35 | 31 |
| Left-wing pro free market | 58 | 23 | 41 | 50 | 21 | 21 |
| Indifferent | 44 | 37 | 42 | 48 | 32 | 18 |
| **Total of sample** | **49** | **31** | **38** | **44** | **27** | **17** |

*Source*: PIONEUR project.

Overall, though, the political profile matches fairly well the general political orientation of the European Commission and the institutions, which is liberal on both social and economic scales in European terms. Among my population of *Eurostars*, as well as many that embody this kind of profile, there are also a number of respondents who buck the trend that might suggest Euro-cosmopolitanism is an exclusively left-wing thing. Axel in Amsterdam, a successful manager in a telecommunications multinational in Amsterdam, and Claudia and Miguel in Brussels, as well as several business entrepreneurs and corporate high flyers I talked with, exemplify the strong free market, anti-state, anti-taxation orientation of some Eurostars. The political profile of interviewees also underlines the broadly middle class (rather than "elite" background) of most movers.

A section of my interviews focused on asking individual citizens about their awareness and motivations to participate in local elections, exercising their voting rights as prototypical "European citizens". Where relevant I also discussed participation in European elections, and their interest in national elections in both their host and origin countries. On the face of it, as residents, some of them long term, it would seem likely that they would be particularly motivated to vote on local issues that materially affect them, whether it is local issues of quality of life, traffic, environment, development, street cleaning, cycle lanes, or whatever.

But is this the case? What exactly is at stake in this question? As we will see below, Rik Jellema's view as a politician suggests many reasons why these residents *should* have a serious political interest in the quality of life issues (on the environment, transport, local governance, and so on) that emerge in their everyday life in the city – many of which are indeed the exact reasons why (again, for "quality of life" reasons) many of these movers have chosen to live and work abroad in these foreign cities. Despite their ambiguous connections to the host countries, and their clearly individualistic, mobile view of life, there is a serious question – raised by entrepreneurial political characters such as Jellema – about how to mobilise their considerable economic, human and social capital collectively on the local stage to effect change. Given the intensity of typical *domestic* middle class urban struggles – over issues such as gentrification or access to schooling (Butler and Robson, 2003; Andreotti and Le Galès, 2010) – these foreign middle classes ought to be a powerful emergent group in city politics. These sixty or so individuals are highly international, cosmopolitan, often very pro-European, and distinctly self-styled *urban* professionals. A large majority of them are strongly involved in the social, cultural and economic life of their chosen city of residence. Many of them strongly self-identify as "Londoners", "Bruxellois/Brusselaars", or "Amsterdammers". What is noticeable, however, across all the cities, is how this involvement almost never translates into political participation as such. The ideals of European citizenship seem way off in their hopes that this might be an effective route towards Europeanisation and a more democratic Europe.

When asked about this Nicole, a young French woman in London, shrugged in a way typical of nearly all interviewees – who would otherwise be classified among some of the most politically and culturally aware members of the European population. She says she was lazy and didn't go looking for information, when they didn't sent it. She says she reads newspapers, follows politics, but is much more interested in her home country politically. She knows she is not going to stay for long. Some interviewees are even surprised by the question. For example, Valerio, an Italian who has been living and working in the Netherlands for several years, thinks he is not able to vote, and ignored invitations to vote at the city level. "I'm living as if this was part of Italy", he laughs.

Several other movers said they had wanted to vote, but didn't – for trivial reasons, such as absence on the day or failing to get organised in time. Their casualness betrays the lack of significance the vote has; or, at least, that the rhythm and shape of their life does not match too well with the requirements of a normal citizen. Conceptually, in political terms these mobile Europeans see themselves as still fundamentally linked to where they come from, or to a broader European entity, even if most other aspects of their lives are in the foreign city. This may signal a different kind of spatial awareness – a way of living that is not the conventionally nationalised one of the native resident at home – rather than apathy or apolitical attitudes. In conversation with Dominic, a French broker in London, he points to issues he feels are important at the local level – and yet why local participation still makes no sense, and how France remains his main political reference point. When I ask him if he follows French politics, he responds as if this is a truly stupid question: of course, he does. Donatella, who has been living and working in the City several years says something similar: politics, for her means Italy, and she still follows developments avidly. Or Franz and Carmen in London. Franz has just been stressing how German identity means little or nothing to him now. They are also home owners, with a strong interest in their neighbourhood, strong opinions on life in England, and strong self-identification as European citizens. Yet they have only ever voted in their home countries – and still do.

It is not just a question of temporary attachment. Stefan is one of the most perplexing cases. He is a successful young architect, with an internationally renowned Dutch office. He has been living outside of Germany for nearly all his adult life. Highly integrated in Amsterdam life, a house owner with an Australian wife and child who speaks Dutch, he is very motivated in getting involved in all aspects of local urban life, and talks animatedly about local schools, his neighbourhood, city housing policies, and urban planning. He is a committed Amsterdammer in so many ways – yet it turns out he sees his political commitment, not in the city he lives in, but totally in Germany. This pattern is common, even for the most politically engaged and aware. Tom, in Brussels, is

Irish, a committed trades unionist, working for the international association. I ask him if he voted in the local elections in Brussels.

> "No. We *were* a bit guilty. I thought, especially working where I do, I shall have to remain anonymous! Yeah, I would be interested [in participating]. I read quite a bit about it when I saw some expats were standing in some areas, and the resistance to it... [Laughs] I'm on dodgy grounds here. You know, theorising about it in the pub, but then not doing anything about it."

Of course, a few of the interviewees are the prototypical "barbarians" (Angell 2001): international free movers, concerned only with escaping the binds or obligations of *any* nation-state, with only cynicism about politics. For instance, Miguel and Claudia, the Portuguese-Italian couple, now homeowners and working in Brussels. The conversation might come as a shock to idealists of European citizenship:

> *Adrian* – "Did you vote? Register?"
> *Miguel*– "No. No interest."
> *Claudia* – "No interest."
> *Miguel*– "...Neither in politics in general, neither on a personal level."
> *Adrian*– "You knew you had rights."
> *Miguel*– "Yes, we saw the stuff, we talked about this with friends..."
> *Adrian*– "Well, I'm still looking for someone who did vote [in Brussels]..." [Big laughs]
> *Claudia* – "Well, you are going to be looking for a long time!"
> *Adrian* – "University researchers love talking about 'European citizenship'..." [More laughs]
> *Miguel*– "For me, personally... I don't believe in politics at all. I've never voted in my life, and I'm not going to begin now."

The only thing that gets this group going politically is taxation, a notorious problem in Belgium for the self-employed. It's the one thing that makes them want to leave – barbarians, of course, always vote with their feet. Ray, an independent businessman in Amsterdam, also expresses this kind of view. He says he has never voted, and thinks it wouldn't make any difference "wherever". His "respect" for politicians would be the same anywhere. This is the classic barbarian point of view, but it is striking that from his other testimony, Ray is obviously an internet news junky, is very concerned about his economic contribution to Dutch society, and is strongly committed to bringing his children up there. As we move up into the high flying world of corporate finance lawyers in the Netherlands – some of the most self-styled free movers in my sample – the message is crystal clear. Nina and Maria dismiss my questions, telling me you can read the newspaper if you are interested, but that Dutch politics had no relevance at all "for me".

It might not be too much to have subtitled this section: the apathetic, the apolitical and the downright cynical. Not exactly the kind of European citizens theorists have in mind when they construct their normative models of political participation and democracy.

### *Life during wartime*

Of course, this general picture needs qualifying across the three cities. A minority of interviewees *had* exercised their political rights as European citizens, and there were some interesting differences between the modalities of politics in each of the three cities, that led to different types and likelihood of participation. The trick here is to try to specify the mechanisms by which it succeeds or (more likely) fails, particularly in relation to the resident ethnic minority populations, and the irony of their often more convincing political inclusion in the city – despite their disadvantage in almost every other respect.

#### *London*

Of the three cities, post-national non-participation was at its highest in London. The scale and free market driven individualism of London perhaps accounts for the far less present involvement of local government issues in the details of everyday life. On the other hand, there are plenty of issues to get foreign European residents riled up. For example, Sandra, a long term Luxemburgher resident, living in affluent Kensington. She feels rather settled in London, and is well integrated. I ask her if she has voted in local elections. Her response begins like so many others – no, she hasn't – before veering off into a rant about how much she hates the mayor (at that time) Ken Livingstone, the congestion charge, the lousy underground system, and the lack of sensible bicycle lanes. Like many she feels London's "quality of life" is terrible, but she is not going to vote in order to do anything about it.

The one or two people that did vote, did so less out of political commitment, more out of a sense of curiosity, or because it was fun. Rainer, the mid-career manager with Unilever, was not going to miss the chance to vote. He loves having these rights – so he can talk with the candidates when they come to the door campaigning. He laughs, though, that they were "a little bit turned off by my accent". When they did vote, some interviewees were not even sure which election they voted in. Valérie, from France, also found it funny, doing it with a pencil and putting a cross. They didn't verify her identity, and was amazed at the levels of trust about potential fraud that would never be the case in France. I also uncovered one or two cases of Britain's famously loose electoral registration practices, actual leading to *national* election voting cards being sent out to foreign residents. This perhaps was not what the architects of European citizenship had in mind. In conversation with an older Spanish couple, who had been living in England three or four years, I asked if they had voted as European citizens? They had a funny story.

*Carlos*– "For the local council, not the European.."
*Susana*– "No no! It was for the general election… I did!"
*Carlos*– "Voting here is a folklore kind of exercise. We didn't know much about it."
*Susana* – "I wanted to see what it was like, so I voted. It was not for the local election, it was for the general election. That's something that shocked me. In Spain, when you vote, they check your identity card, and then you get a tick, and you have voted and you cannot vote again. I went to the police station with a letter sent by them [voting registration card] with my name and address. As they don't have id here, they asked me, 'Are you Susana Hernandez?', and I said, 'Yes.' 'OK, you can vote..' It could have been my neighbour… Or my mother [laughs]."

Norbert, a young German resident, did vote, but again with a rather voyeuristic motive: he'd never voted in his life, and just wanted to try it. He'd filled in the registration card, and showed up to vote. He says he pays his council tax, and has some general ideas about democracy and participation, but that he is not really interested in the local elections. He even knows some Japanese friends who were able to vote because the council didn't check ids. But in the end, Norbert also admits that what really counts for him is German politics.

*Brussels*

What about European Citizenship in the political capital of Europe? Here, foreign European residents have well publicised local voting rights, although they are not located at the level of the region – a point of regret and political significance, as Rik Jellema points out in the interview – but rather at the highly localised, yet politically important commune level elections, every six years. Uniquely among European cities, the high percentage of European residents, coupled with their concentration in certain communes such as Ixelles, in fact creates the possibility of a serious electoral impact of this population on Belgian politics as a whole (Bousetta and Swyngedouw, 1999). In particular, it is of vital importance as regards the precarious balance of Walloon versus Flemish interests in the city, on which European votes could make a big difference. Although both sides tend to assume residents will naturally side with the francophones, in fact it would only take more than 15% of the foreign Europeans to side with the Flemish to alter the balance in their favour –15% being the very approximate size of the Dutch speaking population in Brussels, on which political calculations on representation are based. Also, Brussels is a leader in multicultural participation after the big local successes of Moroccan, Turkish and African representation at the city level (Jacobs, 2000).

Participation in Brussels thus offers a natural setting for exploring the reality of European citizenship. After all, this is a highly euro-conscious population, many of whom work in close contact with the European institutions and European politics orbiting them. If there is no real sense of emerging European citizenship here, then where in Europe could there be? Yet despite huge efforts by the Region, by communes, by Belgian political parties on both sides of the linguistic divide, by the Brussels-Europe Liaison office, and by the widely read local magazine for expats *Bulletin*, very few resident Europeans bother to register or vote in local elections. Why not? All were aware of their rights; many felt uncomfortable that they had not got involved; most were "political" animals by nature. For example, almost all of my interviewees admitted to not having voted or even register in the 2000 local elections. Overall less than 10% of the foreign European population registered for that election, and a majority of these were longer term working class foreign residents, not the Eurostars. EU citizen participation in Brussels is, it turns out, the dog that doesn't bark– even if, as IT consultant Gunther insists I point out somewhere in my "report'", there are still far too many dogs that are allowed to "shit on the street".

Gunther himself didn't vote. Although resident in Brussels, he cannot register properly because of tax reasons connected to his business. Alternately, he got involved in the governance of his children's school. Bent, a management consultant who is also a local landlord, and Siobhan, an IT start-up manager, are both motivated enough, and have real local issues to raise. Again, perplexingly, it does not translate into political action. Siobhan believes you should get involved, but she sees no way into the associational life of Belgians. I point out that Belgians put a big accent on local participation, and tend to be very active in associations and so on. She is, in fact, turned off by how everything is so political in Belgium, where you "have to play the game" to understand "the way it works here". All this is despite the efforts of the Belgian political parties, as well as local communes and the region, to mobilise such residents.

Belgian political parties had however made some attempt to woo these voters given the fragile linguistic balance of Dutch speaking versus Francophone representation in certain communes. Parties were able to obtain classified lists of registered voters, which signalled if they were foreign residents or not. Sometimes this backfires. This is something pointed out to me by a Dutch journalist friend, Kees. Over a late night beer at the *Ultime Atome* café one evening we talk about Belgian politics. Kees has very much wanted to participate in the election, but couldn't because it turned out he had to organise a traditional "bull frog" party that day back with old friends in Den Haag. He had grown up partly in Brussels, so was very much at home working for an international organisation in the city. Here was a Brussels European citizen highly motivated to vote – but on the Dutch speaking side. He was one of many Dutch, German, Nordic and English speakers who belied the common perception that foreign European residents automatically side with the French speakers in the city. These nationalities in Brussels together total significantly more than the 15% it would take to affect the current balance. In fact, he was infuriated that in Ukkle, where they lived, he was automatically assigned to the French speaking political lists, as a European resident, even though he was Dutch. He was also annoyed that parties had complete access to foreigner status list and addresses, which meant he had been the target of some campaigning. In the end, it was the rigidity of the Belgian system of voting that put him off. Not being sure if he could be physically present on the day (as is required), and knowing that there are fines for not voting in Belgium, he was one of the 90% or so European residents who didn't register. Kees was so angry about the whole issue he sent back his electoral card as a protest.

Others were very much aware that they might be awkward bureaucratic consequences from registering to vote, in situations where their interest in influencing the local political issues was marginal and they couldn't be sure to be in town on the right day. Bernhard is highly motivated politically, and also sides with the Flemish in Brussels. But again, he didn't vote for this simple trivial reason. Janet, meanwhile, a PR manager working for Unilever corporation in the city, found out the hard way the costs of being a committed European citizen and actually registering. Let us listen to her story.

> "I got my fingers burned last September, when I enrolled to vote in the European elections. I've been living here for five years and I thought: 'I should exercise my right to vote'. I've been paying taxes very high here – although you shouldn't necessarily link taxes and voting together – so I registered. Because I was in the 'right' age group, I got called in with two days notice to do voting duty. If you are between 30 and 32, you are the age group they ask, you are the most intelligent or most flexible, or whatever. So I have to turn up in Kraainem [a controversial *commune à facilités*], and sit the whole day from 7.30am to 4.30am, ticking off names on a list, for 20 Euros compensation! I was very very pissed off. If I didn't do it, I'd get a 600 Euros fine, according to the leaflet I got… All the Belgians really dodge things. They say, 'Oh, my 83 year old granny is coming', or 'I've got an airline ticket'. My Belgian boss said to me, 'Oh, you should have said to me, we could have sent you off on business somewhere'. But I was too honest, played it by the rules… It was very frustrating, it really put me off Belgian politics. There's no way I'm getting involved again, forget it."

Although she had to help supervise voting for the national election taking place at the same time, she was of course not allowed to vote in it. At least she can see the funny side.

> "I had a bit of a laugh. [Because of the rules], I had to speak and write for the people in Flemish, which I don't speak! 'Goede daag, meeneer, kommen binnen' [in a terrible Dutch accent]. They are looking at me, and they are like, 'What was *that*!?'"

Again, despite being politically aware, even idealistic, Janet found that European citizenship didn't mean much to her. I asked if there were issues that mobilised her.

> "Not really. I wouldn't know how to get involved. To me, it's a minefield. The parties are not appealing. I wouldn't know who to approach in Ixelles... I voted for Agalev [Flemish green party], the year before. I voted for a guy because he was called Costello, like 'Elvis Costello'. He was with Agalev or the Green party, I can't remember. I thought, 'That sounds like a nice name'."

Much of the problem in Belgium comes down to the fact that the internal Belgian political struggles don't mean a lot to foreign European residents, and don't represent issues close to their interests or ideas. Dario, a successful architect, is one of the most settled and engaged long term residents I meet in Brussels. He is thoroughly aware of the issues, but he still admits that it is Italy – a country he has not lived in for over 10 years – where he feels politically rooted. The problem is that Dario in fact feels alienated by the shape and terms of politics in Belgium. It is not at all that he lacks political interest or opinions. But the cleavages that appeal to his political sensitivities are found better in his native country. He, like others, is also out off by the extremes of Belgian politics, such as the rise of the openly racist Vlaams Blok (now Vlaams Belang). When the most engaged foreign residents still feel this way about the local political scene, it is perhaps not so surprising that they choose not to participate directly in party politics in their adopted city. They do not perceive that the elections would make much difference to the kinds of issues that might matter to them at the local level: such as the troublesome rubbish collection, local security and policing, housing developments, lack of cycle lanes, dog shit, parking problems, and so on. These clearly are issues that could motivate *all* residents – Belgian or not. But it appears that the Belgian parties are often much more concerned with local culture and language issues, and only view foreigners as stylised "expats" which no such concerns.

The mobilisation gap became clear when I went to visit, on invitation, the elected responsible for foreign residents in Ixelles, Julie de Groote. Unfortunately, at the last minute the meeting was cancelled and I was passed off on to two of her junior assistants, both rather geeky, fresh-faced Walloons straight out of university, who did their best to answer my questions. It was immediately clear that there was little awareness in the commune, of who the large European population are, or what they might want – despite being 28% of the electorate in the commune.

Francophone complacency is matched by Flemish defensiveness and negativity about foreigners in the city. Yet Flemish parties are clearly missing an opportunity in not seeing that many North Europeans would align with them. A small political event which exemplified this was the success of the Flemish green party, Agalev, in targeting and mobilising Euro voters in the Brussels-City commune in the 2000 elections, as mentioned above by Rik Jellema. They focused on this affluent, young group of gentrifiers, promoting questions of environment, amenities and culture in the inner city. The strategy worked. A handful of extra votes led to an electoral breakthrough and their elected representative, Bruno de Witte, going on to become alderman. Given the mathematics of minority representation in the city, he then became the pivotal Flemish representative within the new ruling left-green coalition.

For sure, the apparent lack of *formal* local public participation of European residents in voting – but also in housing associations, self-help groups, local committees and the like – has to be seen as a disappointment. It is not that these residents shun participation in other ways in the city. Many of them, too, are highly political animals. Their lack of participation – which stands in deep contrast to the growing participation and electoral successes of other immigrant populations in the city – perhaps can be explained by something other than apathy or ignorance. As Ingrid points out, a veteran Danish resident in her 60s who is about to retire from the Commission after 25 years there, Belgium is arguably the most difficult country in western Europe to understand politically, given its multiple levels and cleavages. Belgian politics is also already an extremely "full" space, with parties and personalities crammed into all the different local levels of activism. Europeans are not excluded from this, but it is difficult to push into the political agenda issues that have nothing at all to do with the typical Belgian obsession with Flemish-Francophone struggle and manoeuvring, or the new, emerging agenda of multicultural immigrant politics in Brussels. To some degree their political efforts may be expended in their politicking and networking within exclusively EU and international centred issues. Furthermore, with a relatively high quality of life and degree of contentment, they feel no great pressure to get involved for social change as such. Many of the structures set up by the Brussels Region and the EU institutions to facilitate participation, in fact deal with their problems in ways that deflect them from political engagement. Liaison committees and information packs are addressed to the concerns of temporary or newly arrived residents, rather than committed *Bruxellois/Brusselaars*. Eurostars are thus much more likely to express their political opinions through their activism as consumers, and the kinds of choices they make about their lifestyles and culture in the city. On this score, their political impact has been considerable.

Perhaps then there is a need to step away from the kind of idealist conception of European citizenship, by which these individuals participation in Brussels or Belgian life will always rated as proof of "apathy" or "non-integration". They are obviously not hampered economically or culturally in the city as consumers. Maybe it is as consumers, therefore, that their political impact should be evaluated. Voting is more or less irrelevant in the context of intense Belgian political debate that is not in any significant way addressed to them. Yet in their dynamic occupation as gentrifiers of various neighbourhoods, in their extensive use of services, and in their sympathy for progressive and cosmopolitan trends in the city, they have expressed themselves in a way far more significantly than turning out to vote in communal elections.

*Amsterdam*

Political participation poses the same kind of obstacles in Amsterdam where, as in Belgium, a bewildering array of parties, with often minor or very specific ideological differences, cluster around the voters' choices. Of the three cities, Amsterdam is by far and away the most difficult to settle in and integrate in the long run as a foreigner. However, among the minority of people who have managed to integrate effectively in the city, there is a more overt commitment to political participation, particularly in the many local ballot initiatives that are raised for dealing with local issues – referenda on public transport (the north-south underground line, for example), new urban developments (building in the Ijmeer), or city level environment and governance issues.

As in London or Brussels, the shape of national Dutch politics does not appeal. One English resident, Alan, a self-styled "alien" businessman, expressed the usual jaded feeling with normal politics – which, in fact, expresses the same sentiments that lie behind much of the Dutch electorate turning to new alternatives, such as the openly racist *Lijst Pim Fortuyn* or Geert Wilders, in recent years. He says there are "so many parties that they can't organise it that one party has a majority, so they spend so much time talking about things that nothing gets done". Others, such as Helen, an Irish logistics manager or Marlena, a Belgian journalist, echo the problem voiced in Belgium, that the shape of Dutch politics does not speak to them.

However, participation begins to make much more sense when it is framed in terms of common urbanistic interests that are not defined by the typical national party political cleavages. David, the well integrated management consultant, is still wary of being thought of as naturalised Dutch, but he is 100% a committed Amsterdammer. He always votes in local elections, and is "motivated in local issues that affect me personally". He cites boats going up and down the canals outside the house, and the problem with squatters. He began to organise his neighbours to do something about it, talked to local politicians and someone he knew in television to get the squatters out. In a sense, this is really what local citizenship is all about: not ideology, not party politics, but local conflicts over everyday living. David's apparent NIMBYism here in fact, is indicative of his very high degree of commitment to his locality. He is concerned about protecting the "quality of life" in his neighbourhood, linked especially to his involvement in the local gay scene. He voted for a candidate who was canvassing to turn a local street with gay bars into a pedestrian street. But he is not bothered about larger "national" issues such as education or health. For David, Amsterdam is home, and uniquely welcoming to his lifestyle. Yet Britain still retains more political emotion for him.

Other long term residents echo his terms of local participation. Sophie, a French research scientist thought it was "a chance" to be allowed to participate, and had been motivated by the same issues as her Dutch neighbours. One significant difference in the Netherlands is that long term non-European resident foreigners can also often get a vote at local level. Local politics then generally has more meaning for foreigners – of all kinds. Guillaume is also French, and is actively involved as a gay activist and as a campaigner for immigrant rights. His anger with much of what he has seen locally in the Netherlands on immigration issues has led him to first get involved, and eventually become a foreign candidate in local elections.

David, Sophie and Guillaume, at least, have found mechanisms of participation that make sense for them, and speak to their situation as long term resident foreigners in the country.

### *Conclusion: Nothing (But Flowers)*

Is the weak evidence of political participation among the Eurostars all just more grounds for Eurogloom and doom? Not necessarily. Politics is about ultimately "social power" (Mann, 1993), not just formal political participation. In terms of their actual influence in their chosen cities, and the *de facto* modes of participation of resident European citizens, there are many grounds for thinking that the practical exercising of everyday mobility rights – outside of voting and party politics – is indeed legitimising the "post-national" European project. It is driven by their fulfilment of the notion of freedom of movement, and their non-political party focused form of urban participation – as consumers, cultural entrepreneurs, and gentrifiers in the cities. Mobile European citizens might appear a particularly apolitical group in conventional political terms, but their high level of engagement in other ways in their chosen cities might also be seen as an urban form of the "new politics" that have characterised much participation in the post-ideological era of the last two decades (Savage et al, 2005). The material impact of these residents is most apparent in Brussels – where their numbers are greatest and where they are strongly concentrated in parts of the city – even if formal rates of participation remain strikingly low. It is an impact akin to that of mobility policies more generally, such as the Erasmus and Socrates education schemes: a slow moving change, that actually touches a lot of people.

The actual modes of participation of European citizens in these three cities should thus lead us to doubt the party political fixation about representation and the democratic deficit that dominates academic and media debates. The kinds of rights embodied in European citizenship are much better translated into the choices and actions of consumers, tourists, students, and cross-border workers, than into crosses in ballot boxes. National politicians disgraced themselves in June 2004 and 2009 by hardly talking about Europe or the EU (and what it actually does) in the European elections. They turn these elections into plebiscites about nationally specific issues, and nationally specific political cleavages. They have played cavalier nationalist games with the European constitution and its ratification in 2005, or various European referenda, attempting (successfully) to hijack European policy issues by putting them at the mercy of Eurosceptic national voters. As a result, politically speaking, the EU has taken several steps backwards in recent years. What gets pointed to as democratic deficit, then, is largely a symptom of the grip of Europe's highly nationalised past and the dominance of national concerns on European politics (Schmidt 2008). The biggest threat to the EU is in fact the bankruptcy of European national politics, and the increasing equation of democracy with populist mass plebiscites – such as referenda and US presidential style elections. Looking again at the face of such "democracy", and we might conclude that these forms of participation are more appropriate to the authoritarian politics of the European past, than the multi-levelled, multi-scalar governance that might (still) be Europe's future.

On one reading, the evidence presented here underlines that mobile European citizens are often not very politically participative in the localities they live in, and that their modes of practicing European citizenship appear, if anything, to be rather apolitical. But since so much more can be said about their active engagement as residents, consumers, parents, and gentrifiers in the cities they have chosen to live in, this suggests that our conventional models of political participation may be missing much of the story. If we wish to look to these "Eurostars" as proto-typical political participants in the future Europe being built, then it is to other modes of participation that we should turn—a broader range of interactions with their host society that reveal distinctive modes of integration for free moving Europeans in Eurocities.

**A local politician's tale**

Rik Jellema is something of a local legend in Brussels. A Dutch political activist and cycle fanatic, married to a French woman, he has become one of the very few successful foreign European politicians on the local communal level political scene, not least because he has always managed to transcend and combine Francophone and Dutch speaking interests in his fervent green-left politics. Despite a steady rise to prominence over a ten year period, he has in 2009 found a ceiling to his involvement. Wanting to move up to the much more politically significant regional level representation in Belgium (the Brussels-Region-Capital), he had his petition for Belgian citizenship – necessary, in this case, as EU voting rights are limited to the commune level – turned down because he is an employee of the European institutions in Brussels – a translator, in fact. Characteristically, Rik has turned this into a live campaigning point in his political activities.

I meet up with him in the foyer of the Council Building, on rue de la Loi. They are nervous here about people carrying tape recorders, so he whisks me out of the building. We head over to a local café in the shadow of the Berlaymont building for lunch. In the pale winter sunshine, the recently refurbished building is looking a lot better than it once did. Parts of the neighbourhood, though, still look like a building site. Rik is a quite unique character on the Brussels scene who has no sympathy for many of the archetypal Eurocrat attitudes, and couldn't be further from the stereotype himself. Being a politician, he also knows how to give a great interview.

*I came here in '87. I was almost 30 years old, and I had a wife from Paris. For us, it was just "in between". It was one of the reasons I wanted to go to Brussels. I wanted to go abroad, not especially to work for the EU, but being a translator of course, it's a very good job. We wanted to get closer to France, and I wanted to leave Holland because I was a little bit fed up with the way of living there. I wanted a change. I had been living 11 years in Groningen, but this* [Brussels] *is really my home town now.*

*My wife does not at all work in a Euro type job. She has a small shop, selling toys – wooden toys and clothes for small kids. It's in front of a* maternité *– not a crèche, the place where children get born. She is not at all into this European stuff. She even hates it, I'd say, the European circles, the people you are used to meeting there. She is completely out of this. It's maybe another reason for my "integration" here. We decided to send our children, who were born here in Brussels, to Belgian schools, not the European schools. It's where you meet people, make friends. They've been through both systems: first kindergarten in a Flemish school, now the French speaking school. You know the two systems in two languages, so we met parents on both sides of what we always call* "la frontière linguistique" [laughs]. *My kids are 11 and almost 14. I think my wife was pregnant when we came here. The first was born in the first year I worked here. It was the same year I lost my parents – both my parents – so, it was a kind the end of an old book. I closed the book, the chapter in Holland, and decided to concentrate on living here entirely in Brussels. I had no family left, only one brother...*

*My wife was living with me seven years in Holland, and she didn't want to quit. She was rather sad to leave, in fact, but now she's happy in Brussels.*

*She was well integrated, spoke Dutch very good. But I wouldn't mind going to France, it's a home country as well. I think it's true, the idea of a "third country" being a neutral space for couple like us… It's one of the keys of success in integration. If both partners want to go. I see a lot of colleagues whose wives have nothing to do… playing tennis, the expat syndrome. It's no good. She had a good job in Holland. She came here without a job, so what she is doing has been very important. It's OK, if you both decide to go to the third country to make a new living. Not having the idea that it's just for one or two years… We are here, you have to make the best of it.*

*That is one of the problems of expats. They continue of having this dream of going back, of returning home. For example, there are European civil servants who live in Overrijse* [a typical affluent expat suburb] *for 20 years now, and they never learn Dutch. It's a real ghetto… well, ghettos. Even before coming here they know where to go to, the English there, the Dutch there, the Germans there. They think they are only here for a few years, but after retirement, they decide to stay. It can be 20 or 30 years or longer, and they never really do it… Most of the children go back home, for university. That's in a "home" where they were not even born! A lot of children from the European civil servants go to university abroad like that. They've been to the European school, and they don't know the Belgian system. They have a very bad image of the Belgian system.*

*It's also their perception of Belgians, as foreign people. Yes, it's not easy to have a close relation with the locals. The family structure is very important, it's not that easy. The only way to get integrated is through association life. Not necessarily a club. You have to get engaged in local life. People don't talk to each other in the street, your contact with neighbours is rather superficial, It's just "bonjour, bonsoir". So, if you want to get integrated, you have to join a local association, get active. Age is an important element in the process. If you are too old when you come here, don't have the energy… It's a social phenomena. It's also that the Europeans earn a lot of money. They are a kind of* caste, *in the higher spheres of society, because they earn a lot of money. It's one of the problems with integration. It creates jealousy with the Brussels people.*

*A lot of people are unhappy here. I have colleagues who are always complaining. They are complaining about everything: the weather, the post offices, the policemen, the car congestion. They're not happy, they're really not happy. So money doesn't make you happy.* [Ironically] *This is a consolation for me, being a Calvinist. They have discovered that there is something that doesn't make you happy, it's money.*

I ask him about his involvement in local politics. In this respect, Rik is the consummate Brussels political actor, a *Brusselaar* playing on all sides at once.

*I was involved already at the first election, but I had no voting rights then. I was just what they call a "basic militant", distributing tracts and things like that, in Etterbeek. I was in the local section. I did work for* Ecolo [the francophone green party], *so they knew me already. I was not a complete foreigner to them. I'd already had this engagement. I was not really active in either* [Ecolo, or Agalev, the Dutch speaking greens]. *I qualify myself as an "independent", but if you want to go into politics, you need a political structure. You better have a member card, and try to get involved in the party structure. I'm not that active in* Agalev. *My contacts are more with* Ecolo, *as I told you. It's mostly French speaking, it's why I decided to join them. I was a member of both, but I'm more active in the local structure of* Ecolo. *It's no problem for me, it's no problem for the party* (the fact he is Dutch). *We have a very good cooperation.*

Are you listed as a Dutch speaker in the electoral list?

*Yeah, I was. Well, actually, no. It was a French speaking list* Ecolo, *with five Dutch speaking persons on it, who were* Agalev *or independent. But it was clear to the voters that I was Dutch speaking. I didn't make a point of this. Well, to some voters, I made a point of this – to Dutch speakers – to others I just said I'm Green. Your profile depends on what people find most important. I don't see language as a barrier, or as an obstacle. It's a way of communicating. I mean, I'm a translator. I know what language is. It's really important to communicate. If it has to be in French, it's in French. If it has to be in Dutch, it's Dutch.*

How did he first get involved?

*It was the cycling lobby. When I came here, I left my bicycles in Holland, because everyone said, "You can't cycle in Brussels". They were right… You can't! It's a disaster. So the first year, I walked. It was like cold turkey. I needed my bicycles. So I bought a bicycle, 12 years ago. There were so few cyclists that everyone who was a cyclist was a kind of militant. I was kind of a hard one. I met these people… Being a Dutch speaker, the circle of Dutch speakers is not so big in Brussels.* [Laughs] *So the circle of Dutch speaking cyclists is even smaller. Before I knew that, there was a lobbying group,* de Fietsebond. Le Grak *is the French speaking side – of course, there are always two – and I became rather engaged in this movement. I was even president for four years. I went to a lot to ministerial cabinet meeting, I had contacts with politicians. I kind of liked it, having the impression that you can change society. Maybe not society as a whole, but a little part of it. People started to know me, you know, through* TV Brussel [the local Dutch speaking TV station] *and all that. I was interviewed several times.. I became a* Brusselaar, *on a real small scale. In the Dutch speaking community, a lot of people started to know me. I think* Agalev *also had the idea of making benefit from this – the fact that people knew me, and had seen me on television. But it was always about cycling. I've done this, I've been rather engaged for ten years, and I wanted to do something more broad. There is this mobility problem that is rather big in Brussels compared to other cities. Cycling is only part of the mobility problem. And living in the city, mobility is only part of that, part of the broader quality of life issues. So that's why I decided to go into politics. You start by trying to change things in your own commune. The municipal elections is the level that is most close to the people, and I've always lived in Etterbeek since I came to Brussels, so I know a lot of people...*

*I live up near Avenue Auderghem and de Chasse. There are no Eurocrats there. Just lot of old Belgian people, Brussels working class and petit bourgeoisie. It's real Brussels. Nothing special, just small shops, bars, etc. The Dutch speaking community is organised at the regional level, in the communes it's too small for association. Etterbeek is not particularly Dutch. There might be 10-12% of the electorate, but they are dispersed. There's the* gemeente-centrum. *The Dutch speakers go there to meet each other. That's an advantage of the smallness of the Dutch speaking community in Brussels.*

What about the quite high number of European residents in Etterbeek? Have they played a role?

*No, I don't think so. It's 7%. It didn't play a role. I sent them a letter, but everyone did. The* burgomeester, *the alderman, every party tried to target them. But all I did was compare the list of foreign electors with European civil servants. I tried to find my colleagues in the institutions, and I wrote to them to say that I was a fellow foreigner and a colleague. That's the only thing I did, it was maybe 180 letters. I know that the burgomeester sent a letter to all the foreigners. He has access to the electronic files. I had to do it all by hand, just compare the lists.*

*I didn't present myself as a candidate of the Eurocrats, or of the Dutch speakers. I consider myself to be an* "Etterbeekois parmi les Etterbeekois", *and I think this is the way that people perceived me. There was never a question or remark about me being a Dutchman. You know in fact being a Dutchman is a rather a handicap with Flemish people. You are a* "Hollander", *you know, and that's an insult! And being a Eurocrat is also a handicap. So I have a double handicap! Well, they considered me an* Etterbeekois. *There were never any allegations or fun making. Only my colleagues* [at work] *made fun of me.*

Did anyone come to you as a representative, to ask for something as a European?

*No... Well, since I've been elected people come to me. You know,* 'Vous pouvez pas arranger quelquechose pour moi?', *"Do you know somebody? Can you phone somebody? Fix this for me?". If they have a problem, they come to you. This proves that you are very close to the people. There is a communication problem between the population and the commune, so they see you as a kind of go-through* [go-between]. *They ask you for information, how they have to go through something. Even if the commune is rather close to the people, there is still a kind of threshold, So they know you and they come to you and they ask to solve their problem. It's not corruption, this is just how it works here.*

But why did the attempts to mobilise the European population as voters not work?

[Laughing] *The official campaign to get people to register was late and not very convincing. So I think next time they'd better send a letter to everyone and ask people to get the form. They need to simplify the procedures. A lot of people thought they would have to be obliged for the rest of their life to vote* [voting in Belgium is legally obligatory if you are registered]. *It's not the case. If you don't want to vote next time, you can ask to get off the list. But the procedure is too heavy.*

*But really, the mentality of the people* [the European residents] *is not really interested in what is happening in Brussels. It's all too complicated for them. At the national level, it's complicated. But at the level of the commune, it's not really that complicated. It's about real issues, rather simple issues, like clean streets, security, too many cars, parking, cars driving too fast. I can't understand this kind of disdain you hear about this country. Like it's a "banana republic" or "ape country". A lot of my colleagues think it's a kind of silly country, with all this linguistic stuff. They don't understand...*

The really big contrast is with the "ethnic minority" participation in Brussels politics, beginning in 2000, when the "ethnic vote" was very successful at the local level.

*Yeah, it did play a role. On our list, there were several Moroccans. They were not listed in the highest positions, but they all got elected from lower positions. We are eight elected now. There was one guy from Iran, this was definitely the ethnic vote, plus two from a lower position who got elected. And there was a real Flemish guy, who was bottom of the list, who also got elected.*

*So there is a kind of ethnic vote going on. My election was largely because I was third on the list, and we got eight seats. The list did better than we expected. We went from two to eight seats, this was a result. Out of eight seats, there are four foreigners. There was also an English woman elected, and a French woman, but that wasn't the ethnic vote.*

*Ethnic minorities are 20% of the vote* [in Etterbeek]. *The system is that of the preferential vote. It's rather complicated. You can have 33 names on the list, and if the 32nd one gets elected, that's the effect of the preferential vote. It played a role with the Moroccan vote in all communes. It is a problem if a lot of these people are not prepared* [for office]. *I think it's a big responsibility to get them prepared in the next six years. It was such a surprise when they got elected* [in 2000]. *They had the spirit, but they were not well enough equipped maybe. It is bad, though, when 30% of the people in this city* [the ethnic minority population] *have no influence. They are over 50% in some communes, it's a real issue. So this has changed the political landscape. On the other hand, there is the problem that maybe next time the ethnic vote will not have the same influence, because voters will be disappointed.*

I ask him about the Brussels' language struggle. The Dutch in Brussels sometimes get involuntarily dragged into it.

*You are, yeah. Sometimes you have to choose sides, even if you don't want to. The problem with Dutch speakers here is that the moment they hear you are a foreigner they start speaking English to you… But I'm in the Friesian speaking minority* [in the Netherlands], *from Leeuwarden. I mean. I understand the position of the minority. This might be one of the reasons I'm well integrated here.*

It's luxury to be a minority in a way. As a Dutch speaker here, there are always places you know you can go. Their profile is quite specific. The Flemish in Brussels are either the real old Brusselaars, or the hip young cosmopolitan incomers getting away from the nationalism and xenophobia in Flanders…

*Yeah. In Etterbeek, it's the old people. It's not like the scene in Dansaertstraat* [the hipster Sint Kathelijne neighbourhood]. *The success of Agalev in Brussels city is due to the phenomenon of gentrification. You've heard about Bruno de Lille, I suppose* [a local Dutch speaking Green politician who became alderman of Brussels-Centre after mobilizing foreign voting votes in his favour]. *It's quite interesting how he got elected. He came to Brussels maybe two or three years ago. I don't think he knows much about Brussels apart from the* vijfhoekje, *the pentagon* [the inner ring of Brussels]. *But* [the Flemish in the centre] *has proven to be a sufficient base for him to get elected. It's quite a surprise. Now, he's the Schepen* [the Alderman]. *In Etterbeek, this wouldn't be possible. It's a different population. And the funny thing is, these young people, they don't see the French speaking as the enemy. The FDF, is the Flamophobic party to a lot of older Flemish speaking people. It's the enemy, the devil. They'd never go to someone who is on the list with the FDF. But, for the young Flemish people, the FDF is just a party from the past. It's true. When you speak with them the older people, they always start talking about the past. It's not that long ago. Relations in Etterbeek were really bad fifteen, twenty years ago, between the French and Dutch speaking. Now, there's a kind of pacification there of the linguistic community issue . The relations are rather good.*

How do these issues play out at the family level?

*My children, they are French and Dutch. They have the double nationality, and they could be Belgian too at the age of 18 because they were born here. But strangely enough, all the time in Belgium, they don't feel really Belgian. My youngest, who is 11, he said,* "j'aimerais pas être belge". *I say, "Huh? Why not?".* "Je sais pas. J'aimerais pas*". They just know they are not* [Belgian], *even if they are born here… I regret that my children are more…* [hesitating]… *are better French speaking than Dutch speaking. This is part of the education that failed. We applied the "Brussels model". Everyone speaks his own language, and understands the others' language. I speak Dutch to my children, but they answer in French. Their language at school, in the street, is French. I am alone at home to continue the fight. But I'm a Friesian, so I'm stubborn and I continue. But it's a frustration for me. When I compare them to children of their same age in Holland, their Dutch is rather weak. They have a good passive knowledge, but they prefer to speak in French. I speak French to my wife, so why should they speak Dutch to me? In the beginning they did, but slowly French took the dominant position like everywhere in Brussels. So if there's one thing I regret, being a translator, it's this language question.*

So what is the future of Brussels? Everything depends on its place in the Belgian context, continuing the precarious balance between the communities.

*As long as the Walloons need Flemish money, Brussels will exist like it is now. If there hadn't been Brussels, we would have had here the Czech-Slovak construction. They would have split up. But Brussels is still the capital of a bi-lingual country and no-one wants to give up Brussels. As long as the Flemish want to keep Brussels, and the Walloons need the money, for example, for the education system.*

Why not make it a neutral international city, as people like the public philosopher Philippe van Parijs has suggested? Brussels DC.

*This would be an insult. As if to say to small children, you are not capable of governing your own capital. We'll do it for you. But you see what Europe does to this part of the city?* [gesturing to the ugly buildings outside] *I don't think we'll be much better off with a European district. You have to understand that the Brussels Region is rather young. It was only created in 1991, and a lot of things have improved. It's powers are increasing. The Flemish don't like it. They are not keen about this three tier system, the two regions plus Brussels, the Brussels-Region-Capital. But its still not a full region with its own independent powers. In the Belgian structure, it is rather fragile. It's rather weak. It's not easy, because it's a play toy for the national politicians. They project their ideas about Belgium on Brussels. For example, there is this thing going on now with the extension of the European buildings in Ixelles. Or Brussels as a conference centre. Guy Verhofstadt* [the former Belgian prime minister] *had this brilliant idea of putting it here right in the heart of Etterbeek, and Etterbeek wasn't even consulted. That's Belgian politics.*

*It's a problem between the communes and the region. The communes are too strong, and the region too weak. The region should have more powers. The communes are the administrative level, but everything to do mobility, or infrastructure should be at the level of region. And you find the same guys, all the burgomeesters of the communes at the Region, and so the Region is only a* guichet. *They just by-pass the level, and go from federal level to the communes. They prefer not to decide things at that level* [of the Region]. *But it's still young. The commune is too small a level, I'd prefer to be active at the regional level. But we* [as foreign European residents] *still have no voting rights at the level of the region. I'm a* nieuwe Brusselaar, *so I believe in the Brussels region. If a bi-lingual region in the centre of Europe is impossible, Europe is impossible. For me this is the real idea of what Europe should be. Different communities, different languages, different cultures, living together in one region. For me, if this is impossible, forget everything about Europe being a multicultural society. So Brussels should be possible, but we have to work on it. I believe in it.*

As we finish, we fumble with splitting the bill.

*I'm a Dutchman. I can't count.*

## REFERENCES

Andreotti, Alberta and Le Galès, Patrick (2010). "Elites, middle classes and cities", in Adrian Favell and Virginie Guiraudon (eds.), *The Sociology of European Union*. London: Palgrave, forthcoming.

Angell, Ian (2001). *The New Barbarian Manifesto: How To Survive the Information Age*. London: Kogan Page.

Beck, Ulrich and Grande, Edgar (2004). *Kosmopolitisches Europa*. Frankfurt/Main: Suhrkamp Verlag.

Bellamy, Richard and Castiglione, Dario (eds.) (2006). *Making European Citizens: Civic Inclusion in a Transnational Context*. London: Palgrave Macmillan.

Berezin, Mabel and Díez Medrano, Juan (2008). "Distance matters: place, political legitimacy, and popular support for European integration", *Comparative European Politics,* 6: 1-32.

Bourdieu, Pierre *et al.* (1993). *La misère du monde*. Paris: Seuil.

Bousetta, Hassan and Swyngedouw, Marc (1999). "La citoyenneté de l'Union européenne et l'enjeu de Bruxelles", CRISP. *Courier Hebdomadaire*, 1636.

Bréchon, Pierre and Cautrès, Bruno (eds.)(1997). *Les enquêtes eurobaromètres: analyse comparée des données socio-politiques*. Paris: L'Hartmattan.

Brubaker, Rogers and Cooper, Frederick (2000). "Beyond identity", *Theory and Society* 29, 1: 1-47.

Bruter, Michael (2005). *Citizens of Europe? The Emergence of a Mass European Identity.* Basingstoke: Palgrave.

Butler, Tim and Robson, Garry (2003). *London Calling: The Middle Classes and the Remaking of Inner London*. Oxford: Berg.

Checkel, Jeffrey and Katzenstein, Peter (eds.) (2009). *European Identity*. Cambridge: Cambridge University Press.

Citrin, Jack and Sides, John (2004). "More than nationals: How identity choice matters in the new Europe", in Richard K. Herrmann, Thomas Risse, and Marilyn Brewer (eds.), *Transnational Identities: Becoming European in the EU*. Lanham, MD: Rowman and Littlefield, 161-185.

Díez Medrano, Juan (2003). *Framing Europe: Attitudes to European Integration in Germany, Spain and the United Kingdom*. Princeton, NJ: Princeton University Press.

Deutsch, Karl W. *et al.* (1957). *Political Community in the North-Atlantic Area: International Organization in the Light of Historical Experience*. Princeton, NJ: Princeton University Press.

Duchesne, Sophie and Frognier, André-Paul (2002). "Sur les dynamiques sociologiques et politiques de l'identification à l'Europe", *Revue française de science politique*, 52, 4.

Eriksen, Erik O. (ed.) (2005). *Making The European Polity: Reflexive Integration in the EU*. London: Routledge.

Favell, Adrian (2005). "Europe's identity problem". *West European Politics,* 28, 5: 1109-1116.

Favell, Adrian (2008). *Eurostars and Eurocities: Free Movement and Mobility in an Integrating Europe*. Oxford: Blackwell.

Fligstein, Neil (2008). *Euroclash: The EU, European Identity, and the Future of Europe*. Oxford: Oxford University Press.

Forêt, François (2008). *Légitimer l'Europe*. Paris: PFNSP.

Gabel, Matthew (1998). *Interests and Integration: Market Liberalization, Public Opinion, and European Union*. Ann Arbor: University of Michigan Press.

Green, David M. (2007). *The Europeans: Political Identity in an Emerging Polity*. Boulder, CO: Lynne Rienner.

Habermas, Jürgen (1992). "Citizenship and national identity: some reflections on the future of Europe", *Praxis International,* 12, 1: 1-19.

Herrmann, Richard K., Risse, Thomas and Brewer, Marilyn (eds.) (2004). *Transnational Identities: Becoming European in the EU*. Lanham, MD: Rowman and Littlefield.

Kaelble, Hartmut (1987). *Auf dem Weg zu einer europeischen Gesellschaft*. Munich: Beck.

Jacobs, Dirk (2000). "Multinational and polyethnic politics entwined: minority representation in the region of Brussels-Capital". *Journal of Ethnic and Migration Studies,* 26, 2: 289-304.

Magnette, Paul (1999). *La citoyenneté européenne*. Bruxelles: Éditions de l'Université de Bruxelles.

Maas, Willem (2007). *Making European Citizens*. Lanham, MD: Rowman and Littlefeld.

Mann, Michael (1993). *The Sources of Social Power: Vol 2. The Rise of Classes and Nation-States 1760-1914*. Cambridge: Cambridge University Press.

Meehan, Elizabeth. 1993. *Citizenship and the European Community*. London, Sage.

Moravcsik, Andrew (2002). "In Defense of the 'Democratic Deficit': Reassessing the legitimacy of the European Union", *Journal of Common Market Studies,* 40, 4.

Muxel, Anne (2009). "EU movers and politics: towards a fully-fledged European citizenship?", in Ettore Recchi and Adrian Favell (eds.), *Pioneers of European Integration: Citizenship and Mobility in the EU*. Cheltenham: Edward Elgar, 156-178.

Recchi, Ettore and Favell, Adrian (eds.) (2009) *Pioneers of European Integration: Citizenship and Mobility in the EU*. Cheltenham: Edward Elgar.

Risse, Thomas ((2004). "European institutions and identity change: What have we learned?", in Richard K. Herrmann,Thomas Risse, and Marilyn Brewer (eds.), *Transnational Identities: Becoming European in the EU*. Lanham, MD: Rowman and Littlefield, 247-271.

Rodríguez-Pose, Andrès (2002). *The European Union: Economy, Society, and Polity*. Oxford: Oxford University Press.

Rother, Nina and Nebe, Tina (2009). "More mobile, more European? Free movement and EU identity", in Ettore Recchi and Adrian Favell (eds.), *Pioneers of European Integration: Citizenship and Mobility in the EU*. Cheltenham: Edward Elgar, 120-155.

Savage, Mike, Bagnall, Gaynor, and Longhurst, Brian (2005). *Globalization and Belonging*. London: Sage.

Scharpf, Fritz (1999). *Governing in Europe*. Oxford: Oxford University Press.

Schmidt, Vivien (2008). *Democracy in Europe*. Oxford: Oxford University Press.

Siedentop, Larry (2000). *Democracy in Europe*. Oxford: Oxford University Press.

Shaw, Jo (2007). *The Transformation of Citizenship in the European Union: Electoral Rights and the Restructuting of Political Space*. Cambridge: Cambridge University Press.

Shore, Cris (2000). *Building Europe: The Cultural Politics of European Integration*. London: Routledge.

Strudel, Sylvie (2002). "Les citoyens européennes aux urnes: les usages ambigues de l'article 8B du traité de Maastricht", *Revue internationale de politique comparée*, 9, 1: 47-63.

Strudel, Sylvie (2003). "Polyrythmie européenne : le droit de suffrage municipal des étrangers au sein de l'Union : une règle électorale entre détournements et retardements", *Revue française de science politique*, 53, 1.

Therborn, Göran (1995). *European Modernity and Beyond: The Trajectory of European Societies, 1945-2000*. Thousand Oaks: Sage.

Weiler, Joseph (1998). *The Constitution of Europe*. Cambridge: Cambridge University Press.

Wiener, Antje (1998). *European' Citizenship Practice: Building Institutions of a Non-State*. Boulder, CO: Westview Press.

Clément FONTAN

# TRANSFERT D'IDÉE ET RÉSISTANCES AU CHANGEMENT : LE CAS DE LA BANQUE CENTRALE EUROPÉENNE APRÈS LA CRISE.

## Questionnement scientifique et objectifs de la thèse

Depuis 1999, la politique monétaire des pays de la zone Euro a été complètement transférée à une institution supranationale : la Banque centrale européenne (BCE). La Banque a une place particulière dans le dispositif économique et monétaire de l'Union européenne (UE) car elle fonctionne de manière complètement indépendante[1] tout en disposant d'une mission clairement définie : la stabilité des prix[2]. Le couple indépendance de la Banque et délégation totale des compétences a fait lever quelques interrogations sur le caractère démocratique de cette architecture institutionnelle, surtout qu'il n'existe aucun contrepoids supranational à la BCE au niveau de l'UE[3]. Certaines études ont repris cette interrogation en appliquant le modèle du principal-agent[4] à cette délégation. Inspirée par les principes économiques, cette théorie cherche

1 L'article 127-1 du Traité de Lisbonne précise que les dirigeants de la BCE ne doivent pas chercher de conseils et d'avis de membres des institutions européennes et nationales et que ceux-ci ne doivent pas chercher à leur en donner.

2 L'article 130 du Traité de Lisbonne précise que la politique de la Banque pourra chercher à aider les différentes économies nationales à atteindre les buts de l'UE toutefois, sans préjudice à son objectif de stabilité des prix.

3 L'Eurogroupe ou même le conseil Ecofin ne peuvent pas être qualifiés de gouvernement économique de l'Europe, ce ne sont que de réunions des ministres de l'Économie des différents États membres.

4 Théorie popularisée dans la science politique par l'article de Mark A. Pollack, « Delegation, agency, and agenda-setting in the European Community », *International Organization*, vol. 51, 1997, p. 99-134.

***politique européenne***, n° 30, 2010, p. 225-234.

à explorer les logiques de la délégation des compétences du *principal* à un *agent* qui se voit confier une mission claire et qu'il doit respecter. Le « contrat » démocratique peut donc être rempli si la Banque mène une politique monétaire visant la stabilité des prix, ce qui satisfait les préférences initiales du principal[5] (ici les États de la zone Euro). Cependant, les postulats rationalistes de cette théorie empêchent de comprendre la nature et le rôle proprement politique de la Banque qui ne se limite pas seulement à conduire une politique monétaire selon ses objectifs fixés. En effet, la BCE est indépendante du pouvoir politique mais n'en est pas autonome pour autant. On peut reprendre ici la définition de la légitimité démocratique de Fritz Scharpf[6] soit un concept ayant deux dimensions : une orientée vers les inputs du système politique (les procédures et les mécanismes qui lient les préférences des citoyens aux décisions politiques), l'autre vers les outputs (l'efficacité des résultats de l'action politique). L'indépendance de la BCE et le refus de celle-ci de participer à un débat *ex ante* sur la politique monétaire européenne avec des institutions élues comme le Parlement Européen rendent impossible une légitimation de son action par les inputs. La BCE cherche ainsi à justifier son statut d'indépendance principalement par ses résultats en matière de lutte en faveur de la stabilité des prix[7]. Cependant, la lutte contre l'inflation ne dépend pas seulement de la crédibilité et de l'action de la Banque sur les marchés monétaires. La Bundesbank qui a été le modèle d'inspiration de la BCE partageait avec ses partenaires la culture de la stabilité des prix, ce qui a été une des raisons de l'efficacité de son action[8]. Il existe une rationalité économique qui explique le besoin de la maitrise pour la Banque de ses interactions avec ses partenaires : les syndicats sont responsables de la fixation des salaires ; la flexibilité de la main-d'œuvre et des salaires est le seul mécanisme d'ajustement disponible en cas de choc exogène dans la crise

5 Cet argument est avancé dans l'article de Robert Elgie, « The Politics of the European Central Bank : Principal-Agent theory and the Democratic Deficit », *Journal of European Public Policy*, vol. 9, n° 2, 2002, p. 186-200.

6 Scharpf, Fritz, « Economic integration, democracy and the welfare state », *Journal of European Public Policy*, vol. 4, n° 1, p. 18-36

7Jones, Erik, « Output Legitimacy and the Global Financial Crisis : Perceptions Matter », *Journal of Common Market Studies*, vol. 47, n° 5, octobre 2009, p. 1085-1105.

8 Hall, Peter et Franzese, Robert J., « Mixed Signals : Central Bank Independence, Coordinated Wage Bargaining, and European Monetary Union », *International Organization*, vol. 2, n° 3, été 1998, p. 505-535.

euro[9] et enfin les déficits publics structurels peuvent brouiller les signaux envoyés par la Banque aux marchés monétaires en atténuant la confiance des investisseurs dans la zone Euro. La BCE a donc besoin de convaincre ses partenaires du bien fondé de la stabilité des prix.

La thèse a donc pour objectif de cerner la promotion de cette culture de la stabilité par la Banque lors de ses interactions avec ses partenaires communautaires : ceci est le principal moyen d'action politique dont elle dispose hors de son champ de compétence monétaire[10].

### *La création de la BCE à la croisée des explications idéelles et politiques*

La place de la Banque dans l'architecture institutionnelle communautaire ainsi que ses objectifs définis par le Traité de Lisbonne ne sont pas compréhensibles grâce à des arguments rationalistes ou fonctionnalistes : ce sont les résultats d'une action politique et d'un construit idéologique. Dans son analyse comparée de l'indépendance des Banques centrales, Kathleen McNamara montre bien que ceci n'est pas dû une meilleure efficacité de cette configuration particulière, qui est censée rassurer les investisseurs sur le marché car elle empêche la fluctuation de la monnaie par rapport aux cycles électoraux[11]. Le mouvement d'expansion du statut d'indépendance est plutôt dû à une émulation par les pairs et un consensus idéel fort dans la communauté des Banquiers centraux. Dans le cas de la BCE, la conjonction de la domination du paradigme néo-classique, des échecs des politiques publiques keynésiennes et de l'émulation du modèle de la Bundesbank a permis l'émergence de cette architecture institutionnelle sur la scène européenne[12]. La

9 Radaelli, Claudio, *Technocracy in the EU*, Longman, Harlow, 1999, p. 65.

10 On pourrait aussi noter l'importance prise par la Banque dans la surveillance financière au niveau de l'UE depuis la crise avec le renforcement de son rôle au sein du Comité européen du risque systémique mais ceci représente un tout autre sujet qui est plutôt bien traité par la littérature existante, *cf.* : Begg, Iain, « Regulation and Supervision of Financial Intermediaries in the EU: The Aftermath of the Financial Crisis », *Journal of Common Market Studies*, vol. 47, n° 5, octobre 2009, p.1 107-1128.

11 Mcnamara, Kathleen, « Rational fictions : Central Bank Independence and the Social Logic of Delegation », *West European Politics*, vol. 25, n° 1, janvier 2002, p. 47-76.

12 Mcnamara, Kathleen, *The Currency of Ideas : Monetary Politics in the European Union*, Ithaca, Cornell University Press, 1998.

littérature existante reconnaît en totalité l'importance du consensus idéel dans les forums scientifiques des économistes[13] mais ne lui accorde pas la même place parmi les autres variables explicatives. Ainsi, certains vont plus insister sur le rôle spécifique des Banquiers centraux regroupés en communautés épistémiques[14], d'autres sur la stratégie politique d'acteurs clés comme la Commission se servant de la notion de marché pour faire avancer la construction politique européenne[15] ou enfin, sur le poids des jeux de pouvoirs inter-gouvernementaux[16]. À la suite de Bruno Palier et Yves Surel[17], la thèse ne va pas chercher à mettre en concurrence les variables idées-intérêts-institutions mais les considère comme complémentaires, chacune d'elles pouvant éclairer les angles morts des autres. Ainsi, l'intérêt de certains acteurs à provoquer la création de l'Union économique et monétaire (UEM) a pu être soutenu par un consensus économique dans les forums scientifiques[18] et par une configuration institutionnelle favorable, sans que l'on puisse établir de lien de causalité entre ces facteurs. Ceci est notamment dû à la nature particulière des idées qui d'une part, forment les préférences particulières des agents tout en pouvant être utilisés comme armes stratégiques par ceux-ci. D'autre part, celles-ci ne sont pas figées, car « les milieux culturels et les institutions sociales sont en soi des entités dynamiques qui ont besoin d'être reproduites à travers les pratiques des acteurs[19] ». La thèse cherche

---

13 Jobert, Bruno, *Le Tournant néolibéral en Europe*, Paris, L'Harmattan, 1994, p. 12.

14 Marcussen, Martin « Central Bankers, the ideational life-cycle and the social convergence in the EMU », *EUI Working Paper*, n° 98/33, 1998 et Verdun, Amy « The Role of the Delors Committee in the Creation of EMU: an Epistemic Community? », *EUI Working Paper*, n° 98/44, 1998.

15 Jabko, Nicolas, *Playing the Market, a Political Strategy for Uniting Europe, 1985-2005*, Ithaca, Cornell University Press, 2006.

16 Kaelberer, Matthias, « Knowledge, Power and Monetary Bargaining: Central Bankers and the Creation of Monetary Union in Europe », *Journal of European Public Policy*, vol. 10, n° 3, juin 2003, p 365-379.

17 Palier Bruno et Surel Yves, « Les trois "I" et l'analyse de l'État en action », *Revue française de science politique*, vol. 55, n° 1, février 2005, p 7-32.

18 La notion de forum est utilisée selon le sens donné dans Jobert, Bruno, « Europe and the Recomposition of National Forums: the French Case », *Journal of European Public Policy*, vol. 10, n° 3, juin 2003, p. 463-477 : les forums scientifiques servent à la production de répertoires d'idées qui sont ensuite institutionnalisées dans les arènes politiques.

19 Mcnamara Kathleen, « Economic Governance, Ideas and EMU: What Currency Does Policy Consensus Have Today? », *Journal of Common Market Studies*, vol. 44. n° 4, 2006, p. 812.

à articuler ces trois variables, qui ont permis de comprendre comment la BCE s'est construite, pour analyser son action politique aujourd'hui.

### *Les caractéristiques du discours de la BCE*

L'action *politique* de la BCE est définie ici comme la volonté de faire partager à ses partenaires la culture de la stabilité des prix. Ses prises de position sur des sujets comme les réformes structurelles des marchés du travail ou la soutenabilité des finances publiques sont donc analysés. Cependant, la fixation des taux d'intérêts, qui est sa compétence principale, n'est pas prise en compte car des études ont déjà montré que celle-ci était prise en fonction de considérations purement économiques et monétaires et non pas politiques[20]. C'est l'analyse du discours de la BCE dans ses documents officiels[21] et dans les interventions de ses agents auprès des médias spécialisés qui va permettre de comprendre dans un premier temps l'argumentation de la Banque en faveur de la stabilité des prix. Il s'agira ensuite de comprendre les mécanismes de transmission de cette argumentation de la Banque vers ses partenaires communautaires. L'analyse de discours n'a ainsi pour but que de démontrer la logique de son argumentation et de donner des indices de recherche futurs[22]. Le raisonnement de la Banque est composé de trois

---

20 Howarth, David and Loedel, Peter, « The ECB and the Stability Pact: Policeman and Judge? », *Journal of European Public Policy*, vol. 11, n° 5, octobre 2004, p. 832-853. Dans leur article les auteurs font une comparaison entre la fixation du taux d'intérêt et le non respect du Pacte de stabilité ou la non-mise en place de réformes structurelles par les pays membres de la zone Euro. Ils démontrent qu'il n'existe aucune relation.

21 Comme les bulletins mensuels ou annuels.

22 Cette analyse, effectué grâce à l'aide de Dominique Labbé est présentée dans mon mémoire de master et dans une communication récente : Fontan, Clément, « La BCE, un nouvel acteur politique, Analyse lexicométrique des bulletins mensuels (2006-2007) », Mémoire de M2 recherche, IEP Grenoble, 2008 ; Fontan, Clément, « What does it Really Change? The Effects of the 2008 Economic Crisis on the ECB Discourse », Communication for the 4th EU grad Student Conference, Pittsburgh 2009. D'autre part, deux autres recherches sur l'analyse du discours de la BCE ont présenté des conclusions similaires : Dufresne, Anne « Le discours de la BCE concernant les aspects sociaux » *in* Purnelle, Gérald, Fairon, Cédrick et Dister, Anne (dir.), *Le Poids des mots*, Actes des 7e journées internationales d'analyse des données textuelles. Louvain, Presses Universitaires de Louvain, 2004 ; Barbas, Joan « La communication de la Banque centrale européenne, entre technicité économique et impératif de justification », *Terrains et travaux*, vol. 8, n° 1, 2005, p. 53-73.

temps : 1/ La politique monétaire doit être stable pour rassurer les investisseurs et leur permettre de faire de meilleures anticipations ; 2/ Cette confiance permet une allocation optimale des ressources sur les différents marchés ce qui crée les conditions pour une croissance soutenable; 3/ Cette croissance soutenable est la seule solution pour parvenir au plein-emploi à moyen ou long-terme. Le discours de la BCE en faveur de la stabilité de la monnaie repose donc sur une suite d'arguments basée sur les théories économiques néoclassiques[23]. Ceci confirme l'importance du consensus idéologique monétariste lors de la création de la BCE ainsi que la nécessité de la communication de ces postulats aux marchés et à ses partenaires.

En effet, la Banque adresse son discours aux représentants étatiques et à ses partenaires communautaires en adoptant une posture d'expert pour aborder des sujets comme la réforme des marchés du travail ou des finances publiques. Le discours ne comporte ici aucune dimension sociale et met en avant le principe de flexibilité comme garant du bon fonctionnement des mécanismes du marché. Cette attitude d'expert n'est toutefois rien de moins qu'une stratégie politique[24] pour aborder des sujets importants pour le partage de la culture de la stabilité des prix mais sur lesquels la BCE en dispose d'aucune légitimité légale.

La Banque s'adresse aussi aux agents des marchés monétaires afin que ceux-ci anticiper ses décisions de politique monétaire et prévoir son action sur le long terme[25]. Ainsi, le discours de la Banque est extrêmement stable, voire répétitif afin que ces agents puissent être rassurés sur la priorité donnée à la stabilité des prix comme objectif principal de la politique monétaire. Enfin, depuis la crise de 2008, la notion d'incertitude est encore plus présente dans le discours de la Banque. Cette incertitude ne remet pas cependant pas en cause les fondements ordolibéraux de la politique monétaire de la Banque ainsi que l'attention

---

23 Beaud, Michel et Dostaler, Gilles, *La Pensée économique depuis Keynes*, Paris, Éditions Seuil, 1996, p. 176.

24 Une étude sur la notion d'expertise de la Banque face au parlement a été effectuée par Nicolas Jabko, « Expertise et politique à l'âge de l'Euro, la Banque centrale européenne sur le terrain de la démocratie », *Revue française de science politique*, vol. 51, n° 6, décembre 2001, p 903-931 ; pour les liens entre expertise et politique dans l'UE voir Radaelli, Claudio, *Technocracy in the European Union*, London, Longman, 1999.

25 La notion d'anticipation des agents est un des postulats les plus importants de la théorie néo-classique

accordée à la stabilité des prix, mais accorde plus d'importance à la stabilité financière au détriment des risques d'inflation. Cependant, l'appel aux réformes structurelles et à la modération salariale est resté central dans l'analyse de la Banque qui utilise la crise pour pousser les gouvernements à implanter ces réformes le plus rapidement possible en utilisant l'argument de la baisse du potentiel de croissance de la zone euro à 1,5 %.

### *Hypothèses de recherche*

Un enseignement majeur se dégage de cette analyse: la crise financière de septembre 2008 a forcé la Banque à rompre avec sa politique monétaire traditionnelle de taux d'intérêts hauts et à mettre en place une batterie de mesures non conventionnelles[26]. Cependant, son discours n'a que très peu changé, les seules variations étant une accentuation de l'importance des réformes liées aux théories néo-classiques et la mise en avant de la nécessité de la stabilité financière[27]. La BCE aurait pu avoir l'opportunité de changer de rhétorique et de remettre en question le socle de sa pensée économique, ce qui aurait été plus cohérent avec la conduite de sa politique monétaire mais ne l'a pas fait. Ceci peut se comprendre car la Banque n'a pas d'intérêt au changement: son statut d'indépendance étant principalement pertinent dans le cadre des théories néoclassiques[28]. De plus, il est dans l'intérêt de la Banque que la culture de la stabilité des prix soit partagée et implantée par le plus d'acteurs possibles pour accroître son autonomie. Ceci forme la première hypothèse de la thèse:

*Le discours et la logique argumentative de la BCE sont stables car ceux-ci reposent sur les postulats ordo-libéraux prônant la stabilité des prix. Une*

---

26 Glöckler, Gabriel., « Euro area governance and the financial crisis: new quality or flash-in-the-pan? » pp 45-63 *in* Liddle, Roger (ed.), *After the Crisis: A New Socio-Economic Settlement for the EU*, Londres, Policy Network, 2009

27 Ce qui peut se comprendre aussi par la future accentuation des responsabilités de la Banque dans celle-ci.

28 D'une part parce que dans les théories néo-classiques, la stabilité de la monnaie est centrale et d'autre part parcequ'une des causes du mouvement d'indépendance des Banques Centrales a été le consensus néoclassqiue dans les forums d'économistes, *cf.* McNamara Kathleen, « Rational fictions: Central Bank independence and the social logic of delegation », *op. cit.*

*remise en cause des ses postulats entrainerait celle de son indépendance, ce qui incite la Banque à les défendre (stratégie défensive). De plus, pour accroître son autonomie, la BCE a intérêt à ce que ces postulats soient partagés par le plus grand nombre possible d'acteurs dans le système (stratégie offensive).*

Si elle est indépendante, la Banque participe quand même à de nombreux forums d'analyse économiques et monétaires et à des rencontres décisives pour l'orientation des politiques dans ce domaine[29]. Plus précisément, le directeur de la Banque participe aux réunions Eurogroupe et Ecofin, au dialogue macroéconomique annuel de l'UE et est auditionné tous les trois mois au Parlement. De plus, le président du Conseil Ecofin et des représentants de la Commission peuvent assister aux réunions du Conseil directoire de la banque, qui est sa plus haute instance décisionnelle. Enfin, des représentants de la BCE participent aux « Comité économique et financier » (EFC) et au « Comité de politique économique » (EPC) qui sont deux instances préparant les réunions de l'Eurogroupe et de l'Ecofin sur le modèle du Coreper[30]. Les auditions au Parlement sont les seules interactions rendues publiques et celles-ci ont été mises en place car elles permettaient à la Banque de renforcer sa légitimité démocratique, et au Parlement de se poser comme interlocuteur crédible et de renforcer sa présence dans le champ économique et monétaire par rapport aux autres institutions européennes[31]. Les autres réunions peuvent être a priori plus favorables à un transfert d'idée (valorisant la culture de la stabilité des prix) entre la Banque et ses partenaires européens car elles sont peu publicisées[32] et favorisent ainsi la confiance et l'écoute des uns et des autres[33]. Enfin, c'est dans le cadre

---

29 Cette présence est due à la volonté des décideurs politiques de favoriser le dialogue macro-économique et permet à la Banque de renforcer sa crédibilité en montrant des signes de transparence et de responsabilité démocratique.

30 Pour plus d'information sur ces comités : Grosche, Günter et Uwe, Puetter, « Preparing the Economic and Financial Committee and the Economic Policy Committee for Enlargement », *European Integration*, vol. 30, n° 4, septembre 2008, p. 527-543. De plus, la Banque a rédigé un résumé de ses interactions dans l'article en annexe du *Bulletin mensuel* d'octobre 2000.

31 Jabko, Nicolas « Expertise et politique à l'âge de l'Euro, la Banque centrale européenne sur le terrain de la démocratie », *op. cit.*

32 Le nom des membres de l'EFC n'est pas public.

33 Ainsi que le montre l'étude sur l'Eurogroupe où les décisions les plus importantes sont prises en amont de l'Ecofin : Puetter, Uwe, « Governing Informally: the Role of the Eurogroup in EMU and the Stability and Growth Pact », *Journal of European Public Policy*, vol. 11, n° 5 octobre 2004, p. 854-870.

d'un « business as usual » que le transfert d'idée a le plus de chance de se consolider. Les idées ne sont pas que des facteurs pouvant expliquer le changement, par la construction et le renforcement d'un consensus idéologique sur l'organisation politique et institutionnelle de l'UE, elles peuvent contribuer à la lutte de certains acteurs (comme la BCE) en faveur de la stabilité et du non-changement. Ce point est particulièrement important et innovant car il propose une piste alternative à la plupart des travaux sur l'utilisation des idées dans la science politique qui essaient de démontrer la causalité du facteur idéel dans l'explication d'un changement donné[34]. Cette réflexion est la base de la seconde hypothèse :

*Le transfert d'idée peut avoir lieu sans choc exogène et n'a pas besoin d'un réalignement des préférences des acteurs, c'est un processus permanent.*

Enfin, il faut démontrer que si le transfert d'idée a la potentialité d'exister, les représentants de la Banque disposent des ressources suffisantes pour pouvoir imposer leurs idées. Ceci n'est a priori pas évident car ils ne disposent pas de crédibilité hors de la stricte sphère monétaire. Pourtant, la configuration des forums scientifiques que sont l'EFC et l'EPC peuvent permettre aux représentants de la Banque d'influer fortement sur le répertoire d'idée que ces forums produisent. En effet, l'analyse de discours et l'étude de Jabko sur l'interaction entre la Banque et le Parlement ont montré le fort aspect technique de l'argumentaire : les agents de la BCE se présentent en tant qu'*experts*. De plus, les termes et le langage utilisé s'inscrivent parfaitement dans le consensus néoclassique qui est une des composantes du langage de l'UE : il y a donc une potentialité de *traduction du répertoire d'idées*[35] de la BCE dans celui produit par les forums communautaires. Ces deux notions forment la troisième et dernière hypothèse :

*Les agents participants aux forums scientifiques communautaires et confidentiels sont les principaux mécanismes du transfert d'idée. Ils utilisent une position d'expert et un langage compatible avec ces forums pour le mettre en place.*

---

34 À titre non exhaustif, on peut citer : Schmidt Vivien A., « The Explanatory Power of Ideas and Discourse », *Annual Review of Political Sciences*, vol. 11, 2008, p. 303-326 ; Blyth, Mark, *Great Transformations, Economic Ideas and Institutional Change in the Twentieth Century*, Cambridge, Cambridge University Press, 2002 ; et Parsons, Craig, « Showing Ideas as Causes: The Origins of European Union », *International Organization*, vol. 56, n° 1, Hiver 2002, p. 47-84.

35 Cette notion est développée sous le terme de translability, *in* Parsons, Craig, « Showing Ideas as Causes: The Origins of European Union », *op. cit.*

***Terrain et aspects empiriques***

Afin de confirmer ces hypothèses, il faut situer la recherche au niveau des interactions entre la, banque et ses partenaires communautaires. La méthodologie est constituée d'une série d'entretiens semi-directifs avec les agents concernés par ces interactions (estimés à une petite centaine). Ceci sera peut-être complété par un stage d'une durée de trois ou six mois à la DG « European and International Relations » (sous réserve d'acceptation par la BCE). Le terrain de la recherche couvre donc les Directorate Generals (DG) de la Banque en relation avec les autres institutions, notamment la DG « European and International Relations » qui comporte quinze employés (la recherche couvre aussi les anciens employés) et qui coordonne la position de la Banque pour toutes les réunions au niveau de l'UE, ainsi que les interventions du Parlement. La DG « Economics » est également dans le champ de recherche car les représentants de la Banques à l'EFC et à l'EPC en sont issus. Les agents issus de la DG « Economic and Financial Affairs » de la Commission, ceux issus du Conseil ECOFIN, les participants au dialogue macroéconomique annuel de l'UE, les agents participants aux réunions de l'EFC et de l'EPC, ainsi que les anciens membres du directoire de la BCE (l'intérêt est double: leur parole est plus libre, ils ont occupé un poste de responsabilité élevé).

Yann **BÉRARD**

Laura Leonardi (ed.), *Opening the European Box. Towards a New Sociology of Europe*, Firenze, Firenze University Press, 2007, 205 p.

Un livre qui promeut l'innovation méthodologique et conceptuelle sur l'Europe, voilà qui ne devrait pas manquer d'intéresser les spécialistes de cet objet politique encore non identifié par bien des aspects[1]. Cet ouvrage collectif trouve son origine dans le lancement en 2001 à l'Université de Florence d'un séminaire consacré à une « sociologie de l'Europe ». À ce titre, il comprend principalement des contributions de sociologues, mais aussi de politistes et de philosophes. Comment définir une société dont les frontières sont variables, évolutives et instables par définition ? Telle est la question que pose Laura Leonardi en introduisant le propos, reprenant au passage certaines des intuitions d'Ulrich Beck et Edgar Grande autour d'un cosmopolitisme régional[2]. Dans une perspective sociologique, Laura Leonardi insiste sur les dilemmes méthodologiques et conceptuels que doivent résoudre les chercheurs qui s'intéressent aux processus d'intégration européenne, entendus au sens large du terme[3]. Là où les sociologues comme Marx, Durkheim ou Weber pouvaient encore se référer à l'universalisme et au rationalisme pour décrire les formes de conversion et de résistance à l'œuvre dans les sociétés européennes conçues comme un tout, la sociologie contemporaine doit en effet faire face à une fragmentation accrue et à la labilité des processus d'européanisation, dont les frontières et l'unité apparaissent aujourd'hui pour le moins difficiles à cerner et à saisir.

---

[1] Nous renvoyons ici au numéro de *Politique européenne*, « Les approches sociologiques de l'intégration européenne. Perspectives critiques », n° 25, 2008.

[2] Ulrich Beck et Edgar Grande, *Pour un empire européen*, Paris, Flammarion, 2007 [2004].

[3] Pour une démarche d'analyse convergente, voir Sabine Saurugger, « Une sociologie de l'intégration européenne ? », *Politique européenne*, n° 25, 2008, p. 5-22.

***politique européenne***, n° 30, hiver 2010, p. 235-239.

Le projet d'*Opening the European Box* est à l'image de cette vision de l'Europe : non pas conçue comme un tout monolithique et bureaucratique, mais comme un espace social hybride et « à géométrie variable », dont les frontières aussi bien géographiques que culturelles, sociales et institutionnelles demeurent à la fois floues, poreuses et fluctuantes. S'inscrivant également dans le prolongement des réflexions de Claudio Radaelli[4], le livre explore plus particulièrement les processus d'européanisation horizontale, c'est-à-dire échappant en partie au travail de sommation des institutions européennes, pour mettre à jour l'existence d'une série de dynamiques transnationales « par-delà les frontières » de l'Europe instituée. La diversité des contributions réunies dans cet ouvrage rend toutefois difficile la délimitation d'axes ou de thèmes structurants – il n'en est d'ailleurs pas fait mention. Ce qui pourrait lui être reproché si son objet n'était pas justement d'innover et de chercher à arpenter de nouvelles terres. Car tel est l'objet et aussi l'intérêt de ce livre : montrer qu'une sociologie de l'Europe est possible, non pas en recherchant à tout prix la clôture théorique, mais bien en démultipliant les grilles de lecture possibles autour d'une Europe-frontière, à la fois singulière et plurielle.

À partir d'une approche cognitiviste très inspirée de Raymond Boudon, Daniela Piana (chapitre 1) s'intéresse tout d'abord à l'influence des normes et des valeurs véhiculées par l'UE afin de promouvoir un modèle de gouvernance démocratique *ad hoc*. Pour ce faire, elle forge et utilise le concept d'ancre (*anchor* ou *international anchors*, ce qui en anglais résonne plus singulièrement encore avec *actor*), conçu comme des justifications et des relations sémantiques faisant sens pour les acteurs qui décident de les utiliser. Ces ancres permettent de relier l'action politique à un discours moral se référant à une action légitime. Inversement, les ancres peuvent relier l'action politique à des discours de facture plus empirique. L'auteure explore ainsi les fondations cognitives qui siéent à la légitimité politique de l'Europe en matière de production de normes, de droits de l'homme et de bonne gouvernance. À partir d'une lecture inspirée de Hegel, Derrida, Habermas et Ricœur, Debora

4 Claudio M. Radaelli, « The Europeanization of Public Policy », *in* Kevin Featherstone et Claudio M. Radaelli (eds.), *The Politics of Europeanization*, Oxford, Oxford University Press, 2003, p. 27-56.

Spini (chapitre 2) s'intéresse ensuite à la question de l'identité européenne, non pas conçue sur la base d'un héritage partagé mais comme un concept fluide, plastique, un réseau de perceptions (*network of perceptions*) plus qu'une référence à la nature, dont les frontières apparaissent mouvantes et sans cesse à réactualiser. La problématique identitaire est ici à comprendre dans la perspective d'une modernité réflexive, au sens de Beck. Dans cette optique, l'auteure insiste sur le fait que l'Europe a besoin de se confronter à son histoire dans toute sa complexité, en particulier au regard des spectres du totalitarisme et de l'holocauste – d'où la référence au Léviathan, qui lui sert de fil conducteur pour définir cet « animal politique » à la fois étrange et ambivalent qu'est l'Europe. L'auteure défend notamment l'idée selon laquelle l'identité politique européenne peut être conçue comme artificielle, c'est-à-dire en tant que projet, ce qui ne veut pas dire superficielle, mais inscrite dans un usage réflexif de la mémoire et une éthique de la responsabilité.

Fortement inspirée par Norbert Elias, la réflexion de Stephen Mennell (chapitre 3) repose quant à elle sur une étude comparée du « nous » européen à la lumière de la société américaine. L'auteur applique aux États-Unis le processus de civilisation décrit par le célèbre sociologue allemand à travers l'exploration de différents thèmes : violence, libéralisme, démocratie, empire, etc. Sa contribution, à la fois érudite, informée et subtile, donne ainsi à voir la formation de l'*habitus* américain sous un angle inédit. La perspective de long terme retenue par l'auteur permet dans le même temps d'éclairer autrement les différences et les ressemblances entre Europe et États-Unis, pour ouvrir un dialogue fructueux des « deux côtés de l'Atlantique ». Spécialiste de l'étude des politiques américaines en direction des mouvements islamistes au Moyen-Orient, Maria do Céu Pinto (chapitre 4) s'intéresse pour sa part à l'identité occidentale du « nous » qui prévaut en Europe à l'égard du monde musulman. Elle explore cette question sensible à travers la problématique des droits de l'homme, dont l'adoption des principes et des valeurs implique une relecture des textes sacrés de l'Islam. Sa contribution repose plus particulièrement sur une lecture comparée des droits de l'homme produits par l'UE et ceux qui émergent à l'heure actuelle dans le monde arabe. Ce faisant, elle renouvèle l'interrogation sur l'universalisme des valeurs européennes, leurs modalités de diffusion, et ses limites. Deux ans après le dernier élargissement, Piotr Pykel (chapitre 5) s'interroge quant à lui sur la capacité de l'Europe à inclure dans son projet des formes contradictoires ou hétérogènes d'idéologies, voire de civilisations. Son questionnement renverse à cet égard l'optique habituellement retenue des recherches portant sur l'intégration économique pour souligner les enjeux soulevés par une intégration européenne des histoires et des cultures dans un projet commun. Ce qui lui permet d'aborder de façon originale plusieurs séries de questions, dont les réponses restent encore largement en suspens : rôle de la Russie dans la « nouvelle Europe », relations entre l'UE et les États-Unis, héritage du totalitarisme notamment.

À partir de l'étude détaillée d'une série de dispositifs de « santé » ou apparentés aux Pays-Bas, au Luxembourg et en France, Jean-Yves Trépos (chapitre 6) s'interroge de son côté sur ce que peuvent bien être aujourd'hui les politiques sociales en Europe, après la réforme des États providences, loin des débats convenus sur le sujet. Mobilisant un cadre théorique original, marqué entre autres par la sociologie de l'acteur-réseau, l'auteur situe la production de ces politiques au croisement d'un triple processus : existence de principes transcendants proches de la notion de référentiel (métaphysiques), processus de conversion des populations et d'équipement concomitant des passions (politiques), possibilité d'introduire des réajustements à la marge des structures (technologies). Ainsi, une politique sociale peut être conçue comme une série de rectifications (métaphysiquement, politiquement et technologiquement guidées) qui permettent aux individus d'entrer et de se maintenir dans la vie politique (au sens de *polity*). Enfin, à partir du concept de scène d'expertise, Jean-Marc Leveratto (chapitre 7) explore la dynamique des politiques du cinéma en Europe, largement influencées par le modèle français, dans une perspective transnationale. Sa contribution s'intéresse plus particulièrement à la naissance d'une industrie locale du cinéma au Luxembourg. Dans cette perspective, le concept de scène d'expertise, entendue comme un espace à la fois légal et politique de production d'expertises, mêlant aussi bien institutions qu'individus, experts et profanes, lui permet d'interroger l'essence même d'un cinéma européen, qui engage l'auteur sur une sociologie de la réception des œuvres et de la qualité artistique.

Ce rapide panorama amène à souligner tout l'intérêt d'une approche sociologique de l'Europe, qui joue sur la perception même que nous en avons, chercheurs comme citoyens. En lui-même, l'ouvrage démontre aisément que l'Europe ne saurait être considérée comme un objet monolithique, et encore moins réservée aux spécialistes des études européennes. Dans ce cas, un « retour aux classiques » fait preuve non seulement de son utilité mais aussi de sa fécondité, en vue d'appréhender ce qui est et demeurera sans doute encore pour longtemps (toujours ?) un objet de recherche essentiellement fuyant[5]. La promotion d'une sociologie de l'Europe apparaît de ce point de vue difficilement séparable d'une compétence cartographique renouvelée, c'est-à-dire de l'invention d'instruments de pensée qui s'efforcent d'arpenter des territoires inconnus plutôt que de prétendre dire ou détenir la vérité sur le sujet. Plus largement, les contributions réunies dans ce livre montrent que l'Europe conçue comme un tout n'a en fait que très peu de réalité empirique. À l'inverse, l'ouvrage souligne la diversité des lignes de fuite qui traversent l'intégration européenne ; en ce sens, pour paraphraser Beck et Grande, *l*'Europe n'existe pas, seuls existent *des* processus d'européanisation[6]. Appelant à explorer ces processus dans toute leur singularité et leur pluralité, *Opening the European Box* permet alors d'esquisser et d'entrevoir ce que pourrait être une conception pragmatique de l'Europe, entendue au sens d'expérience (l'ouvrage est dédié à tous les étudiants Erasmus…), réalisation plus que réalité, événement actuel plus qu'histoire du passé, où le rôle du sociologue comme « chasseur de mythes » n'est certainement pas neutre, ni à négliger.

---

[5] Julien Weisbein, « L'Europe à contrepoint. Objets nouveaux et classicisme théorique pour les études européennes », *Politique européenne*, n° 25, 2008, p. 115-135.
[6] Ulrich Beck, Edgar Grande, *op. cit.*, p. 21.

Sylvain **Laurens**

Georg Menz, *The Political Economy of Managed Migration. Nonstate Actors, Europeanization, and the Politics of Designing Migration Policies*, Oxford, Oxford University Press, 2009, 294 p.

Au croisement de l'économie politique et de la science politique (dans son versant « relations internationales »), cet ouvrage de Georg Menz se propose d'analyser l'émergence d'un nouveau « paradigme » dans la gestion des migrations par les différents pays de l'Union européenne. Ce paradigme fortement influencé par les théories manageriales repose, selon l'auteur, sur une vision du monde proprement économique (« *the managed migration* ») et s'articule autour de quelques principes simples. Il s'appuie tout d'abord sur le postulat premier et énoncé sur un mode « réaliste » qu'on ne pourrait « stopper ou renverser » (« *stopped or reversed* ») les flux migratoires. Au nom de ce principe « réaliste », les dirigeants n'auraient alors plus comme possibilité que « d'orienter les flux existants » en focalisant leur attention sur « la contribution potentielle sur le plan économique et social des migrants accueillis » (p. 2). Si sur ce dernier point, ce paradigme présente d'importantes similitudes avec les politiques mises en oeuvre dès le début du siècle par la France ou l'Allemagne, « *the managed migration* » se distinguerait cependant des référentiels précédents par l'attachement durable des gouvernants européens à durcir désormais les voies d'accès au séjour alternatives à l'obtention d'une autorisation de travail (l'asile notamment) (p. 257).

Selon G. Menz, ces principes qui se sont progressivement imposés comme une modalité « partagée » d'une politique d'immigration européenne sont le produit de luttes politiques et de stratégies de lobbying menées depuis les années 1990 tant dans les arènes politiques nationales qu'à Bruxelles. Pour en restituer la genèse, l'analyste aurait donc à se concentrer sur les processus par lesquels ont émergé ses principes communs en prêtant une attention particulière aux acteurs non étatiques dont le rôle aurait été trop souvent minoré et qui ont contribué de façon décisive à l'émergence de ce modèle.

À partir d'une campagne d'entretiens semi-directifs menée entre 2004 et 2006 auprès des hauts fonctionnaires de la commission (DG Justice essentiellement) et des responsables gouvernementaux, patronaux, syndicaux et associatifs de six pays européens (France, Royaume-Uni, Allemagne, Italie, Pologne et Irlande), G. Menz se propose ainsi d'analyser la contribution de chacun de ces espaces de lutte à la production de ce référentiel commun. Puis il revient sur la réception différenciée de cette nouvelle doctrine dans les différents champs politiques et administratifs nationaux en fonction de ce qu'il nomme « l'héritage national » respectif de ces pays en matière de politiques publiques migratoires. Au terme de cette enquête, ces « nouveaux » axiomes d'une politique européenne d'immigration apparaissent alors comme des principes de gouvernement généraux co-produits dans différentes arènes et susceptibles de faire l'objet de réception et d'appropriations différenciées selon les conjonctures politiques des pays européens considérés. G. Menz distingue notamment la situation dans les pays qui ont depuis longtemps eu à développer des politiques d'immigration (les « *Established Countries of immigration* » comme la France, Royaume Uni et Allemagne) et les « nouveaux » pays d'immigration (Irlande, Italie et Pologne) pour qui l'émergence de ce paradigme a sans doute constitué un basculement plus décisif.

Mais ces réceptions différenciées s'expliquent aussi et surtout, selon l'auteur, par des structures d'intermédiation des intérêts distinctes selon les pays (« *structure of interest mediation* ») et qui constituent de véritables systèmes de relations continus par lesquels les acteurs non étatiques influent sur la détermination des politiques migratoires. Si on intègre ces stratégies d'influence à l'analyse, les syndicats et les associations professionnelles « patronales » apparaissent alors comme des acteurs pivots dans la détermination des politiques migratoires de ces vingt dernières années, y compris dans des pays où ces enjeux se posent historiquement pour la première fois (« *Trade unions and especially employer associations have been pivotal actors in lobbying, shaping and in some instances even co-administering economic migration policy* », p. 258).

L'ensemble de la démonstration est convaincant et permet de réinscrire les slogans locaux (comme « l'immigration choisie » de Nicolas Sarkozy) dans les configurations sociales complexes et multi-scalaires qui ont favorisé leur mise en forme. Seul bémol, la comparaison oblige à un survol rapide des configurations nationales et bruxelloises qui laissera peut-être circonspects les tenants d'une sociologie des groupes d'intérêt tant – pour chaque pays – la présentation de chacun de ces systèmes d'intermédiation des intérêts se contente parfois de lister les acteurs en présence et leur structure sans véritablement entrer dans la « boîte noire » des relations entre hauts responsables administratifs, politiques et patronaux.

Si on s'interroge sur l'aspect « nouveau » de ce « paradigme » et de cette contribution des acteurs patronaux et syndicaux à la détermination d'une politique d'immigration (dans la mesure où comme le souligne G. Menz lui-même pour les « *established countries of immigration* » ce modèle de gestion tripartite remonte au moins au début du XXe siècle), on ne peut cependant que saluer l'intérêt que porte cet ouvrage au rôle joué par les acteurs patronaux et syndicaux dans la détermination de politiques publiques d'immigration trop souvent analysées à la seule aune des administrations nationales. L'ouvrage bénéficie, de surcroît, de bout en bout de l'intérêt de l'auteur pour l'économie politique et repose sur un nombre impressionnant de données, de statistiques et de matériaux inédits.

Céline **BELOT,** chargée de recherche CNRS, PACTE,
Institut d'études politiques de Grenoble
Celine.Belot@iep-grenoble.fr

Yann **BÉRARD,** docteur en science politique,
Centre de recherche sur l'action politique en Europe (CRAPE), Rennes
berardy@hotmail.com

Géraldine **BOZEC,** doctorante et assistante de recherche,
Centre d'études européennes, Sciences Po.
geraldine.bozec@sciences-po.org

Sophie **DUCHESNE,** directrice de recherche CNRS,
Centre d'études européennes, Science Po
sophie.duchesne@sciences-po.fr

Adrian **FAVELL**, Professor of European and International Studies,
Aarhus University.
ihoaf@hum.au.dk

Clément **FONTAN,** doctorant en science politique, PACTE,
Institut d'études politiques de Grenoble
clementfontan@wanadoo.fr

Elizabeth **FRAZER**, University lecturer in Politics, University of Oxford
and Official Fellow of New College Oxford
elizabeth.frazer@new.ox.ac.uk

André-Paul **FROGNIER,** professeur,
Université Catholique de Louvain, SPRI
andre-paul.frognier@uclouvain.be

Guillaume **GARCIA,** docteur en science politique,
chargé de mission à Sciences Po, CDSP,
guillaume.garcia@sciences-po.fr

Florence **HAEGEL**, directrice de recherche Fondation nationale des sciences politiques, Centre d'études européennes de Sciences Po
florence.haegel@sciences-po.fr

Sylvain **LAURENS,** sociologue, maître de conférences à l'université de Limoges, CURAP, Amiens
sylvainlaurens@free.fr

Juan **DIEZ-MEDRANO,** professeur et directeur de recherche,
Institut Barcelona d'Estudis Internacionals (IBEI).
jdiez@ibei.org>jdiez@ibei.org

Katharine **THROSSELL,** doctorante/enseignante à Sciences Po,
Centre d'études européennes
katharine.throssell@gmail.com

Virginie **VAN INGELGOM,** doctorante à Sciences Po
et à l'Université catholique de Louvain, SPRI
vaningelgom@spri.ucl.ac.be

Pierre-Edouard **WEILL,** doctorant à l'IEP, Université de Strasbourg,
PRISME-GSPE
pierre-edouard.weill@hotmail.fr

## *ERRATUM*

Des erreurs ont été relevées dans l'article de Willy Beauvallet, Laurent Godmer, Guillaume Marrel et Sébastien Michon, « La production de la légitimité institutionnelle au Parlement européen : l'exemple de la commission des affaires constitutionnelles », ***Politique européenne, n° 28***, 2009, pp. 73-102, au tableau 1, pp. 82-83. P. 82, il s'agit de variables supplémentaires et non de variables actives. P. 83, le tableau concernant l'axe 2 est le suivant :

| | | **AMC1 Caractéristiques socio-démographiques** | **AMC2 Caractéristiques politiques nationales et locales** | **AMC3 Caractéristiques politiques européennes** |
|---|---|---|---|---|
| **AXE 2** | % de la variance expliquée | 25,85% | 32,91% | 25,00% |
| | Interprétation de l'axe | Axe en partie structuré par la répartition différentielle selon le sexe. | Axe structuré par l'expérience politique au niveau local. | Axe qui différencie les élus avec 3 mandats de ceux qui en ont davantage. |
| | Position COMAFCO | La COMAFCO est une des commissions les plus masculines. | Les membres de la COMAFCO ont peu investi les espaces politiques locaux. | Aucune différence significative, les membres de la COMAFCO ont de fait une longévité élevée au PE. |

**Numéros parus :**

- **n°1 avril 2000** : La recherche en science politique et l'Union européenne
- **n°2, septembre 2000** : Construction européenne et politiques sociales
- **n°3, janvier 2001** : L'élargissement de l'Union européenne
- **n°4, printemps 2001** : Mobilisations et clivages socio-politiques en Europe
- **n°5, automne 2001** : La Commission européenne
- **n°6, hiver 2002** : Les partis politiques britanniques et l'intégration européenne
- **n°7, printemps 2002** : Les groupes d'intérêt et l'Europe
- **n°8, automne 2002** : La défense en Europe
- **n°9, hiver 2003** : Les parlementarismes européens
- **n°10, Printemps 2003** : L'Euro
- **n°11, automne 2003** : Administrer l'union européenne
- **n°12, Hiver 2004** : L'Europe au Microscope du Local
- **n°13, Printemps 2004** : Réformer l'Europe : La Convention européenne
- **n°14, automne 2004** : Enseigner L'Europe
- **n°15, Hiver 2005** : L'Élargissement de l'UE – les nouveaux membres
- **n°16, Printemps 2005** : Européaniser les partis politiques
- **n°17, automne 2005** : À la recherche de la politique étrangère européenne
- **n°18, Hiver 2006** : La socio-histoire de l'intégration européenne
- **n°19, Printemps 2006** : Le patriotisme constitutionnel
- **n°20, Automne 2006** : Genre et action publique en Europe
- **n°21, Hiver 2007** : L'Europe du chômage
- **n°22, Printemps 2007** : Sécurité extérieure de l'UE
- **n°23, Automne 2007** : Sécurité intérieure de l'UE
- **n°24, Hiver 2008** : Dieu loin de Bruxelles
- **n°25, Printemps 2008** : Les approches sociologiques
- **n°26, Automne 2008** : Amours et désamours entre européens
- **n°27, Hiver 2009** : Les syndicats à l'épreuve de l'Europe
- **n°28, Printemps 2009** : Les élections au Parlement européen
- **n°29, automne 2009** : L'Europe au miroir de la Turquie

**Prochain numero :**

- **n°31, 2010** : Les migrations européennes

**Abonnements :**

**L'Harmattan**
Edition-Diffusion
7, rue de l'Ecole Polytechnique
F-75005 PARIS
Tel : (+ 33 1) 40 46 79 14

**Prix de l'abonnements :**

*particuliers*

France : 1 an (3 numéros) 36,50 €
Etranger : 1 an (3 numéros) 41,20 €

*étudiants*

1 an (3 numéros) 33,55 €

## Directives pour contributions et politique éditoriale

1. Revue trimestrielle publiée avec le concours du laboratoire PACTE (CNRS/IEP de Grenoble) et de la FNSP (Centre européen).
2. Le comité éditorial encourage toute proposition d'articles originaux à caractère scientifique liés aux études de l'intégration européenne, couvrant les domaines de le revue (Politiques publiques, Sociologie politique, Relations internationales,...)
3. Les manuscrits doivent être envoyés aux adresses mel suivantes : politique-europeenne@sciences-po.fr et celine.belot@iep-grenoble.fr. Un avis de réception sera renvoyé aux auteurs.
4. Chaque article doit être tapé en interligne double (Format A4). L'article peut être rédigé en français ou en anglais. Chaque manuscrit doit être accompagné d'un titre (en français et en anglais), d'un court résumé (en français et en anglais, 100 mots maximum) et d'une note biographique séparée indiquant le nom de l'auteur, son affiliation et son adresse complète incluant l'adresse électronique.
5. Les manuscrits ne doivent pas dépasser 45 000 signes (espaces non compris), notes de bas de page incluses.
6. Le comité éditorial prendra en compte des comptes rendus critiques de lecture (maximum 7 000 signes). Pour ces comptes rendus, les références bibliographiques seront intégrées aux notes de bas de page, selon la présentation : Prénom, Nom, *Titre*, Ville éditeur, numéros de page, date de publication ou Prénom, Nom, « *titre* », titre de la revue, volume (numéro), p. x-x. Il encourage, par ailleurs, la soumission de review articles portant sur un même thème, une question de méthode ou une problématique théorique.
7. La vocation de *Politique européenne* étant de promouvoir les études politiques sur l'Union européenne, le comité éditorial examinera toute proposition de contribution relative aux « Chantiers de recherche ». Le volume de ces présentations ne pourra excéder 15 000 signes (espaces non compris).
8. Les références bibliographiques doivent respecter la forme suivante : (Smith, 1997, 34), et être présentées en fin d'article. La rédaction de la bibliographie respecte la présentation : nom, prénom (date), *Titre*, Ville, éditeur, numéros de page : Greenwood Justin et Aspinwall Mark (dirs) (1998), *Collective Action in the European Union*, London, Routledge. Pour les articles : Nom Prénom (date), « titre », titre de la revue, volume (numéro), p. x-x.
9. Les notes de bas de page doivent avoir la numérotation continue.
10. En soumettant son manuscrit aux éditeurs, l'auteur accepte de transférer les droits exclusifs de publier l'article, incluant le droit à toute reproduction.
11. Après deux évaluations anonymes, une fois l'article retenu pour publication, il sera demandé aux auteurs de fournir la version électronique finale du manuscrit par e-mail.

**L'HARMATTAN, ITALIA**
Via Degli Artisti 15 ; 10124 Torino

**L'HARMATTAN HONGRIE**
Könyvesbolt ; Kossuth L. u. 14-16
1053 Budapest

**L'HARMATTAN BURKINA FASO**
Rue 15.167 Route du Pô Patte d'oie
12 BP 226
Ouagadougou 12
(00226) 76 59 79 86

**ESPACE L'HARMATTAN KINSHASA**
Faculté des Sciences Sociales,
Politiques et Administratives
BP243, KIN XI ; Université de Kinshasa

**L'HARMATTAN GUINEE**
Almamya Rue KA 028
En face du restaurant le cèdre
OKB agency BP 3470 Conakry
(00224) 60 20 85 08
harmattanguinee@yahoo.fr

**L'HARMATTAN COTE D'IVOIRE**
M. Etien N'dah Ahmon
Résidence Karl / cité des arts
Abidjan-Cocody 03 BP 1588 Abidjan 03
(00225) 05 77 87 31

**L'HARMATTAN MAURITANIE**
Espace El Kettab du livre francophone
N° 472 avenue Palais des Congrès
BP 316 Nouakchott
(00222) 63 25 980

**L'HARMATTAN CAMEROUN**
BP 11486
(00237) 458 67 00
(00237) 976 61 66
harmattancam@yahoo.fr

597174 -  Février 2015
Achevé d'imprimer par